W0390599

Victoria Kumar

In Graz und andernorts

Lebenswege und Erinnerungen vertriebener Jüdinnen und Juden

Victoria Kumar

In Graz und andernorts

Lebenswege und Erinnerungen vertriebener Jüdinnen und Juden

CLIO Graz 2013

Gedruckt mit Unterstützung durch:

Karl-Franzens-Universität Graz, Stadt Graz, Wissenschaft, Zukunftsfonds der Republik Österreich

Alle Rechte vorbehalten. Fotomechanische Wiedergabe bzw. Vervielfältigung, Abdruck, Verbreitung durch Funk, Film oder Fernsehen sowie Speicherung auf Ton- oder Datenträgern, auch auszugsweise, nur mit Genehmigung des Verlages.

© CLIO 2013

Umschlaggestaltung: Georg Rigerl unter Verwendung eines Bildes der Lisl-Flüchtlinge am Grazer Hauptbahnhof, April 1939.

Satz: Gerald Lamprecht

Lektorat: Heimo Halbrainer

Druck: Druckerei Theiss GmbH, St. Stefan im Lavantal

Printed in Austria

ISBN: 978-3-902542-38-0

CLIO, Großgrabenweg 8, 8010 Graz
E-Mail: verlag@clio-graz.net
www.clio-graz.net

Inhaltsverzeichnis

Einleitung

> *Ich zweifle daran, dass Menschen, die in den USA oder anderswo aufgewachsen sind, die Gräuel des Nationalsozialismus begreifen. Obwohl ich den Terror selbst miterlebt habe, bleibt es selbst für mich unerklärlich, wie solche Dinge geschehen konnten. Wie kann also jemand, der hier in völliger Freiheit aufgewachsen ist, das uns Widerfahrene nachvollziehen? Für mich ist es schwierig, nur darüber zu sprechen …*[1]

Anlässlich des 75. Jahrestages des „Anschlusses" Österreichs an das Deutsche Reich und der damit begonnenen nationalsozialistischen Verfolgungs- und Vertreibungspolitik soll 2013 nicht allein der historischen Ereignisse in Graz gedacht und der NS-Verbrechen sowie der Mitverantwortung damaliger nationaler und lokaler Eliten und der Bevölkerung erinnert werden. Intention des vorliegenden Buches ist vielmehr, Betroffene zu Wort kommen zu lassen und anhand persönlicher Erinnerungsberichte „Menschen sichtbar zu machen", die während der Zeit des Nationalsozialismus diskriminiert, verfolgt und vertrieben wurden. Im Zentrum stehen lebensgeschichtliche Erzählungen von Jüdinnen und Juden, die ihren Lebensmittelpunkt in den 1930er Jahren in Graz hatten, 1938 aus Österreich fliehen mussten und in den unterschiedlichsten Ländern Exil und/oder Heimat fanden.

Die hier vorgestellten Biographien basieren auf Auszügen aus längeren Interviews. Ergänzt werden diese um Passagen von (auto-)biographischen Texten und Skizzen. Angesichts der Quellenproblematik – schriftliche Zeugnisse und Interviews sind nur von wenigen ehemaligen steirischen Jüdinnen und Juden erhalten – konnte es im Rahmen dieses Buches nicht darum gehen, eine Art Gesamtdarstellung des jüdischen Lebens in Graz vor 1938, der Verfolgung und der Vertreibung der jüdischen Bevölkerung zu erarbeiten. Bei den Interview- und Textpassagen wurde versucht, besonders prägnante und aussagekräftige Stellen auszuwählen, um die Vielschichtigkeit der damaligen Geschehnisse und die unterschiedlichen Erfahrungen auf der Flucht und in der neuen Heimat rekonstruieren zu können.

Die Lebensgeschichten sind in alphabetischer Reihenfolge angeführt. Obwohl versucht wurde, die gesamte Lebensspanne zu erfassen und die Biographien möglichst detailliert darzustellen, sind die einzelnen Beiträge quellenbedingt unterschiedlich lang.

Zu den Interviews sollen nur einige inhaltliche Erläuterungen vorausgeschickt werden. Diese entstanden durch ein „freies", möglichst selbst gesteuertes Erzählen der eigenen Biographie, worauf zumeist eine Befragung erfolgte, die um drei größere Themenkomplexe kreiste: das Leben in der Steiermark, die Flucht und Vertreibung aus Österreich und den Neuanfang und das Weiterleben im jeweiligen Exilland. Im Hinblick auf die Zeit vor 1938 waren u.a. folgende Punkte von besonderem Interesse: familiäres/persönliches Umfeld, Ausbildung, religiöse und politische Orientierung (der Eltern), Sprache, prägende Jugenderlebnisse, Beschäftigung mit dem Zionismus und mit Palästina, Wahrnehmung und/oder Erfahrungen mit dem Antisemitismus. Auf die Zäsur des Jahres 1938 wurde besonderes Augenmerk gerichtet, wobei die Geschehnisse vom März und November, das persönliche Erleben der Ausgrenzung, Entrechtung, Verfolgung und Vertreibung, sowie die Organisation und Realisierung der Flucht im Zentrum standen. Ein dritter Teil widmete sich der Ankunft und Niederlassung im Zufluchtsland. Gefragt wurde nach der wirtschaftlichen und beruflichen Situation, nach der Integration in die Aufnahmegesellschaft, nach sprachlichen und kulturellen Problemen. Neben den Schwierigkeiten, die mit der Einwanderung verbunden waren, und den Auswirkungen auf die Befindlichkeiten der/des Einzelnen, interessierte vor allem das persönliche Fortkommen der Immigrantinnen und Immigranten (die Gründung einer Familie, der berufliche Werdegang etc.). Abschließend wurde die Remigration und das Verhältnis zu Österreich thematisiert: Wurde je eine dauerhafte Rückkehr in die Steiermark in Betracht gezogen? Wann fand der erste Besuch in Österreich statt und aus welchem Anlass? Erfolgt(e) eine Beschäftigung mit der ehemaligen Heimat und wie wird das Verhältnis zu Österreich beschrieben?

Geht es im Rahmen der nachfolgenden Portraits einerseits darum, den Blick auf individuelle Stationen und Brüche, Besonderheiten und Differenzen zu richten und damit ein möglichst vielschichtiges Bild des damaligen jüdischen Lebens in der Steiermark zu präsentieren, so wird andererseits auch versucht, Gemeinsamkeiten und Ähnlichkeiten aufzuzeigen. Jüdisches Leben in Graz bis 1938, der „Anschluss" und seine Folgen, sowie Vertreibung, Emigration und Exil sollen anhand der Lebensläufe und Schicksale nachvollziehbar gemacht werden.

Ziel des Nachfolgenden ist letztlich, sich mit der jüngeren Geschichte der Steiermark zu befassen und Erinnerungsarbeit zu leisten, wobei dies in erster Linie durch die Bereitschaft der Betroffenen, über Erlebtes und Erfahrenes zu sprechen und die eigene Biographie nachzuerzählen, realisierbar war. Die Verfasserin bedankt sich daher bei allen Personen, deren Lebensgeschichten in diesem Buch vorgestellt werden, für das Vertrauen und die Bereitschaft, über das ihnen Widerfahrene Auskunft zu geben und vor allem über sehr persönliche Erlebnisse zu erzählen.

Danke an Heimo Halbrainer und Gerald Lamprecht, die das gesamte Projekt kontinuierlich begleitet und unterstützt haben.[2]

Helmut Bader

Was der „Anschluss" bedeutete, konnte sich niemand vorstellen.

Helmut Bader

Helmut Bader, geboren am 14. Juli 1915, wuchs in Graz auf, besuchte das Akademische Gymnasium am Tummelplatz und studierte anschließend in Wien und Graz Rechtswissenschaften.[1] Nach seiner Promotion im November 1937 arbeitete er als Schriftführer beim Bezirksgericht für Zivilrechtssachen in der Radetzkystraße. Den Antisemitismus, der sich in den 1930er Jahren besonders an den Schulen und Universitäten zeigte, hat er, auch wenn sich die Anfeindungen nicht direkt gegen ihn wandten, mehrmals wahrgenommen. *Ich war von 1925 bis 1933 die meiste Zeit der einzige Jude am Akademischen Gymnasium am Tummelplatz und hörte dort zum ersten Mal das Schimpfwort „Saujud". Mit den Erfolgen Hitlers ab 1930 in Deutschland radikalisierten sich sowohl die Lehrerschaft als auch die Schüler. Ein großer Teil erklärte sich öffentlich als Nazi. Der Antisemitismus wurde infolgedessen immer bemerkbarer, allerdings richtete er sich in meiner Klasse nicht gegen mich persönlich, da sich zu dieser Zeit persönliche Beziehungen, Freundschaften sowie Animositäten gebildet hatten. An der Universität in Graz, zum Unterschied von Wien, gab es nicht viele antisemitische Zwischenfälle. Allerdings gab es bis zum „Anschluss", also solange Juden Kaffeehäuser, Nachtlokale etc. noch besuchen durften, fast jedes Wochenende schwere Zwischenfälle, die mit antisemitischen Anpöbelungen begannen und in Schlägereien ausarteten, an denen ich oft beteiligt war.*

Die Atmosphäre in Graz vor dem „Anschluss" beschrieb Helmut Bader als *schon völlig vergiftet: Nach dem Treffen Schuschniggs mit Hitler in Berchtesgaden im Februar 1938 war es mir und allen jungen Juden in Graz eindeutig klar, dass für uns in Graz und Österreich keine Zukunft bestand. Allerdings konnte sich niemand vorstellen, was der „Anschluss" an Demütigungen, Enteignungen und Folterungen bedeutete, geschweige denn die KZs und die Gaskammern. Die ältere Generation der Juden war sich der Gefahr nicht*

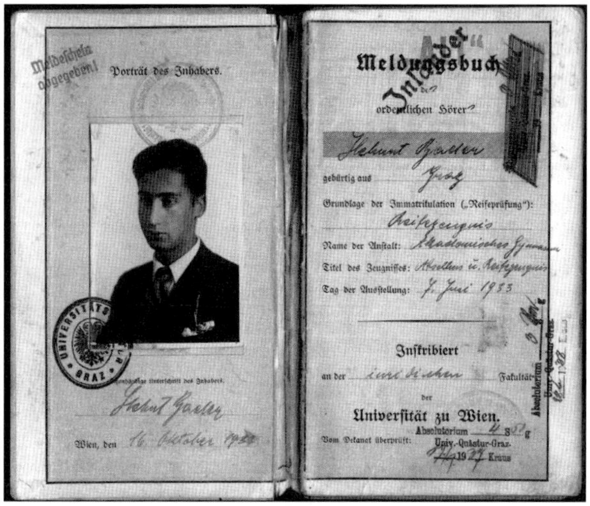

Helmut Baders Meldungsbuch von der Universität Wien, 1933

bewusst. Sie hoffte, dass sich die Unabhängigkeit Österreichs unter Schuschnigg und unter dem Schutz der Westmächte und Mussolinis halten werde und war im fortgeschrittenen Alter erklärlicherweise nicht bereit, die oft schwer erarbeiteten Existenzen aufzugeben.

Noch im März 1938 wurde Helmut Bader am Bezirksgericht entlassen, seine Eltern, die ein Möbelgeschäft und ein Erholungsheim in Stifting besaßen, wurden enteignet. Während sein Vater, der Mediziner Artur Bader, der Verhaftung entging, gehörte Helmut zu jenen rund 300 Grazer Juden, die im November 1938 ins Konzentrationslager nach Dachau deportiert wurden.

Zielten schon die ökonomischen Repressionen auf die Vertreibung der jüdischen Bevölkerung ab, so galt dies in besonderem Maße für die in den Jahren 1938 und 1939 vollzogenen Verhaftungen: Dass Freilassungen aus dem Konzentrationslager ausschließlich unter der strikten Auflage genehmigt wurden, innerhalb einer gewissen Frist zu emigrieren, zeigt, dass die „Schutzhaft“ von den Nationalsozialisten ausdrücklich dazu instrumentalisiert wurde, Jüdinnen und Juden zur Auswanderung zu zwingen. *Ich verließ Dachau im Dezember 1938 mit der ersten Gruppe, die freigelassen wurde. Der Grund hierfür war, dass ich in Graz für einen illegalen Transport nach Palästina angemeldet war und bei der ärztlichen Inspektion vor der Entlassung keine Wunde oder sonstige Anzeichen von Verletzungen durch die Prügeleien gefunden wurden. Ich verbrachte eine Nacht in der elterlichen Wohnung, fuhr am nächsten Morgen nach Wien, von wo der Transport auf einem Donauschiff von der Reichsbrücke abging. Das Schiff fuhr die Donau hinunter bis zum Schwarzen Meer; dort wurden die Flüchtlinge auf ein griechisches*

Frachtschiff gebracht, das schon völlig überfüllt war. Die sanitären Verhältnisse auf dem Schiff waren entsetzlich, das Schiff selbst kaum seetüchtig. Wir fuhren durch die Dardanellen ins Mittelmeer und erreichten nach ungefähr sechs Wochen die palästinensische Küste. Da die Gefahr bestand, dass das Schiff von englischen Küstenpatrouillen entdeckt werden könnte, erfolgte die Ausbootung in der Nacht mit kleinen Booten, die von der jüdischen Haganah[2] *geschickt wurden. Ich bin die letzten 200 Meter ans Land geschwommen.*

Über die Donau und das Schwarze Meer gelangte Helmut Bader somit Anfang 1939 nach Palästina und arbeitete in den ersten Monaten auf einer Hühnerfarm, im Straßenbau und als Hilfspolizist bei der britischen Mandatsregierung. Nach Kriegsausbruch meldete er sich freiwillig zum Militär und diente im Rahmen der *Jüdischen Brigade*[3] in Palästina, Ägypten und Italien.

Die Beschäftigung seines Vaters als „Judenbehandler" in Wien – als solcher war er zur ärztlichen Behandlung nur für Jüdinnen und Juden berechtigt – verhinderte zunächst eine Verschickung in ein Konzentrationslager, 1942 allerdings wurden Artur Bader und seine Frau Sophie (geb. Orowan) nach Theresienstadt deportiert, von wo sie im Februar 1945 – angeblich durch ein von amerikanischen Juden bezahltes „Lösegeld" – befreit und in die Schweiz gebracht wurden.

1947 kehrte Helmut Bader *mit großem Widerstreben* nach Österreich zurück. *Die wirtschaftliche Situation in Palästina war noch immer äußerst schwierig. Es war zum Beispiel unmöglich, eine Unterkunft zu finden. Es wurde mir bald klar, dass ich meine betagten Eltern, die völlig mittellos dastanden, nicht in Palästina erhalten könne. Besonders da der Gesundheitszustand meines Vaters sehr schlecht war, entschloss ich mich mit großem Widerstreben nach Österreich zurückzukehren. Im Oktober 1947, also vor der Gründung des Staates Israel, verließ ich Palästina, allerdings mit der Absicht zurückzukehren, sobald sich die Situation meiner Eltern gelöst hat. Ich sah aber bald ein, dass ich sie nicht mehr allein lassen konnte und ich mir in Graz eine Existenz schaffen musste.* Er arbeitete in Graz zunächst als Dolmetscher bei der englischen Militärbehörde, dann als politischer Untersuchungsrichter und Landesgerichtsrat beim Landesgericht für Zivilrechtssachen.

Sein Halbbruder, Erich Bruck, wurde 1942 von der Wehrmacht in Belgrad erschossen. Auch der Großteil der Verwandtschaft väterlicherseits wurde im Holocaust ermordet. Mehrere Verwandte mütterlicherseits konnten in die USA flüchten, weshalb sich Helmut Bader 1953 gemeinsam mit seiner Mutter und seiner Frau Ruth zu einer Emigration nach Amerika entschloss. Sein Vater ist 1950 verstorben.

1957 promovierte Helmut Bader zum Doktor der Politikwissenschaften und lehrte in der Folge an verschiedenen Colleges und Universitäten in den USA. Anlässlich der Verleihung der Goldenen Promotion der Karl-Franzens-Universität Graz kehrte er 1988 zuletzt in die Steiermark zurück.

Edith Basch beim Interview in Los Angeles, 1995

Ich würde sagen, wir lebten fast wie in einem Ghetto.

Edith Basch

Edith Basch kam am 25. November 1924 als einziges Kind von Rudolf und Aranka Schwarz in Graz zur Welt.[4] Die Mutter war gebürtige Budapesterin, der als Kaufmann tätige Vater stammte aus einer großen jüdischen Familie, die schon längere Zeit in Graz ansässig war. In der Verwandtschaft bestand ein großer Zusammenhalt, überwiegend bewegte man sich innerhalb des familiären Umfeldes. Zu Nichtjüdinnen und -juden bestanden kaum Beziehungen.

Edith besuchte zunächst die jüdische Volksschule, danach eine staatliche Schule, in der sie die in der Zwischenkriegszeit wachsende Judenfeindlichkeit zu spüren bekam. Der Antisemitismus zeigte sich ihr zufolge vor 1938 auch in Form einer gesellschaftlichen Trennung zwischen Juden und Nichtjuden. Im Interview verwendete sie sogar den Begriff des „Ghettos": *Für mich existierte der Antisemitismus auch insofern, dass 95 Prozent der jüdischen Bevölkerung nur mit anderen Juden in Kontakt waren. Ich hatte nie nichtjüdische Freunde. In Graz gab es Kaffeehäuser, in welche nur Juden gingen und welche, die nur von Nichtjuden besucht wurden. Das war nicht vorgeschrieben, man konnte schon in die anderen gehen, tat es aber einfach nicht. Ich würde sagen, wir lebten fast wie in einem Ghetto.*

Von den pogromartigen Ausschreitungen im November 1938 waren sowohl Rudolf, der in der Folge knapp fünf Wochen im KZ Dachau interniert wurde, als auch Aranka und Edith betroffen – letztere wurden von SA-Truppen gemeinsam mit anderen Grazer Jüdinnen und Juden aus der Stadt getrieben. Im Februar 1939 gelangte Edith mit einem „Kindertransport" nach England. In Zusammenarbeit mit internationalen Hilfsorganisationen und Aufnahmeinstitutionen in den Zielländern organisierten die Kultusgemeinden verstärkt ab Ende des Jahres 1938 so genannte „Kindertransporte" nicht nur nach England, sondern auch nach Schweden, Holland, Belgien, Frankreich, in die Schweiz sowie in die Überseestaaten USA und Australien. Während aufgrund politischer und diplomatischer Erwägungen an den strengen Einwanderungsbeschränkungen in Palästina festgehalten wurde[5], stellte die britische Regierung infolge der Ereignisse des Novemberpogroms 5.000 Einreisegenehmigungen für minderjährige Flüchtlinge aus. Die Zustimmung der Bevölkerung versuchte man abzusichern, indem die Bewilligung ausschließlich für unter 18-Jährige galt und an die Bedingung geknüpft war, dass diese das Land innerhalb von drei Jahren wieder verlassen mussten.

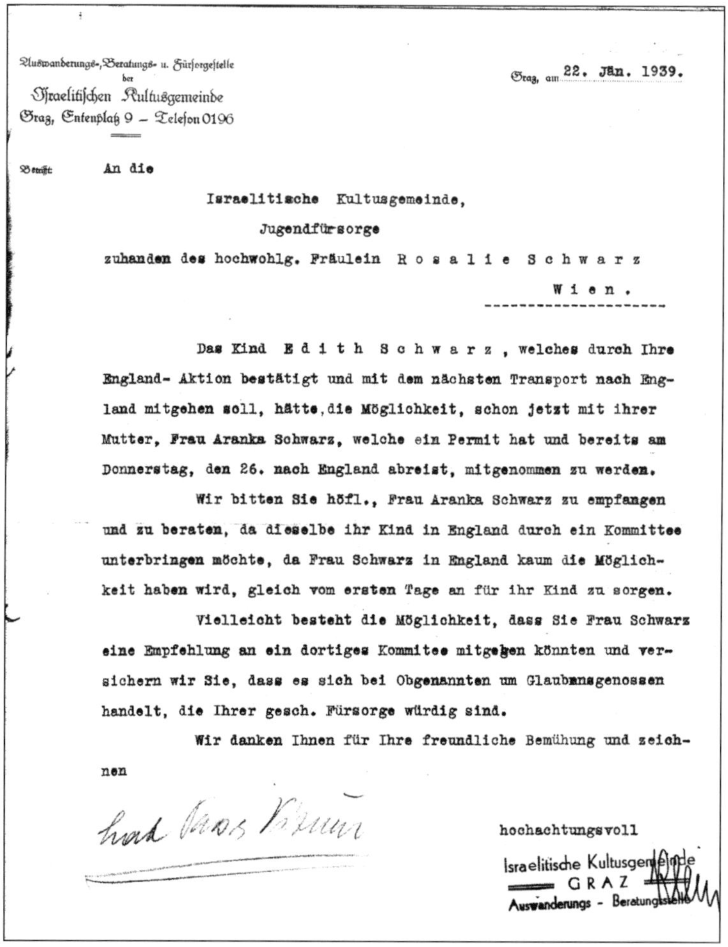

Auswanderungs-, Beratungs- u. Fürsorgestelle
der
Israelitischen Kultusgemeinde
Graz, Entenplatz 9 – Telefon 0196

Graz, am 22. Jän. 1939.

Betrifft:

An die

Israelitische Kultusgemeinde,

Jugendfürsorge

zuhanden des hochwohlg. Fräulein R o s a l i e S c h w a r z

W i e n .

Das Kind E d i t h S c h w a r z , welches durch Ihre England- Aktion bestätigt und mit dem nächsten Transport nach England mitgehen soll, hätte,die Möglichkeit, schon jetzt mit ihrer Mutter, Frau Aranka Schwarz, welche ein Permit hat und bereits am Donnerstag, den 26. nach England abreist, mitgenommen zu werden.

Wir bitten Sie höfl., Frau Aranka Schwarz zu empfangen und zu beraten, da dieselbe ihr Kind in England durch ein Kommittee unterbringen möchte, da Frau Schwarz in England kaum die Möglichkeit haben wird, gleich vom ersten Tage an für ihr Kind zu sorgen.

Vielleicht besteht die Möglichkeit, dass Sie Frau Schwarz eine Empfehlung an ein dortiges Kommitee mitgeben könnten und versichern wir Sie, dass es sich bei Obgenannten um Glaubensgenossen handelt, die Ihrer gesch. Fürsorge würdig sind.

Wir danken Ihnen für Ihre freundliche Bemühung und zeichnen

hochachtungsvoll

Israelitische Kultusgemeinde
GRAZ
Auswanderungs - Beratungsstelle

Bittschreiben der Auswanderungsstelle der IKG Graz an die Jugendfürsorge der IKG Wien, Edith Schwarz die Emigration nach England gemeinsam mit ihrer Mutter Aranka zu ermöglichen, Jänner 1939

Ediths Eltern konnten in der Folge ebenfalls nach Großbritannien fliehen, wo Aranka Schwarz 1942 an den Folgen eines Autounfalls verstarb.

Nach der Heirat mit einem aus Berlin stammenden Flüchtling entschloss sich Edith 1947, gemeinsam mit ihrem Mann und ihrem Vater in die USA auszuwandern.

Edith Basch folgte Anfang der 1990er Jahre einer Einladung der Grazer Stadtregierung an jene Jüdinnen und Juden, die 1938 und in den Folgejahren vertrieben wurden. *Kürzlich gab es dieses Treffen mit meinen früheren Schulkameraden. Das war sehr, sehr nett. Auch mein Cousin aus Israel war dabei. Es gab einen großen Empfang in einem wunderschönen Hotel mit dem Bürgermeister, der uns danach auch mit anderen Würdenträgern im Rathaus empfangen hat. Wir wurden gefilmt, es gab zahlreiche Reden und in den folgenden Tagen wurden auch Ausflüge gemacht. Man hat uns auch in die Oper eingeladen, wo wir in der Bürgermeisterloge saßen. Eine königliche Behandlung. Es war wirklich sehr nett.*

Das Angebot, die österreichische Staatsbürgerschaft wieder zu erhalten, lehnte sie entschieden ab. Unmissverständlich beantwortete Edith Basch die im Interview gestellte Frage, ob sie sich als Amerikanerin fühle: *Ja, absolut. Sicherlich nichts anderes. Nach dem Krieg haben die Österreicher versucht, den Eindruck zu vermitteln, dass Österreich Hitlers erstes Opfer war. Tatsache ist, dass er königlich empfangen wurde. Und jetzt haben sie irgendwie ein schlechtes Gewissen und bieten uns die österreichische Staatsbürgerschaft an. Sie anzunehmen oder auch nur in Betracht zu ziehen, wäre das Letzte, was ich auf dieser Welt tun würde. Ich würde mich sogar schämen! Andere, die ich kenne, haben die gleiche Meinung dazu.*

Ludwig Biró

Alles in der Emigration ist zu ertragen, nur nicht die Demütigungen …

Ludwig Biró

Ludwig Biró wurde 1898 als erstes Kind von Max und Irene Biró in Budapest geboren und übersiedelte nach der Trennung der Eltern mit seiner Mutter und seinem jüngeren Bruder Paul nach Graz, wo die Angehörigen mütterlicherseits lebten.[6] Ludwigs Großvater Moritz Fürst besaß eine Weinhandlung und ein Haus in der Annenstraße, sein Onkel Adolf Fürst, einer seiner wichtigsten Bezugspersonen, führte ein Geschäft in Eggenberg und wohnte mit seiner Tochter Vally am Marburger Kai.

Wie Ludwig Biró in seinen autobiographischen Aufzeichnungen beschreibt, spielten die jüdische Religion und ihre Traditionen im Hause der Fürsts eine bedeutende Rolle, der Haushalt wurde strikt koscher geführt und die Synagoge allwöchentlich besucht. *Das religiöse Leben, das alles beherrschend war, bot im Kreislauf des Jahres fast ohne Unterbrechung Feiern und Feste: das ‚Neujahrsfest', das heiligste von allen, das ‚Versöhnungsfest', voll dunkler Leidenschaft und mystischer Bußfertigkeit, ‚Chanukkah' das fröhliche Familienfest mit nationalem Einschlag, ‚Purim', die übermütige Befreiungslegende von Mordechai und Esther und dem grausamen König Ahasveros, das von uns Kindern wohl am meisten geliebte Pessachfest, vom Auszug aus Ägypten, aus dem Lande der Knechtschaft, das in unseren Tagen der Heimkehr der Juden nach Erez Israel eine besonders aktuelle Bedeutung erlangte.*

So verging das Jahr im Fluge, man kam aus den religiösen Anlässen und Pflichten überhaupt nicht heraus und auch der Alltag von Schabbath zu Schabbath war anspruchsvoll genug. Der Tag begann mit dem Anlegen der Tefillin, der Gebetsriemen, die um Kopf und Arm geschlungen wurden und in einer Kapsel die Zehn Gebote trugen. Sie sollten den Juden an seinen Glauben mahnen, in aller Früh, noch bevor er Speise und Trank berührt hatte. Ich hätte es nicht gewagt, auch nur einen Schluck Wasser zu mir zu nehmen, bevor ich meiner Pflicht Gott gegenüber nicht nachgekommen war. […] Die Speisevorschriften

und Riten wurden in der Familie aufs peinlichste eingehalten. Das war einmal die scharfe Trennung zwischen ‚milchig' und ‚fleischig', ausgehend von dem biblischen Gebot, ‚Du sollst das Kälbchen nicht in der Milch seiner Mutter kochen'. Daher durften ‚milchige' Speisen nie mit Fleisch zusammen genossen werden […].
Mit der hereinbrechenden Dunkelheit am Freitagabend kehrte der Schabbath ein. Streit, Ausgelassenheit, geschäftliche Gespräche verstummten. Alle waren von einer seltsamen Freude erfüllt. Ein Festtag begann nach jüdischem Brauch immer schon am Vorabend. Der Tisch wurde von Großmama persönlich gedeckt und alles für den Kiddusch (Abendsegenzeremonie)[7] *vorgerichtet; Wein und Brot sowie die ersten Früchte des Landes. Die Männer gingen in Festgewandung bedächtigen Schrittes in den Tempel (die Synagoge), ein respektabler Bau aus den 1870er Jahren, auf Initiative meines Ur-Großvaters Jakob Fürst errichtet, der auch Gründer der Familienfirma ‚Jakob Fürst's Sohn' gewesen war.*[8]

Trotz der Bedeutung, die der Religion zugemessen wurde, bezeichnete Biró, der sich mehr zum spirituellen Teil des Judentums hingezogen fühlte, seine Familie wiederholt als *assimiliert* und *österreichisch-patriotisch*: *An den Personen und Schicksalen unserer Familie konnte ich die jüdische Assimilation vom Ghetto bis zur westlichen, spezifisch österreichischen Kultur handgreiflich beobachten. Meine Großmutter Laura schrieb noch in hebräischen Lettern, las aber schon ihre deutschen Bücher. Mama war eine typisch österreichische ‚höhere Tochter', Onkel Adolf ein überdurchschnittlich, allseits gebildeter Mann. Er las sehr viel und war auf allen Gebieten bewandert. Es war ein erregendes Schauspiel, dieses geistige Beieinander von mittelalterlicher Frömmigkeit und ganz moderner Aufklärung zu beobachten. Innerhalb von zwei, drei Generationen vollzog sich da vor meinen Augen ein Prozess, der als ‚Assimilation' der deutschen Juden kulturhistorische Bedeutung gewonnen hat. […]*

Meine Einstellung zur Kriegsfrage war damals noch recht unartikuliert. Sie war von patriotischen und heroischen Emotionen übertönt. Wir waren bisher kaisertreu und schwarzgelb bis in die Knochen erzogen worden und besonders der jüdische Teil der Bevölkerung war habsburgisch gesinnt, weil er in der Monarchie eine judenfreundliche Institution erblickte und in der Person des alten Kaisers eine Art Schutzherren sah. (Wie weit diese Vorstellung berechtigt war, gehört auf ein anderes Blatt.) Unsere Familie war jedenfalls durchaus österreichisch-patriotisch.[9]

Seine Haltung zur Alijah, der Einwanderung nach Palästina, und die Annäherung zum Zionismus, die aufgrund seiner gleichzeitig *tief religiösen und stark assimilatorischen* Familie relativ spät erfolgt war, erklärt er wie folgt: *Wenn wir am Sederabend beteten: ‚und nächstes Jahr in Jeruschalajim', dann dachte niemand wirklich an eine Übersiedlung nach Palästina, sondern nur an ein geistiges und religiöses Jerusalem, wohin wir auf mystische Weise zurückkehren wollten. Entschiedener Zionist wurde ich erst, als meine*

Illusionen über eine deutsch-jüdische Integration in der Hitlerkatastrophe zerstoben und als ich den Elan und die Entschlossenheit der jüdischen Jugend in Israel erkannte.[10]

Nach dem Besuch der jüdischen Volksschule ging Ludwig Biró ins Akademische Gymnasium, bis er im Frühjahr 1916 zum Heer einberufen und nach der militärischen Ausbildung an der Isonzofront kämpfte. Durch eine Granate verwundet, kehrte er 1917 nach Graz zurück. Im selben Jahr war sein Bruder Paul verstorben – er erlitt beim Schwimmen einen Herzstillstand und ertrank.

Die Hochzeit seiner Mutter mit dem in Berlin lebenden Reeder und Viehhändler Sigmund Wulff führte auch Ludwig Biró nach Beendigung seines Jura-Studiums nach Deutschland. Er arbeitete als Korrespondent in einer Bank und lernte seine spätere Frau Ilse Stern kennen, mit der er nach zwei Jahren wieder in die Steiermark zurückkehrte und als Anwalt tätig wurde. Kurze Zeit später kam ihre Tochter Lore zur Welt.

Ende März 1938 wurde Ludwig Biró mehrere Wochen als „politischer Schutzhäftling" im Gefängnis am Paulustor interniert. Als Anwalt versuchte er davor, mehreren von der Verfolgung Bedrohten zu helfen. *Die Tätigkeit in der Kanzlei war fieberhaft in diesen Apriltagen, gespenstisch, geladen mit einer nervösen Spannung, alptraumhaft. Ein angstverzerrtes Gesicht nach dem anderen tauchte an meinem Schreibtisch auf, jede Stunde brachte eine Schreckensnachricht, die Räume waren voll von Menschen, die sich hier, im Kreise von Bekannten und Schicksalsgenossen sicherer fühlten, als in ihren Wohnungen. Man hatte schon eine ganze Reihe von Juden verhaftet, alle, die irgendwie im jüdischen öffentlichen Leben eine Rolle spielten; in Ermangelung besserer Informationen sperrte man alle Juden ein, die im polizeilichen Vereinsregister als Funktionäre aufschienen. Neben dem Präsidenten und dem Kassier der B'nai Brith Loge wanderten so auch die Funktionäre der Chevra Kaddischa (der Beerdigungsgesellschaft), der zionistischen Organisationen, der Wohltätigkeitsvereine, aber auch des Sportklubs und des Schachklubs ins Polizeigefängnis, wo sie zusammen in einem adaptierten Keller des alten Gemäuers, das einen Teil des ‚Paulustores' bildete, untergebracht waren.*[11]

Durch die Zusage, das Reichsgebiet umgehend zu verlassen, wurde Biró im Juni 1938 aus der „Schutzhaft" entlassen und versuchte fortan, zu einer Auswanderungsmöglichkeit zu gelangen. *Im Laufe des Sommers wurde es allen – bis auf wenige Ausnahmen, die sich privilegiert glaubten – klar, dass die Auswanderung unvermeidlich war. Nun begann die fürchterliche ‚Jagd nach dem Visum': In Wien bildeten sich endlose Schlangen vor den Konsulaten, die Leute stellten sich schon gegen Abend an, um morgens rechtzeitig Einlass zu finden, nur um am Mittag unverrichteter Dinge wieder abzuziehen. Telegramme und Briefe gingen nach allen Ecken und Enden der Welt, Verwandte, Bekannte, Geschäftsfreunde wurden mit flehentlichen Bitten um Intervention bestürmt, Aktionen eingeleitet, Visa gehandelt und gefälscht – es gab nur mehr einen Gedanken: fort um jeden*

Preis. Um diese Zeit stand es schon sehr schlimm um die Ausreisemöglichkeiten: Amerika hatte bereits die Quotennummern eingeführt, England gab nur in individuellen Fällen Visa, Frankreich wehrte sich ganz offen gegen jede Immigration, Mexiko und die übrigen südamerikanischen Staaten, die sich zuerst recht freizügig gezeigt hatten, sperrten auch bald ihre Tore – jeder Tag brachte irgendeine Erschwerung und Verengung der Fluchtmöglichkeiten. Da saßen die Leute beisammen und studierten die Karten, lasen sich die Telegramme und Berichte vor – und dann gab es einen Run auf die Tschechoslowakei etwa oder auf Kolumbien oder Kuba, wie gerade die letzten Nachrichten lauteten. Gewöhnlich war wenige Tage später das betreffende Land auch schon gesperrt. Es gab Leute, die Hunderte von Briefen nach Amerika schrieben, in der vagen Hoffnung, von einem Wohltäter, Namensvetter oder Geschäftsfreund ein ‚Affidavit' zu erhalten, jenen Zauberbrief in das gelobte Land. An Palästina dachten die wenigsten und selbst die mit gemischten Gefühlen.[12]

Die Bemühungen, nach Amerika, England, Frankreich oder Mexiko zu emigrieren, blieben erfolglos. Da das Fluchtziel bis zuletzt ungewiss war, bereiteten sich die Birós im Hinblick auf Umzug und Kleidung auf alle möglichen Destinationen vor:
Ilse hatte ihre Einkäufe zum größten Teile besorgt, sie war von Geschäft zu Geschäft gelaufen, hatte ihre umfangreichen Listen abgehakt und war nun so halbwegs gerüstet, sowohl für den Äquator wie für den Nordpol. Es war nicht so leicht, unsere Ausrüstung zusammenzustellen, zumal wir ja keine Ahnung hatten, wo wir schließlich einmal landen würden. Andererseits war uns aber bewusst, dass die jetzt gemachten Anschaffungen die letzten für eine unbestimmte Anzahl von Jahren sein würden. So musste alles sorgfältig erwogen werden. Pelz- und Wintermäntel für ein nordisches Klima, leichte Kleider, kurze Hosen, Sporthemden für den Süden, dicke Handschuhe und Badeanzüge, Sandalen und Bergschuhe, Arbeitsanzüge und Smoking. Wir hatten beschlossen, keine Möbel und andere schweren Sachen mitzunehmen, deren Transport an ein unbestimmtes Ziel nur Kosten und Schwierigkeiten gemacht hätte, und uns ganz auf ein ungewisses Wanderleben einzurichten. Es hat sich später erwiesen, dass wir ganz richtig gehandelt haben, denn unsere einzelnen relativ leichten Kisten bekamen wir dann doch schließlich auf dem Bahnwege nach Palästina nach.

Das Einkaufen mit Summen, die in normalen Zeiten unvorstellbare Hochstapelei bedeutet hätten, war für Ilse eine äußerst aufregende Angelegenheit. Von Natur etwas kleinlich mit Geldausgaben, konnte sie selbst in dieser ganz abnormalen Situation ihre Hemmungen kaum überwinden und es bedurfte meiner energischen Intervention, um die Dinge weiterzubringen. Sie verstand nicht, dass das Sparen aufgehört hatte, sinnvoll zu sein, dass wir das Geld ausgeben mussten, bevor es uns genommen würde, dass wir Nomaden geworden waren, die alles bei sich führen mussten, was sie zum Leben brauchten. Geld war für uns wertlos geworden, es fiel dem ‚Sperrkonto' anheim, was Wert hatte, waren Kleider, Schuhe, Wäsche, Wörterbücher, zusammenlegbare Sessel und Tische, Geschirr und Kochgerät. Wir waren nie so gut ausgestattet gewesen wie in dieser Zeit, da wir unsere Existenz verloren und in die Emigration gingen.[13]

Nachdem die Anwaltskanzlei im Sommer liquidiert und Ludwig Biró nochmals inhaftiert worden war, flüchtete die Familie mithilfe einiger Freunde zunächst nach Marburg/Maribor und Zagreb. Sein vorübergehendes Exil in Jugoslawien bezeichnete er als *Zwischenheimat* und auch die Situation der Emigrantinnen und Emigranten thematisierte er in diesem Zusammenhang. *Alles in der Emigration ist zu ertragen; das einzige Zimmer, die Kälte, die Einschränkungen, die Arbeitslosigkeit, die Fremdheit, die Polizei sogar, nur nicht die Demütigungen, die Nichtachtung, das Untergehen in einer Klasse von Menschen, die als Unglücksboten und Hilfsbedürftige gemieden, allenfalls bemitleidet, jedenfalls aber als peinliche Last empfunden werden. Es ist eine bedauerliche Schwäche des menschlichen Charakters, dass das Selbstbewusstsein und das seelische Gleichgewicht so sehr von Äußerlichkeiten, von der sozialen Geltung, der Einordnung in einem Kreis und bei den Männern vor allem von der Möglichkeit, sich in irgendeiner Tätigkeit selbst immer wieder zu bestätigen, abhängt. Inmitten eines geordneten sozialen Organismus sieht man sich auf einem isolierten Nebengeleise, man fühlt sich angewiesen auf die Gastfreundschaft des Landes und seiner mehr oder weniger emigrantenfreundlichen Bewohner. Man empfindet sich als Last und als anonymes Glied einer amorphen Masse, der ‚Emigranten'. Wenn die anderen arbeiten, muss man zuschauen, wenn sie ihre Probleme behandeln, bist du der Fremde und deine eigenen Sorgen werden von den Wohlfahrtskomitees ‚verwaltet'. Keiner kennt dich oder hat das Bedürfnis, dich kennen zu lernen, und wenn sich deine Schicksalsgenossen in der Emigration schlecht benehmen, was nur zu oft vorkommt, dann spürst du es am eigenen Leib. Deshalb leben die Emigranten meistens und am liebsten unter sich, wo man sich ‚kennt' und wo man von seinen eigenen Nöten und Sorgen sprechen kann; […].*[14]

Die begrenzte, nur für drei Monate gegoltene Aufenthaltsbewilligung in Jugoslawien machte eine weitere Flucht erforderlich, die schließlich im März 1940 durch den Erhalt eines Einwanderungszertifikats für Palästina realisiert werden konnte.

1946 kehrten die Birós nach Graz zurück, wo sich Ludwig Biró besonders in den ersten Jahren um die Rückstellungsverfahren zahlreicher ehemaliger Gemeindemitglieder kümmerte. Bis zu seinem Tod im Jahr 1972 war er in Graz und Wien als Anwalt tätig.

Hilda Busch beim Interview in London, 1997

Wir wussten, dass nun alles zu Ende ist.

Hilda Busch

Nachdem 1923 ihre Mutter, Ita Busch, geb. Liskowater, gestorben war, wuchs die 1921 geborene Hilda Busch gemeinsam mit ihrem Vater Friedrich Feiwisch Busch (geb. 1889 in Polen), ihrer Stiefmutter Rosina (geb. 1900 in Wien) und ihren beiden Schwestern Lina (geb. 1920 in Graz) und Fini (geb. 1927 in Graz) in einer Wohnung in der Petersgasse auf.[15] Unter seinem Namen betrieb Friedrich Busch ein Textilgeschäft.

Die wachsende Judenfeindschaft hatte die Familie bereits in den 1930er Jahren in unterschiedlicher Form zu spüren bekommen und spätestens mit dem „Anschluss" im März 1938 herrschte nach eigenen Angaben Klarheit darüber, dass Österreich so rasch wie möglich verlassen werden müsste. *Natürlich waren wir uns der Gefahr bewusst. Wir wussten genau, was in Deutschland vor sich ging – Menschen, die von Deutschland nach Österreich gekommen sind, erzählten darüber und auch die Zeitungen berichteten davon. Als Hitler nach Österreich gekommen ist, war sofort klar, dass wir unser Geschäft und unsere Arbeit aufgeben und die Schule verlassen mussten. Wir wussten, dass nun alles zu Ende ist.*

Die unterschiedlichen Einreisebestimmungen der Aufnahmeländer verhinderten eine gemeinsame Flucht und bedingten eine vorübergehende Trennung der Familie: Während Lina eine Anstellung als Dienstmädchen in England fand und sich Fini in einen „Kindertransport" nach Schweden einreihen konnte, verblieb Hilda aufgrund ihres Alters bei den Eltern. Der Versuch, nach Amerika zu emigrieren, scheiterte an den Immigrationsbestimmungen: Voraussetzung war nicht nur eine finanzielle Bürgschaft (Affidavit) einer Amerikanerin oder eines Amerikaners, die Einwanderung war seit den 1920er Jahren – mit wenigen Ausnahmen – zusätzlich an feste Quoten gebunden, die von der Summe bereits in den USA lebender Neubürgerinnen und Neubürger des jeweiligen Herkunftslandes abhing. *Wir wussten, dass wir gehen mussten, aber wir hatten große Schwierigkeiten, zu einer Auswanderungsmöglichkeit zu kommen. Wir hatten zwar ein Affidavit für Amerika, aber das galt nur für meine Mutter und uns drei Kinder. Mein Vater war in Polen gebürtig und fiel deshalb unter die polnische Quote, die jedoch schon ausgeschöpft war. So wäre unsere Familie getrennt worden. Das war Amerika! Meine ältere Schwester – sie war 18 – ging als Dienstmädchen nach England. Die jüngere war elf und wurde mit einem Kindertransport nach Schweden geschickt. Aber ich war dazwischen. Für England war ich zu jung und für den Kindertransport ein bisschen zu alt. So saß ich daheim mit den Eltern, darauf wartend, dass wir gehen konnten. Bis wir im Mai 1939 von der Gestapo gefangen genommen und nach Polen deportiert wurden.*

Eine fehlende Fluchtmöglichkeit führte im Mai 1939 zur Deportation nach Polen, von wo sie später von sowjetischen Truppen nach Sibirien und Tashkent verschickt wurden und Zwangsarbeit leisten mussten. Erst 1946 kamen sie wieder nach Polen und in der Folge mit der jüdischen Hilfsorganisation *Bricha* nach Österreich. Kurze Zeit in einem Displaced-Persons-Camp in Salzburg untergebracht, kehrten sie dann nach Graz zurück, erhielten eine Wohnung von der Kultusgemeinde und konnten auch das ehemalige Geschäft langsam wieder aufbauen.

1948 wanderte Hilda Busch nach Großbritannien aus, kam aber wegen einer Erkrankung ihres Vaters bald wieder nach Graz und ging erst 1960 wieder nach London. Friedrich Busch verstarb 1956 in Graz, seine Frau Rosina im Jahr 1973.

Auf dem Mount Carmel in Haifa hatten wir ein Daheim wie in Graz oder Leoben.

Josef Carmiel

Emanuel Weinberger wurde 1880 im mährischen Podivin (Kostel) in eine Familie mit acht Kindern geboren.[16] Nach der Heirat seiner Schwester Irene mit dem in Leoben ansässigen Ludwig Röhr (1913) kamen fast alle Geschwister in die Steiermark und betätigten sich großteils im Kleinhandel.[17] Emanuel Weinberger eröffnete später in Graz ein Textilgeschäft in der Vorbeckgasse und heiratete 1922 die aus dem schlesischen Ciescyn (Teschen) stammende Martha Wechsberg (geb. 1896). 1923 und 1927 wurden die beiden Söhne Walter und Kurt geboren, die die jüdische Volksschule und danach das Oeversee-Gymnasium in Graz besuchten. Wie der Großteil der Grazer jüdischen Bevölkerung wurde die Synagoge auch von der Familie Weinberger nur an den hohen Feiertagen besucht. Der Haushalt wurde nicht koscher geführt.

Familie Weinberger bei einem Ausflug ins Grazer Umland

Kurt und Walter gehörten dem rechtszionistischen Jugendbund *Betar* an, der seine Mitglieder neben der allgemeinen Emigrationsvorbereitung im Hinblick auf einen möglichen Kampf in Palästina auch in paramilitärischen Übungen unterwies.[18] Die dabei getragene Uniform – dunkelbraune Pfadfinderhose und Bluse, „Kappi" und Halstuch in blau – erinnerte an jene der Nationalsozialisten und provozierte Anfeindungen und Prügeleien vor allem der linkszionistischen Bünde, die die *Betarim* sogar als „Faschisten" beschimpften. *Das Klubheim der revisionistischen Jugendbewegung* Betar *in Graz war im Paradeishof, einem Hinterhof vom Kastner & Öhler. Viele Studenten, darunter auch meine Cousins, die älteren Röhr-Burschen, waren dort aktiv. Da hat man exerzieren geübt und nationale Lieder gesungen. Teil der Uniform war eine braune Bluse, die auch ich als Neunjähriger bekommen und stolz getragen habe. Nach 1934 waren die Nazis verboten. Da gab's keine braunen Uniformen in den Gassen. Nur ein junger Mann ist die ganze Annenstraße, vom Hotel „Drei Raben" bis zum Paradeishof „braun uniformiert" gelaufen. Niemand hat mich aufgehalten. Keiner hat gewusst, dass das ein jüdischer „Lausbub" und kein Nazi ist. Erst später hab ich verstanden, was das für ein Blödsinn war.*

Familie Weinberger im Volksgarten, Graz 1932

Kurt Weinberger (am Geländer) mit seiner Familie und Verwandten, Graz 1936

Trotz der Sympathien gegenüber der zionistischen Bewegung wurde eine Auswanderung nach Palästina vor 1938 nur als ferne Zukunftsvorstellung betrachtet. Kurz nach dem „Anschluss" 1938 war auch das Geschäft der Familie Weinberger von der „Arisierung" jüdischen Besitzes betroffen. Ein Teil des Erlöses der Zwangsliquidierung der Betriebsstände floss auf ein Sperrkonto, von welchem begrenzte Beträge behoben und Vorbereitungen für die Ausreise getroffen werden konnten.

Mehrere männliche Familienmitglieder wurden im Zuge des Novemberpogroms inhaftiert. Während Emanuel Weinberger der Deportation durch die Hilfe eines ihm bekannten Polizeibeamten entgehen konnte, wurden Josef Strasser und Ludwig Röhr nach Dachau verschickt. Der Versuch, seinen Onkel zu warnen und ihn vor der Verhaftung zu schützen, blieb erfolglos: *Am Morgen des 10. November 1938 haben wir schon gewusst, dass die Synagoge in der Nacht angezündet worden ist. Es hat ja damals schon Radio gegeben. Die Eltern haben nicht gedacht, dass das Ganze auch unsere Familie treffen wird. Doch zeitlich in der Früh war die Polizei bei unserer Tür und hat den Papa mitgenommen. Daraufhin hat mir die Mama gesagt: „Du Kurti lauf schnell zum Onkel Joschi in die Wickenburggasse und sag ihm, dass sie den Papa geholt haben! Er soll rasch aufstehen und irgendwohin in den Wald laufen!" Der Onkel war ein gemütlicher Mensch und bis er aufgestanden ist und sich ordentlich angezogen hat, da waren sie schon bei der Tür und haben ihn zum Polizeipräsidium in der Innenstadt mitgenommen. Dort waren*

Mitglieder des Grazer „Jungbetar"

schon viele jüdische Männer im Hof, die später zum Hauptbahnhof gebracht und von dort unter Jubel der Umstehenden ins Konzentrationslager Dachau verschickt wurden. Mein Vater konnte mithilfe eines Polizei-Beamten, mit dem er jahrelang im Kaffeehaus Karten gespielt hat, durch ein Hintertürl entkommen. Die Demütigungen, die all diese unschuldigen Menschen damals erleiden mussten, sind ihm erspart geblieben. Meine Onkel Joschi und Ludwig mussten nach einigen qualvollen Wochen in Dachau eine Verpflichtung unterschreiben, das Land bald zu verlassen und nie wieder zurückzukehren. So kamen sie frei.

Kurt besuchte bis Ende des Jahres 1938 die jüdische „Notschule" am Färberplatz, bis die Familie schließlich im März 1939 nach Wien übersiedeln musste. *Weil Graz anfangs 1939 „judenrein" werden sollte, mussten wir nach Wien, wo wir gemeinsam mit den Tanten Ida und Rella Weinberger, die in Leoben gelebt haben, in Untermiete wohnten. Für mich, den „Provinz-Buben", waren diese Monate im schönen Wien ein Erlebnis. Nach dem Besuch einer „Notschule" im 3. Bezirk sollte ich später auch ins jüdische Chajes-Gymnasium*[19]*, wo die Kinder zur Auswanderung nach Palästina vorbereitet wurden, gehen.*

Walter Weinberger hatte bereits die für die Jugend-Alijah erforderliche Vorbereitung – die Hachscharah – absolviert und wanderte im Frühjahr 1939 mit einer Gruppe von Wiener Jugendlichen nach Palästina aus. Angesichts der Verzögerung der legalen

Palästina-Einreise und der immer bedrohlicher gewordenen Situation der jüdischen Bevölkerung auch in Wien, entschloss sich Kurts Vater Mitte 1939 mit einem von Josef Schleich[20] organisierten Transport über die Grenze nach Jugoslawien zu fliehen. Martha Weinberger verließ Wien im Juli 1940 und erreichte Jugoslawien auf demselben Weg wie ihr Mann, den sie wenige Wochen später im nahe der rumänischen Grenze gelegenen Kladovo wieder traf.

Durch die Möglichkeit, Familienangehörige „anzufordern", wenn für deren Unterhalt gesorgt war, konnte Kurt Weinberger nach Palästina auswandern. Die bereits mit einem „Kapitalisten"-Zertifikat eingewanderte Tante Irene Röhr verpflichtete sich, ihren Neffen bei sich aufzunehmen, wodurch er im Dezember 1939 mit einem „Kindertransport" über Triest fliehen konnte. *Drei Monate später verließ der „Kinder-Transport" der 12- bis 15-Jährigen mit Begleitpersonen den Südbahnhof. Beim Abschied von der Mama und den Verwandten gab es viele Tränen, aber auch Hoffnung auf ein baldiges Wiedersehen. Leider kam es nie dazu. In Triest hatten wir einige Tage Aufenthalt und konnten sogar Chanukkah feiern. Mit dem Dampfschiff „Galiläa" sind wir am 20. Dezember im Hafen von Haifa angekommen. Die Tante Irene und der Onkel Joschi haben mich abgeholt und von dem Tag an bin ich viele Jahre hindurch bei diesen zwei Familien geblieben.*

Die ersten Jahre in Palästina lebte Kurt bei seinen Verwandten in Haifa. Schon 1934 hatte Irene Röhr ein Grundstück am Mount Carmel erworben und 1939, nach ihrer Einwanderung, ein Haus gebaut, wo in der Folge auch die Familie Strasser lebte. *Die erste Zeit im neuen kargen Land war schwer. Der Bau des Hauses hatte fast das ganze Geld verschlungen und man musste bald Mitgebrachtes verkaufen, um sich über Wasser zu halten. Gerade zu dieser Zeit bin ich angekommen. Die beiden Familien führten einen gemeinsamen Haushalt und später auch einen Wäschebetrieb. Es gelang den zwei Schwestern, da oben auf dem Mount Carmel ein Daheim wie in Graz und Leoben zu schaffen. Man hat Rindsuppe gekocht, Schnitzel mit Kartoffelsalat gegessen und Apfelstrudel gebacken. Das Wohnzimmer war vom Bild des Dachsteingletschers beherrscht und es wurde natürlich nur Deutsch gesprochen. In der Gegend, wo das Haus am Carmel gestanden ist, waren seinerzeit viele Einwanderer aus Mitteleuropa, in erster Linie aus Deutschland, später aus Österreich, auch von der Tschechoslowakei und anderen deutschsprechenden Ländern. Wer nur Deutsch konnte, konnte recht und schlecht durchkommen. Beim Ehepaar Röhr gab's die noblen Möbel aus Leoben und eine Menge Bücher, die mir viel beim Konservieren und Erweitern meiner Deutsch-Kenntnisse geholfen haben. Das erste halbe Jahr ging ich in eine Übergangsschule, wo hauptsächlich Hebräisch gelehrt wurde. Bald aber bin ich schon in eine reguläre Schule gegangen. Leider konnte ich aus finanziellen Gründen kein Gymnasium besuchen und bin im Alter von 14 Jahren in die Tischler-Lehre gekommen. Bereits mit*

16 habe ich von meinem Lohn zum Familienhaushalt beigesteuert. Mein Bruder, der nun Moshe hieß und im Kibbuz lebte, und natürlich auch die Röhr-Burschen waren oft zu Besuch und haben die heimische Küche und Atmosphäre zu schätzen gewusst. Es gab Arbeit und Verdienst, doch die Ungewissheit um all die in Europa Verbliebenen war drückend. Ende des Krieges war dann klar, dass wir sie nie wiedersehen werden.

Seit dem Besuch der Übergangsschule, wo eingewanderte Kinder in erster Linie Hebräisch lernen sollten, verwendete Kurt Weinberger seinen rituellen Namen Josef. Zehn Jahre später nahm er den Nachnamen Carmiel an. Mit 18 Jahren war er zeitweise als Hilfspolizist tätig, schloss sich später dem *Palmach*, der Eliteeinheit der jüdischen Untergrundorganisation *Haganah* an, und diente dann in der *Israel Defence Army*. Nach vier Jahren Militärdienst wurde er Betriebsleiter einer Tischlerei und später Industrietechniker einer Stahl- und Eisen-Gießerei. Er heiratete 1962 die aus Belgrad stammende Mathilda Daniti und wurde Vater zweier Töchter, Mirjam-Martha (geb. 1963) und Michal (geb. 1966), von denen er sechs Enkelkinder hat.

Josef Carmiel mit seiner Tochter Miri 1991 in Graz

Josef Carmiel besuchte Graz in den Jahren 1954 und 1977 und noch mehrere Male nach seiner Pensionierung, u.a. anlässlich der Synagogeneinweihung im Jahr 2000. Nach jahrelangem Kontakt mit der Israelitischen Kultusgemeinde Graz wurde er 1992 deren Ehrenmitglied. 2008 war er Zeitzeuge beim Projekt „A letter to the Stars" in Wien, sowie beim Projekt „Hörmal. Überlebensgeschichten 1938–2008" in Graz.

Sein Bruder Walter Weinberger (1923–2008), der den Namen Moshe Carmiel angenommen hatte und der im Alter von 16 Jahren mit der Jugend-Alijah ins Land gekommen war, besuchte eine Landwirtschaftsschule und arbeitete dann viele Jahre im Kibbuz. Mit 25 Jahren heiratete er und wurde zweifacher Vater. Er absolvierte eine Ausbildung als Buchhalter und wurde später Revisor in der staatlichen Wohnbauverwaltung *Amidar.*

Die Eltern, Martha und Emanuel Weinberger, waren unter den über 1.000 ermordeten „Kladovo-Flüchtlingen", die auf der Flucht nach Palästina den Tod fanden. Die Weiterreise von Kladovo konnte aufgrund organisatorischer Schwierigkeiten nicht fortgesetzt werden, weshalb die Flüchtlinge zunächst im Donauhafen strandeten und danach im serbischen Šabac ausharrten, wo sie von Truppen der deutschen Wehrmacht eingeholt wurden. Emanuel Weinberger wurde Ende Oktober 1941 von einer aus Österreich stammenden Truppe der Wehrmacht als „Sühne" für einen Überfall der Partisanen erschossen. Martha musste mit den anderen Frauen einen furchtbaren Winter in einem KZ bei Belgrad erleiden und wurde im Frühjahr 1942 in einem Gas-LKW ermordet.[21]

Sag einmal, wo bist du zu Hause? Ich? Überall und nirgends.

Laura Cohn

Die in Galizien gebürtigen Therese Tracia Baumgarten und Joachim Schwarz waren während des Ersten Weltkriegs nach Graz gekommen, wo sie 1920 heirateten und 1920 bzw. 1924 die Kinder Jakob und Laura zur Welt kamen.[22] Zahlreiche Verwandte mütter- und väterlicherseits lebten auch in der steirischen Landeshauptstadt und betätigten sich vorwiegend im Kleinhandel, so auch Joachim Schwarz, der ein Manufakturengeschäft in der Mariahilferstraße betrieb.

Für die Familie spielte die jüdische Religion eine wichtige Rolle, die Synagoge wurde wöchentlich besucht, ebenso wie ein koscherer Haushalt geführt wurde. *Meine Eltern waren religiös, mein Vater speziell, der hat mich jeden Freitagabend zum Gottesdienst in den Tempel mitgenommen. Außerdem mussten wir jeden Samstagnachmittag um vier Uhr in den Tempel. Das war der Gottesdienst für die Kinder. Der große Tempel war herrlich und schön, wir haben einen Kantor gehabt, ein gewisser Katz Jerich. Der war aus Polen, hat wunderschön gesungen und wurde von einem Chor begleitet.*

Nach Beendigung der jüdischen Volksschule besuchte Laura Schwarz als eine von wenigen Jüdinnen das Oberlyzeum in der Sackstraße. Dass sie sich gegen antisemitische Anfeindungen von nichtjüdischen Kindern zu erwehren vermochte, führte sie auf den Einfluss des zionistischen Jugendvereins *Betar* zurück, der von ihrem Cousin Berthold Fleissig mitgegründet und geleitet wurde. *Einmal bin ich ungefähr im Alter von elf, zwölf Jahren nach Haus gekommen. Wir haben in der Mariahilferstraße gewohnt. Da war ein Bub in der Gasse, mit Steirerhut, der mir nachgelaufen ist und mich „Saujüdin" genannt hat. Bin ich hin und hab ihm zwei Watschen gegeben, dass der Steirerhut weggeflogen ist. Und seit damals, wenn er mich gesehen hat, hat er einen großen Bogen um mich gemacht, nie wieder ist er in meine Nähe gekommen. Und das verdanke ich dem* Betar. *Die haben uns eingebläut, uns nicht anders zu fühlen, wie die anderen und dass wir das Recht haben, uns zu verteidigen und uns zu schützen. Das war wirklich der Einfluss vom* Betar*: Wir waren stolz und haben uns nicht versteckt.*

Mitglieder des Grazer „Betar“

Nachdem die Eltern bereits kurz nach dem „Anschluss“ im März 1938 einige Tage wegen Verdachts auf Devisenschmuggel inhaftiert und der Betrieb „arisiert“ worden war, fiel die Familie Schwarz auch den nationalsozialistischen Übergriffen im November 1938 zum Opfer. *Mitten in der Nacht um 12 Uhr pumpert´s an die Tür. „Aufmachen, aufmachen!“ Reingekommen ist die SS in den schwarzen Uniformen. Sie haben die Kästen und Schubläden aufgerissen und alles auf den Boden geschmissen. „Runter, raus, anziehen, schnell!“, haben sie uns befohlen. Wir sind runter, rauf auf ein Lastauto, wo schon ein paar Juden aus der Mariahilferstraße oben waren. Dann ging es zum Tempel, der hat lichterloh gebrannt. Ich weiß nicht, wie lange wir dort gestanden sind, die haben uns den Anblick „genießen“ lassen. Kein Mensch hat was gesagt. Nachher sind wir weitergefahren und irgendwo außerhalb von Graz stehengeblieben. „Alle aussteigen. Stellt's euch mit dem Rücken zur Mur!“, haben sie mit Maschinengewehren in der Hand gesagt. Wir haben nur gebetet. Ich vor allem, dass sie mich als erstes treffen, damit ich nicht zuschauen muss, wie meine Eltern erschossen werden. Das war mein erstes Gebet als Kind. Nach fünf oder zehn Minuten haben sie gesagt: „Ihr Saujuden. Geht's nach links, geht's nach rechts, aber nach Graz dürft's nicht mehr zurückkommen!“*

Nach diesem Erlebnis begann die schwierige Suche nach einer Emigrationsmöglichkeit. Obwohl sie bereits ein Visum für Shanghai erwirkt hatten, flüchtete die Familie in der Folge nach Palästina: Jakob Schwarz wanderte als Erster mit einem illegalen Transport aus, Laura folgte ihm mit einem Jugend-Alijah-Zertifikat und die Eltern, Therese und Joachim, sowie mehrere Verwandte konnten schließlich im April 1939 ebenfalls mit einem illegalen Schiffstransport fliehen.

Ihre Erfahrungen mit der Jugend-Alijah, einem Ausbildungsprogramm zumeist in der Landwirtschaft oder im Handwerk, schilderte Laura wie folgt: *Ich bin angekommen in Palästina und mein Bruder hat mich in Tel Aviv begrüßt. Das war herrlich, diese Wiedersehensfreude mit meinen Verwandten! Nachher bin ich nach Jerusalem und da hat natürlich das große Heimweh begonnen. Ich war ganz allein, die Sprache konnte ich nicht, die meisten Mädchen waren aus Deutschland, aber auch Mädchen aus Polen, aus Wien und ein paar waren aus der Provinz. Alle im gleichen Alter und in der gleichen Klasse. Wir konnten alle kein Hebräisch. In der Schule haben wir Hauswirtschaft und Landwirtschaft gelernt. Landwirtschaft ist übertrieben, hinten haben wir einen großen Garten gehabt. Es gab eine Hühnerzüchterei und wir haben Bäume, Obst, Gemüse und so weiter angepflanzt. Wir mussten arbeiten, saubermachen, Klosett putzen, Badezimmer putzen, die Zimmer putzen, die Matratzen putzen. Israel hat doch ein heißes Klima, deshalb musste man die Matratzen klopfen und einspritzen, damit keine Wanzen kommen. Als erstes haben wir das alles durchgemacht und danach hat man uns in die Wäscherei geschickt. Wäsche waschen und bügeln haben wir gelernt. Und nachher nähen.*

Laura Schwarz besuchte in Jerusalem zunächst eine religiöse Mädchenschule, half daneben den erkrankten Eltern bei der Haushaltsführung in Tel Aviv und machte dann eine Lehre als Schneiderin. *Meine Mutter wurde sehr krank und da bin ich nach Tel Aviv zu meinen Eltern, habe den Haushalt geführt, habe gekocht und bin einkaufen gegangen. Ich war damals ungefähr 16 Jahre alt und wollte Kindergärtnerin werden. Aber das konnte ich mir nicht leisten, weder hatte ich Geld – das hat damals glaube ich 200 Pfund gekostet, das war sehr viel Geld –, noch die Zeit. Mein Vater hat den Koffer genommen und ist hausieren gegangen, so hat er existiert. Er wollte bei niemandem arbeiten, war immer unabhängig, selbständig. Seife, Zahnpasta, Schuhpasta hat er verkauft. Er hat sich sein Brot verdient. Viel hat man nicht gebraucht damals, das Essen war preiswert, man hat meistens nur Obst, Gemüse und solche Sachen gekauft. Fleisch hat es vielleicht einmal in der Woche gegeben und die anderen Lebensmittel waren ziemlich preiswert.* Lauras Vater und Bruder schlugen sich anfangs als Hausierer durch. Jakob Schwarz war dann für das englische Militär tätig.

Nach dem Tod der Eltern entschlossen sich Laura und Jakob, beide mittlerweile verheiratet, 1961 in die USA zu migrieren und sich in New York niederzulassen. Nach Graz ist Laura, die seit ihrer Heirat 1945 Cohn hieß und drei Söhne bekam, das erste Mal Ende der 1960er Jahre zurückgekehrt.

Im Interview beschrieb Laura das Unvermögen, sich weder der alten noch der neuen Heimat wirklich zugehörig zu fühlen, wie folgt: *Einmal hat mich eine Schulfreundin aus Graz auch gefragt: „Sag einmal wo bist du zu Hause?" „Ich? Überall und nirgends." Israel ist meine zweite Heimat. Österreich ist verloren als Heimat. Aber das Heimweh am Anfang war furchtbar. Ehrlich gesagt, wenn nicht Hitler gewesen wäre, wäre ich damals wahrscheinlich wieder zurückgefahren nach Österreich.*

Wir gehören nirgends hin.

Leo Dortort

Franz (Chaim Fischel) Dortort (geb. 1897) und Anna, geb. Chana Rechla Körner, (geb. 1898) stammten beide aus Galizien und kamen – unabhängig voneinander – mit ihren Familien nach Ungarn, wo sie sich kennen lernten. Aus familiären und beruflichen Gründen gingen sie nach Graz und heirateten 1924.[23] Im selben Jahr kam die Tochter Blanka zur Welt, vier Jahre später wurde Leo geboren. Die Familie wohnte zuerst in der Wielandgasse, dann in der Jakoministraße, wo sie Geschäftsräume besaßen und Anna Dortort eine Zeit lang ein Hutgeschäft und später eine Zuckerwarenhandlung betrieb. Franz Dortort war gelernter Schriftsetzer, führte in Graz aber ein Textilwarengeschäft. In das religiöse und kulturelle Gemeindeleben war die Familie sehr eingebunden, die Synagoge wurde allwöchentlich besucht.

Leo Dortort mit Schwester Blanka und Mutter Anna vor der Grazer Oper, ca. 1932

Leo gehörte der Kinderfußballgruppe des Grazer jüdischen Sportvereins *Hakoah* an und verbrachte nicht wenige Zeit im vom linkszionistischen Verein *Blau-Weiß* betriebenen Stadtkibbuz, der im Haus seines Onkels in der Münzgrabenstraße untergebracht war.[24]

Franz Dortort

Manufaktur-, Modewaren und vorgedruckte Handarbeiten

Jakoministraße Nr. 10

Geschäftsannonce des Betriebs von Franz Dortort

Die Kinder besuchten beide die jüdische Volksschule, die Leo 1938 im letzten Jahrgang noch abschließen konnte. Leo erzählte über den Samstagsunterricht und den anschließenden Gottesdienst in der Synagoge, den die Kinder gemeinsam mit den Eltern besuchten: *Tatsächlich gingen wir auch am Samstag zur Schule. Aber wir gingen ohne Schultasche, das Einzige, was wir trugen, war ein wenig Kuchen in einer Tasche und wir hatten zwei Unterrichtsstunden. In der ersten Stunde lasen wir die Bibel, in der zweiten hatten wir biblische Geschichte, in der uns der Direktor Geschichten vorlas. Mein Vater besuchte am Samstag den Gottesdienst; wir haben uns über die Eltern lustig gemacht. Üblicherweise waren sie mit Nadelstreifhose, Jacke und Halbzylinder oder Zylinder gekleidet. Mit dem steifen Kragen, mit den Gamaschen. Das war eben die Mode dieser Zeit.*

Von den unmittelbar nach dem „Anschluss“ eingesetzten antijüdischen Maßnahmen war die Familie stark betroffen. Nachdem das elterliche Textilwarengeschäft geplündert worden war, verloren die Dortorts auch ihre Wohnung und mussten mit mehreren Verwandten zusammenziehen. Wie der Großteil der Grazer Juden fiel auch Franz Dortort der Verhaftungswelle des Novemberpogroms zum Opfer. *Drei Männer in Ledermänteln, Lederhosen und mit Steirerhut brachen die Haustüre auf. Gestapo. Sie brachen auch das zweite Schloss auf und suchten meinen Vater. Als sie all die anderen Männer in der Wohnung sahen, verhafteten sie alle.* Franz Dortort wurde bis Januar 1939 im KZ Dachau interniert und kam durch die Zusage, das Land binnen drei Monaten zu verlassen, frei. Während zumindest Blanka noch im November 1938 mit einem „Kindertransport“ nach Palästina auswandern konnte, entschied sich die restliche Familie im März 1939 mangels Alternativen illegal nach Jugoslawien zu fliehen, wo sie zunächst bei einem Onkel in Leskovac unterkam und sich dann in Zagreb niederließ. Hier erfuhren sie, dass sie mit einem in Kladovo liegenden Schiff mit rund 1.000 österreichischen Flüchtlingen nach Palästina fahren könnten. Über Belgrad fuhren sie 1940 nach Kladovo, wo sie sich dem Transport anschlossen, der aber nur ins nördlichere Šabac gebracht wurde. Von dort konnten nur rund 200 Jugendliche weiterfahren. *Ich war eines dieser Kinder. Ich weiß nicht, warum ich ausgewählt wurde, aber meine Eltern ließen mich wieder von der Liste streichen, denn es gab das Gerücht, dass Familien, deren Kinder nicht mitfuhren, bald ein Visum für die ganze Familie erhalten würden. Und es gab nicht viele Familien mit Kindern. Aber ich war erpicht darauf, mitzufahren, und sprach mit einer Freundin von Graz, sie hieß Thea Kiesler, sie war im Stadtkibbuz. Wir gingen öfters spazieren und ich erzählte ihr von meinem Wunsch, mitfahren zu dürfen. Um drei Uhr musste ich eine Antwort geben, meine Eltern schauten sich an, sie sprachen kein Wort. Mein Vater beugte sich nach unten und holte einen kleinen Koffer unter dem Bett hervor. Und da wusste ich die Antwort, ging vor die Tür und sagte zu Thea: „Ja." Zwei Tage danach sind wir dann abgefahren. Da habe ich meine Eltern zum letzten Mal gesehen. Und zum ersten Mal in meinem Leben sah ich meinen Vater weinen.* Die in Serbien verbliebenen Erwachsenen, darunter auch Anna und Franz Dortort, wurden nach dem deutschen Überfall auf Jugoslawien ermordet. Franz Dortort wurde im Oktober 1941 von Angehörigen der Wehrmacht im Zuge einer „Sühnemaßnahme" erschossen. Anna Dortort kam vermutlich im März 1942 im KZ Sajmište um.

ת. ע. ש. ג. צ. ח. „השומר-הצעיר“ באוסטריה
תכלת-לבן
Jüdischer Jugendbund
TCHELETH LAWAN (Blau-Weiß)

Blau-Weiß Logo

Leo Dortort gelangte mit den anderen Kindern des Transports mit dem Zug über Griechenland, die Türkei, Syrien und den Libanon nach Palästina, wo er nach knapp drei Jahren seine Schwester wieder traf. Nach Beendigung einer Schule in Kiryat Bialik erhielt er 1946 einen Posten bei der Polizei.

Um die Rückstellung des von den Nationalsozialisten geraubten Vermögens zu erwirken, kehrte er 1950 nach Graz zurück. Die Atmosphäre der Stadt hatte er alles andere als angenehm in Erinnerung. *Graz war damals kein Ort zum Leben, Graz wirkte traurig, sehr traurig. Es gab nichts in Österreich – man spürte, dass man nicht willkommen war. Jetzt schreibt auch die Historikerkommission darüber, dass man alles getan hatte, um nichts zurückgeben zu müssen. Ich spürte, auch wenn ich es nicht genau festmachen konnte, dass wir nicht willkommen waren.* Nachdem er in Paris vorübergehend Architektur studiert hatte, fasste er 1953 den Entschluss, nach Kanada zu emigrieren. Dort arbeitete er im Optikergewerbe und übersiedelte Mitte der 1960er Jahre in die USA, da ihm von seinem Arbeitgeber eine Stelle an der Westküste angeboten worden war.

Nach rund 17 Jahren in den USA kehrte Leo Dortort zu Beginn der 1980er Jahre wieder nach Kanada zurück und lebt seither mit seiner Familie in Montreal in der Provinz Quebec.[25]

Die Frage nach seiner Heimat und seinem Zugehörigkeitsgefühl beantwortete er wie folgt: *Ich weiß nicht ganz genau, aber ich denke – wir gehören nirgends hin. Es ist eine Illusion, ein Kanadier oder Amerikaner zu sein, man lebt hier, aber nicht deine Schulfreunde, man ist ganz anders aufgewachsen, und das alles wurde einem weggenommen. Und irgendwie kann man sich nicht damit abfinden, doch ein ganz anderes Leben geführt zu haben, aber es wurde einem weggenommen, so dass man zu einem anderen Leben gezwungen wurde.*

Ich erhielt ein Visum für Shanghai, ein Ort, über den ich gar nichts gewusst hatte.

Samuel Düdner

Geboren im galizischen Przeworsk, wuchs Samuel Düdner in Graz auf, wo er mit seinen Eltern Zalel Leib und Hedwig Düdner und insgesamt acht Geschwistern in der Griesgasse wohnte.[26] *Unsere Wohnung war gleich wie alle anderen in der Gegend zu dieser Zeit. Es gab ein lausiges Badezimmer, ohne Dusche, nur mit Toilette. Wir haben uns in einem großen Fass gewaschen. Ansonsten war es eigentlich ein recht komfortables Haus, mit zwei Geschäften im Parterre und einem riesigen Garten mit Apfelbäumen und einem Baumhaus, das meine Freunde und ich sehr mochten.*

Wenngleich er seine Familie als nicht besonders religiös bezeichnete, wurde der Haushalt koscher geführt und die Synagoge regelmäßig besucht. Samuel ging in die jüdische Volksschule, anschließend ins Akademische Gymnasium und absolvierte dann ein Medizinstudium, das er 1929 abschloss. Seine praktische Ausbildung erhielt er im Allgemeinen Krankenhaus Wien und danach arbeitete er in einer Praxis in Obersiebenbrunn, wo er auch den „Anschluss" 1938 erlebte.

Der Nachweis eines Visums und einer teils von der Wiener Kultusgemeinde finanzierten Schiffspassage für Shanghai verhinderte seine Inhaftierung während des Novemberpogroms. *Ich ging von Konsulat zu Konsulat und versuchte alles, um zu einer Emigrationsmöglichkeit zu gelangen. Dann erhielt ich ein Visum für Shanghai, ein Ort, über den ich gar nichts gewusst hatte. Ich sah mich schon Kohle schaufeln. Die Abfahrt nach China war für den 17. November geplant und am 10. November erhielt ich ein Schreiben von der Gestapo, dass ich morgen umgehend vorstellig werden sollte. Dumm, wie ich war, ging ich am nächsten Tag hin. Ich wusste nicht, dass Juden, die keine Reisepapiere vorweisen konnten, verhaftet wurden. Auf der Polizeistation fragte man mich freundlich: „Können Sie Österreich verlassen?" Ich bejahte, zeigte das Ticket und durfte nach Hause gehen.*

Während Samuel noch im November über Italien auswandern konnte und auch weiteren Geschwistern die Flucht u.a. nach Palästina gelang, blieben seine Mutter Hedwig Düdner und zwei Geschwister in Österreich zurück. Sie wurden Opfer des Holocaust. Sein Vater war bereits 1924 gestorben.

Über Italien, den Suez-Kanal, den Indischen Ozean und Manila erreichte er Shanghai, den damalig weltweit einzigen Ort, an dem sich Flüchtlinge ohne Papiere aufhalten konnten. Er kam in einer vom Flüchtlingskomitee organisierten Unterkunft unter und wurde als Arzt für die zahlreichen in der Stadt lebenden Emigrantinnen und Emigranten engagiert, bevor er ein eigenes Flüchtlingskrankenhaus gründete und leitete.

Ankunft jüdischer Flüchtlinge aus Österreich in Shanghai, Dezember 1938

Er heiratete, bekam eine Tochter und emigrierte Ende 1948 in die USA. In New York eröffnete er eine Praxis und erhielt 1953 die amerikanische Staatsbürgerschaft.

Like a fish takes to water[27], beschrieb Samuel Düdner seinen Integrationsprozess in den USA, der ihm beruflich nichtsdestotrotz einiges abverlangte. *Ich war glücklich, ich hatte Glück, ich war frei! Aber es gab ein „aber". Ich musste mich um meine Frau und zwei Kinder kümmern und hatte nur sehr wenig Geld. Zu einem Hilfskomitee bin ich aber nie gegangen. Gearbeitet habe ich wie verrückt – 120 Stunden pro Woche in einem Krankenhaus für 200 Dollar pro Monat. Natürlich wurden mir im Spital ein Zimmer und Essen zur Verfügung gestellt, aber für meine Familie musste auch gesorgt werden. Eine Zeitlang haben wir richtig gelitten.*

Während für Samuel Düdner eine dauerhafte Rückkehr nach Österreich stets ausgeschlossen war, ließ sich der nach Palästina geflüchtete Bruder Sigmund nach dem Krieg wieder in Graz nieder, wo er 1972 starb.

Die Zeichen waren doch so deutlich und laut ...

Avram Engel

Die Familien von Heinrich Engel und Rosa Schreier stammten aus Galizien und ließen sich vor dem Ersten Weltkrieg in Graz nieder. Rosa und Heinrich heirateten 1926, die Kinder Gerda und Alfred kamen 1927 und 1930 zur Welt.[28] Eigenen Angaben zufolge lebten sie in äußerst bescheidenen Verhältnissen zunächst in der Pestalozzistraße, danach in der Lazarettgasse 12, wo Alfreds Großvater mütterlicherseits, Elias Silber, in den 1930er Jahren ein kleines Lebensmittelgeschäft führte. Beide Kinder besuchten die jüdische Volksschule am Grieskai. Die Familie pflegte kaum gesellschaftlichen Umgang mit Nichtjüdinnen und -juden. Obwohl Alfred Engel sich auf die Frage nach der Judenfeindlichkeit vor 1938 an *keine drastischen Vorkommnisse* erinnern konnte, empfand er die Situation der jüdischen Bevölkerung in Graz als ein *Geduldetwerden* und deren Status als jenen *Bürger zweiter Klasse.*

Hochzeitsfoto von Rosa & Heinrich Engel, Graz, Mai 1926

Alfred Engel (2. v. l. auf der Mauer sitzend) mit seiner Volksschulklasse

Auf Wunsch des Großvaters, für den die religiösen Traditionen noch eine Rolle gespielt hatten, wurden die hohen jüdischen Feiertage eingehalten, die Synagoge aber ansonsten nie besucht. Untypischerweise gehörte keines der Familienmitglieder einem der im Graz der Zwischenkriegszeit existierenden Vereine an und auch dem Zionismus standen sie fern. Im Interview gab Alfred Engel schmunzelnd an, dass er vom Zionismus erstmals in Palästina gehört hätte. Aus wirtschaftlichen Gründen wanderte die Familie dennoch 1933 nach Palästina aus, kehrte allerdings nach drei Jahren zur Verwandtschaft nach Graz zurück, ein Umstand, der ihm aus der Retrospektive unerklärlich erscheint, *wo doch die Zeichen so deutlich und so laut waren.*

Am 2. November 1938 wurde der Familie der Ausweisungsbefehl ausgestellt.[29] Während mehrere Verwandte von den Massenverhaftungen der Pogromnacht betroffen waren, konnte Heinrich Engel der Inhaftierung zufällig entgehen: *Mein Vater war blond und er fand einen Weg, sich so unauffindbar zu machen wie möglich, in dem er jeden Morgen sein Fahrrad nahm und den ganzen Tag über irgendwo unterwegs war. Eines Morgens ging er wie immer in den Keller, um sein Rad zu holen. Währenddessen kamen meine Mutter und wir Kinder die Stufen runter, um fortzugehen. In dem Moment, wo wir im Treppenhaus waren, kamen zwei Männer – Regenmäntel, also zivile Schutzpolizei auf Kilometer zu erkennen – mit einem Zettel in der Hand und fragten meine Mutter: „Wo wohnt hier Silber-Engel?" Silber-Engel, weil mein Großvater hieß Silber. Und dann geschah etwas, was mich immer verwunderte, weil meine Mutter keine besonders starke, kräftige, sich durchsetzende Person war. Aber in diesem Moment spielte sie eine Rolle, die mich immer verwunderte, denn sie sagte ganz kühl: „Engel, das ist im 2. Stock." Und während sie rauf gingen, kam mein Vater mit dem Fahrrad raus und machte sich auf den Weg. Und so entkam er und wurde nicht gefasst.*

In den folgenden Monaten versuchten die Engels zu einer Auswanderungsmöglichkeit zu gelangen. Der Versuch, zumindest die Kinder in einen der Transporte nach Schweden oder England einzureihen, blieb erfolglos. Die Chance, zu emigrieren, kam schließlich im April 1939 in Form eines illegalen Schiffstransportes nach Palästina. *Das einzige, das man tun konnte, war zu hoffen und zu warten. Und nach einigen Monaten der Bemühungen kamen Namen auf von möglichen fernen Horizonten, die eventuell Versprechungen enthielten. Und zwar hörte man einen Tag von Kuba. Das Wort „Kuba" ging herum und man sprach einige Zeit von Kuba. Ich glaube, niemand wusste, was da war und wo das ist. Aber es war ein Hoffnungsstrahl. Nach zwei, drei Tagen hörte man dann Colombia! Und dann hörte man Peru! Und alle diese Namen von Zentral- und Südamerika. Das ging viele Wochen so – ein Wort, ein Name kam auf und versank. Und zuletzt, also als letzter Ausweg, hörten wir von Palästina. Es wundert mich, dass wir nicht früher davon gehört haben. Wir wussten nicht viel über Palästina. Auch viele andere Juden hatten keine genauen Vorstellungen. Man dachte, die Länder in Südamerika sind lange schon bestehende Länder. Das sind wirkliche Länder, aber Palästina ist vielleicht zu dreiviertel Teil Wüste mit nomadischen Arabern, also wer weiß. Also jedenfalls war das der einzige Ausweg.*

Alfred Engel konnte letztlich mit seiner Familie, mehreren Verwandten sowie zahlreichen weiteren Grazer Jüdinnen und Juden an Bord der „Lisl" auswandern. Ende April 1939 verließen insgesamt 720 österreichische Flüchtlinge, darunter mehr als 200 Personen aus der Steiermark, Wien und gelangten über die Donau ans Schwarze Meer, wo sie gemeinsam mit Emigrantinnen und Emigranten anderer Nationalitäten auf die „Lisl" umgeschifft wurden.

Im Vergleich zu anderen Schiffstransporten dürfte die Situation an Bord der „Lisl", die unter panamaischer Flagge knapp vier Wochen nach Palästina unterwegs war, einigermaßen erträglich gewesen sein. Laut einem Bericht hatten die Flüchtlinge ausreichend Verpflegung und litten „nur" unter der furchtbaren Enge. Die sanitäre Situation sei zwar zufrieden stellend gewesen, „jedoch kann man sich vorstellen, wie die Lage auf einem Schiff war, das 576 Tonnen zählt und für den Transport von Rindern bestimmt ist, jetzt aber 921 Personen führte. Der Gestank nach dem Vieh ist auf dem Schiff bis heute spürbar".[30] Auch Alfred Engel ist der Geruch und die Enge in Erinnerung geblieben: *Beim Besteigen des Schiffes ist mir ein entsetzlich starker Geruch von Stroh aufgefallen. Also er war etwa zehn Mal so stark wie in einem Stall. Aber ich glaube, gegen Abend hat man das schon nicht mehr wahrgenommen. Es war ein großes Gedränge, wenig Platz und viel zu viele Menschen für das kleine Schiff.* Männer und Frauen wurden getrennt untergebracht, einige Passagiere kümmerten sich um ein Unterhaltungsprogramm und es gab eine koschere und eine nicht-koschere Küche. Alfred Engel erzählt dazu folgende Anekdote: *Zuerst stand ich in der nicht-koscheren Schlange an. Wegen dem Fleisch bin ich dann zu der koscheren Schlange hinüber gegangen, die wahrscheinlich kein Fleisch hatte. Und die religiöseren Juden, die da standen, sagten: „Ah, brav, guter Junge!"*

Bis sich die Eltern in Haifa eine eigene Unterkunft leisten konnten, wohnte Alfred Engel, der sich nun Avram nannte, bei einem älteren Ehepaar in Haifa. In der Regel nahm die ansässige Bevölkerung vorübergehend ein bis zwei Emigrantinnen und Emigranten auf. *Also am nächsten Tag brachte man eine größere Gruppe von uns an einen Platz in Haifa und wir wurden in einer Reihe aufgestellt. Uns gegenüber stand eine Reihe von guten Haifaern, die bereit waren, für die erste Zeit eine Person bei sich aufzunehmen. Diese guten Haifaer, die zeigten dann, wen sie mitnehmen wollen. Damals waren wir sehr dankbar, aber zurückblickend ist das ein bisschen komisch,* erzählte Avram Engel über das „Auswahlverfahren". Nach der Übersiedelung nach Tel Aviv schlugen sich seine Eltern mit Gelegenheitsarbeiten durch. *Mein Vater versuchte, die außerordentlich guten Crèmeschnitten, die meine Mutter gebacken hat, auf der Straße zu verkaufen. Dazu hat er sich ein kleines Brett umgehängt und ist herumgegangen. Ob er erfolgreich war, weiß ich nicht, es war nicht so einfach.* Avram selbst absolvierte die Bezalel-Kunstschule in Jerusalem sowie ein Architekturstudium an der Technischen Hochschule in Haifa und arbeitete danach jahrelang als Architekt, bis er sich seinem eigentlichen Faible, der Malerei, zuwandte. 1967 heiratete er eine aus Schottland stammende Immigrantin. Aus der Ehe gingen zwei Kinder hervor.

Elias Silber, Avram Engels Großvater mütterlicherseits

Trotz der Schwierigkeiten, die mit der Niederlassung in Palästina verbunden waren, hatten sich die Engels nach einiger Zeit „relativ akzeptabel" eingerichtet, sodass eine weitere Emigration nicht in Betracht gezogen wurde. Mehrere Verwandte wanderten, nachdem sie sich wirtschaftlich nicht zu integrieren vermochten, großteils nach Kanada und in die USA aus. Einzig Avram Engels Schwester Gerda ließ sich später des Berufes ihres Mannes wegen – ebenfalls ein ehemaliger Grazer – in Deutschland nieder.

Avram Engel kehrte erstmals in den 1990er Jahren und danach regelmäßig in die Steiermark zurück, auch *um die große Sehnsucht seit seiner Kindheit zu beantworten.*

Über das Schicksal seines Großvaters Elias Silber, der 1939 in Graz zurückgeblieben war, erfuhr er erst vor wenigen Jahren im Zuge eigener Recherchen. Laut Auskunft des Archivs der KZ-Gedenkstätte Buchenwald wurde Elias Silber im Oktober 1939 zusammen mit 1.067 anderen, überwiegend jüdischen Häftlingen nach Buchenwald deportiert, wo er nach vier Monaten an „Herzschwäche" verstorben sein soll.[31]

Ich vergaß, dass ich ein staatenloser Flüchtling war, der in einem Ghetto eingesperrt war.

Lisa Gerber

Lisa Gerber wurde 1926 als Tochter des ursprünglich aus Laibach/Ljubljana stammenden Kaufmanns Wilhelm Rosner (geb. 1896) und seiner in Graz 1904 geborenen Frau Ella, geb. Lang, in eine „gutbürgerliche Familie" hineingeboren.[32] Die Familie lebte gemeinsam mit dem Großvater mütterlicherseits, Julius Lang[33], in der Kaiserfeldgasse in einer großen schönen Stadtwohnung. Nach seinem Tod Ende des Jahres 1931 musste sowohl das Dienstmädchen entlassen, als auch sein Zimmer vermietet werden. Finanzielle Schwierigkeiten bereitete der Familie auch der in den 1930er Jahren erfolgte Konkurs der Spirituosenbrennerei des Großvaters väterlicherseits. Der Vater verlor seinen Posten und machte sich als Spirituosenvertreter selbständig, die Einkünfte blieben aber gering. Trotz großer Entbehrungen erinnerte sich Lisa Gerber *an Ausflüge in die Grazer Umgebung, an viele Einladungen in schöne Villen, an die Gesellschaft von anderen Kindern, an liebevolle Verwandte, an Sport, Musik und lange, herrliche Stunden in der Karlau.* Mit den Kinderjahren assoziierte sie aber nicht nur Positives. *Mit dem Antisemitismus war ich in Graz leider aufgewachsen. „Judensau" (mir wurde von den Erwachsenen erklärt, dass diese bösen Worte nur die Unterschichten verwenden) war mir nicht unbekannt. Aber so drastisch und offiziell wurde erst alles nach dem „Anschluss" an das Dritte Reich, als die „Nürnberger Gesetze" auch in Österreich in Kraft traten. Und sogar dann sagten die Eltern: „Uns kann man nichts antun, wir sind gute Österreicher, fallen nicht auf, haben keinen Einfluss und kein Vermögen!" Wie blind wir waren!*

Am 10. November 1938 wurde Wilhelm Rosner wie der Großteil der Grazer Juden zunächst im Gefängnis am Paulustor interniert und anschließend ins KZ Dachau deportiert. Die Freilassung aus dem Konzentrationslager war an den Nachweis einer Auswanderungsmöglichkeit gebunden. *So begann die verzweifelte Suche nach einer*

Einreise-Bewilligung für ein Land, das uns aufnehmen würde. Eine schwierige Sache. Die Einwanderungsgesetze der USA, Südafrikas, Australiens, Palästinas, Englands waren dermaßen streng, dass diejenigen, die dort keine nahen Verwandten hatten oder kein Vermögen besaßen, keine Aussichten auf Einwanderung hatten. Die Grenzen fast aller europäischen Länder waren für uns bereits gesperrt. Es ist uns dann doch gelungen, und zwar durch Bestechung, ein Visum nach Bolivien zu bekommen, es war aber kein echtes. Jedenfalls bewirkte es die Befreiung meines Vaters aus dem Lager. Zu Weihnachten war er zuhause. Er war abgemagert, die Haare waren geschoren und nervlich war er am Ende. Nach wenigen Wochen wurde er aus Graz ausgewiesen und musste nach Wien zu seinem Onkel, der ihn versteckt hielt. Aber wohin sollten wir? Die einzige Lösung war Shanghai oder China.

Mit den verbliebenen Ersparnissen erwarben die Gerbers Schiffskarten für die ostasiatische Hafenstadt Shanghai, dem zur damaligen Zeit einzigen Ort ohne Meldepflicht, der für unzählige europäische Jüdinnen und Juden zur letzten Zufluchtsstätte geworden war. *In den 1930er Jahren war diese weltbekannte ostasiatische Hafenstadt eine exotische, verrufene mit einem gewissen Glamour umgebene Stadt. Dort hatten seit hundert Jahren die Engländer, Amerikaner und Franzosen ihre exterritorialen Niederlassungen, um den Handel mit dem Fernen Osten zu fördern. Die großen Stadtteile waren im Charakter vollkommen europäisch wie der berühmte „Bund" am Ufer des Whangpo River mit seinen imposanten Gebäuden und Banken, den Hotels und Handelshäusern, ferner die Alleen der „French-Town", die mit den Pariser Boulevards zu vergleichen waren. Die „weiße" Bevölkerung führte ein recht angenehmes Leben mit eigener Verwaltung. Aber an und für sich war Shanghai eine typisch chinesische Großstadt mit Slums, wo unvorstellbare Wohnverhältnisse herrschten und wo außerdem noch Kriegszustand mit den Japanern bestand. Wenn man die europäischen Wohnbezirke verließ, konnte man das Elend der chinesischen Unterklasse sehen. Man sah Bettler, Leichen auf den Straßen, schwindsüchtige „Coolies", Sweat-Shops, wo ganze Familien in der „Fabrik" hausten. Andererseits sah man bunte und schöne Geschäftsstraßen und Straßenrestaurants. Ähnlich ist es heute in Hongkong.*

Nach einem kurzen Transitaufenthalt in der Schweiz flüchteten die Rosners über Indien, Singapur und die Philippinen nach Shanghai, das sie am 22. Mai 1939 erreichten. Wie tausende andere Flüchtlinge kamen sie zunächst im Vorort Hongkew in einem Immigrantenheim unter, ehe die Familie mit weiteren Flüchtlingen ein gemeinsames Haus bezog. Das Leben für Flüchtlinge in Shanghai war keinesfalls ideal. *Das Klima war unangenehm, die Wohnverhältnisse waren unmöglich und die Arbeitsmöglichkeiten für Europäer, welche über keine spezielle Qualifikation verfügten, waren sehr begrenzt. Wir mussten diese Nachteile ignorieren. Da niemand von uns das Klima gewohnt war, bekam uns der erste Sommer ganz besonders schlecht. Trotz großer Vorsicht, wir aßen kein rohes Obst und tranken kein ungekochtes Wasser, erkrankten wir alle an Dysenterie, wogegen es keine Medikamente gab und auch keine Impfung. Das war eine höllische Erkrankung. Ältere und chronisch Erkrankte überlebten diese Dysenterie nicht. Auch die feuchtheißen Nächte waren kaum ertragbar. Oft saßen wir bis Mitternacht auf dem kleinen Betondachgarten, in den Zimmern war es unerträglich heiß und oft schliefen wir nackt und bei offener Tür. Die Wintermonate waren nicht viel angenehmer; von Sibirien kamen eisige Winde und Stürme und die Tagestemperaturen lagen öfters unter Null Grad. Die Wohnungen waren gegen die Kälte kaum isoliert und Heizmaterial, ganz besonders während des Krieges im Pazifik, war schwer oder gar nicht erhältlich.*

Jüdische Flüchtlinge, die eine Erlaubnis zum Verlassen des „Ghettos" Hongkew einholen

Lisa Rosner schrieb sich in der *Shanghai Jewish School* ein und konnte diese kurz vor Ausbruch des Pazifikkrieges zwischen Japan und den USA im Dezember 1941 beenden. Von den japanischen Behörden als „semi-enemy-aliens" eingestuft, wurden sämtliche staatenlose Flüchtlinge in ein „Quasi-Ghetto" („districts") nach Hongkew gebracht, so sie nicht ohnedies schon dort lebten. Trotz ihres jungen Alters und einer nur kurzen Ausbildung arbeitete Lisa Rosner ab 1942 als Kindergärtnerin und später als Lehrerin in der *Shanghai Jewish Youth Association School. Mein Aufstieg war wohl typisch für unser Emigrantenleben in Hongkew, wo die Menschen nur bescheidene Erwartungen hatten und wo so vieles nur provisorisch war. Was aber nicht bedeuten soll, dass von Künstlern, Sportlern, Ärzten und Journalisten nicht außerordentliches zu erwarten war. Trotz vieler Entbehrungen – so erkrankten viele von uns aus Mangel an richtiger Ernährung oder wegen unhygienischer Verhältnisse – war es unternehmungslustigen Leuten gelungen, Kultur, Sport und andere Veranstaltungen für die Ghetto-Einwohner zu organisieren. So waren die Kriegsjahre für die jüngere Generation keinesfalls trostlos. Ich vergaß, dass ich ein staatenloser Flüchtling war, der in einem Ghetto eingesperrt war.*

Nach Kriegsende, dem im Sommer 1945 massive Bombardements der Stadt vorausgegangen waren, wurden die Flüchtlinge aus den „Districts“ entlassen. Shanghai unterstand fortan der nationalchinesischen Regierung und wurde in den folgenden Monaten und Jahren vom Großteil der Emigrantinnen und Emigranten verlassen. Die nächste Destination war anfangs häufig ungewiss. *Genau wie 1938 mussten wir uns jetzt fragen: „Wohin jetzt?“ Außerdem waren für uns die Möglichkeiten fast ebenso begrenzt wie seinerzeit. Eine größere Zahl von Shanghaier Emigranten hatte nahe Verwandte in den USA oder in Australien und damit stieg ihre Chance in den entsprechenden Ländern einreisen zu dürfen. Fast niemand wollte oder konnte nach Mitteleuropa zurück, obwohl die Repatriierung offen war.* Lisas Eltern wanderten Anfang 1948 nach Amerika aus und ließen sich in Kalifornien nieder. Die Einreiseerlaubnis ihres damaligen Verlobten ermöglichte es auch Lisa, nach Australien zu immigrieren. Im Februar 1949 erreichten sie Sydney, wo sie mit ihrer Familie lebt.

Ich betrachte Graz noch immer als meine Heimatstadt.

Helma Goldmark

Helma Goldmark wurde 1926 als zweite Tochter von Alois Blühweiss (geb. 1876 nahe Varazdin) und Hermine Jassniger (geb. 1881 im niederösterreichischen Drosendorf) in Graz geboren, wo die Eltern eine Lederfabrik und ein dazugehöriges Detailgeschäft in der Griesgasse betrieben.[34] Die Mutter war bei der Heirat 1906 vom katholischen Glauben zum Judentum konvertiert. Für die Angestellten wurde im Hause dennoch immer Weihnachten gefeiert. 1932 trat Hermine Blühweiss, die 1937 starb, aus der Israelitischen Gemeinde aus. 1933 traten auch ihre jüngere Tochter Helma und 1934 auch die ältere, die Pianistin Gertrud Blühweiss (geb. 1907), aus.

Helma besuchte die Volksschule St. Andrae und danach das Mädchenlyzeum, bevor sie kurz nach dem „Anschluss" von der Schule verwiesen wurde. Von der nationalsozialistischen Enteignung waren sowohl beide Betriebe als auch die Wohnung der Familie betroffen. „Jüdisches Vermögen" war seit einer am 26. April 1938 erlassenen Verordnung anmeldepflichtig und musste zu geringen Preisen verkauft werden. Die Überwachung und Durchführung der „Arisierung" von Betrieben und Wohnungen übernahm die im Mai 1938 errichtete Grazer Zweigstelle der Vermögensverkehrsstelle.[35] *Einige Tage nach dem „Anschluss" wurden Schilder mit der Aufschrift „Judengeschäft – Arier kauft nicht beim Saujuden!" am Geschäft meines Vaters angebracht und sämtliche Fenster mit Tinte beschmiert. Kurze Zeit darauf wurde der Betrieb von einem „Kommissar", sein Name war Georg Margutsch, übernommen. Er warf uns aus unserem Appartement und stellte uns ein Zimmer zur Verfügung, das früher die Speisekammer war. Ohne Fenster, hinter der Küche. Dort „lebten" mein Vater und ich von Ende März 1938 bis Anfang Januar 1939. Das „arische" Hausmädchen war freilich gegangen und bezichtigte meinen Vater sogar der „Rassenschande".*

Alois Blühweiss wurde während des Novemberpogroms schwer misshandelt. *In der „Kristallnacht" hat man meinen Vater mitgenommen, ihn in der Nähe vom jüdischen*

Friedhof in einen Bach geworfen und ihn ganz schwer verletzt. Man hat ihm beide Beine gebrochen und alle Zähne ausgeschlagen. Ein Milchmann hat ihn am nächsten Morgen gefunden – er hat noch gelebt – und ihn mit dem Milchwagen zurück in die Griesgasse gebracht. Man durfte keinen Arzt rufen, aber wir haben dann zufällig jemanden gefunden, der ihm einen Gipsverband gemacht hat. Und ein Zahnarzt hat ihm in der Nacht eine Prothese gemacht.

Im Jänner 1939 konnten Vater und Tochter über Marburg/Maribor nach Zagreb flüchten, wo sie knapp zwei Jahre bei Verwandten lebten. Infolge des Einmarsches deutscher Truppen floh Helma über Triest nach Südtirol zu ihrer Schwester Gertrud weiter, während ihr Vater in Jugoslawien verblieb. Am 9. Februar 1942 wurde er ins kroatische KZ Jasenovac deportiert und ermordet.

Ihr Flüchtlingsstatus verhinderte einen längeren Aufenthalt in Brixen, sodass Helma nach einiger Zeit weiter nach Rom flüchtete und mit Unterstützung des *Internationalen Roten Kreuzes* anfangs in verschiedenen Klöstern unterkam. Nach der alliierten Befreiung erhielt sie einen Posten beim amerikanischen Militär, lernte ihren späteren Ehemann Viktor Goldmark kennen und entschied dann, in die USA auszuwandern. In New York lebte sie über zwanzig Jahre im Einwandererviertel Washington Heights, danach in Queens. 1953 wurde ihre Tochter Susan geboren.

Über die Schwierigkeiten, sich zu integrieren und beruflich Fuß zu fassen, erzählte Helma Goldmark: *Wir sind alle aus Europa gekommen. Wir waren vertrieben. Ich habe einige Freunde, die sind in Italien geblieben und sind italienische Staatsbürger geworden. Manchmal denke ich daran, wenn ich das auch gemacht hätte, hätte ich wahrscheinlich ein viel leichteres Leben gehabt. Das Leben hier war sehr schwer. Erstens einmal – wie man in Wien sagt, war man ein Zuagraster – wir haben ja keine Verwandten gehabt. Wenn man jemanden gebraucht hat, war niemand da. Und großteils sind die Amerikaner ziemlich egoistisch. Einer hat mir immer gesagt, wie glücklich ich sein soll, dass ich hier arbeiten darf. Ja, ich habe mich anpassen müssen. Aber ich war immer beschäftigt, während des Tages habe ich gearbeitet, am Abend bin ich in die Schule gegangen, am Wochenende habe ich studiert und lernen müssen. Aber ich habe immer gedacht, ich habe ja keine Wahl. Was soll ich denn machen? Die Schwierigkeit war, soviel zu verdienen, dass ich leben kann. Das war nicht leicht, weil ich sehr wenig Geld gehabt hab. In der Woche habe ich damals 26 Dollar verdient, davon sind zehn Dollar für die Miete weggegangen. Ich bin oft zu Fuß gegangen, um mir die fünf Cent für die Subway zu sparen. Und ich bin draufgekommen, dass das Essen am Abend mehr kostet als zu Mittag. Deshalb habe ich am Abend oft Frühstück gegessen – Spiegeleier mit zwei Stück Toast und Kaffee. Das hat die Hälfte gekostet wie ein Nachtmahl.*

Nach Österreich ist Helma Goldmark mehrmals zurückgekehrt. *Ich habe mich immer irgendwie daheim gefühlt, wenn ich in Österreich zu Besuch war. Mehr in Wien als in*

Graz. In Graz habe ich mich immer an all die schrecklichen Dinge zurückerinnert, auch wenn alles schon 60 Jahre her ist. In Wien habe ich diese Erinnerungen nicht, dort fühle ich mich wohler. Ich betrachte Graz noch immer als meine Heimatstadt. Ich habe nicht diesen Hass gegen die Stadt oder gegen die Leute persönlich. Die Leute, die jetzt dort sind, haben ja nichts zu tun gehabt, mit dem was war.

Elias Grünschlag

David Grünschlag

Es war ein weiter, dornenvoller Weg von Graz nach Haifa!

Elias und David Grünschlag

Elias Elijahu Grünschlag wurde 1883 im galizischen Bolechow geboren und kam 1915 aus wirtschaftlichen Gründen mit seiner Frau Klara Chaya (1889–1978) und den beiden Kindern Channah (1911–1991) und Joseph (1913–1995) nach Graz, wo 1917 das jüngste Kind David Witold Eduard zur Welt kam.[36] Nach dem Ersten Weltkrieg, in dem Elias Grünschlag verwundet worden war, betrieb er eine Holzgroßhandlung, die gleich wie die Wohnung in der Redtenbachergasse 7 lag.

Die Familie führte einen koscheren Haushalt, hielt die meisten Feiertage ein und ging mit einiger Regelmäßigkeit in die Synagoge. Von Bedeutung war – nach eigenen Angaben – aber weniger die Religion, sondern der Zionismus, der das Leben der Familie entscheidend prägte.

Als überzeugter Zionist übte Elias Grünschlag in der Zwischenkriegszeit mehrere Funktionen innerhalb der Grazer zionistischen Bewegung aus. So war er u.a. Leiter der Zionistischen Ortsgruppe[37], gehörte zahlreichen Vereinen an und war ab Beginn der 1930er Jahre für die Beratung und Unterstützung der steirischen Palästina-Wanderinnen und -Wanderer zuständig. Gemeinsam mit seinem Sohn David, der die Jugendorganisation *Blau-Weiß* leitete, nahm er mehrere Male am Zionistenkongress teil.

Während die Tochter Channah bereits 1935 ihre Alijah angetreten und sich in Palästina in einem Kibbuz niedergelassen hatte, entschied die restliche Familie, in Österreich zu bleiben und schlug auch die von Verwandten ermöglichte Chance aus, noch vor 1938 nach Australien zu emigrieren.

Nach der Machtübernahme der Nationalsozialisten 1938 wurde Elias Grünschlag unter der Bedingung, die Organisation der Emigration der Grazer Jüdinnen und Juden zu übernehmen, nach mehreren Wochen in Polizeihaft im Mai 1938 entlassen und konnte in der Folge zahlreiche Gemeindemitglieder bei der Abwicklung ihrer

Joseph Grünschlag

Channah Grünschlag

Auswanderungsformalitäten unterstützen. Sein großes Engagement wird insbesondere im Zuge der Freilassung der Grazer Juden aus Dachau deutlich, die er nur durch seine persönliche Haftung erwirkte, dass die Häftlinge binnen kürzester Zeit emigrieren würden. Gemeinsam mit seinem Sohn David und einigen ebenfalls enthafteten Gemeindemitgliedern richtete er eine Auswanderungsstelle zunächst im Amtsgebäude der Kultusgemeinde (Grieskai 58) ein, für die er bis zu seiner eigenen Flucht verantwortlich war. In seiner leitenden Funktion war er in ständigem Austausch mit der Wiener Kultusgemeinde, mit ausländischen Hilfsorganisationen, aber auch in direktem Kontakt mit Adolf Eichmann und der für die Vorbereitung und Durchführung der Auswanderung in alle Länder außer Palästina zuständigen *Zentralstelle für jüdische Auswanderung*[38].

E. GRÜNSCHLAG
HOLZGROSSHANDLUNG
GRAZ
POSTSPARKASSEN-KONTO 173.187
BANKVERBINDUNG:
STEIERMÄRKISCHE ESCOMPTEBANK, GRAZ
TELEPHON NR. 02-63
TELEGRAMM-ADRESSE: HOLZSCHLAG

Briefkopf des Betriebs von Elias Grünschlag

An die im Zuge des Novemberpogroms erfolgten Massenverhaftungen und die Brandschatzung der Synagoge erinnerte er sich: *Am 9. November 1938 saß ich gerade im Büro der Jüdischen Gemeinde, als einige Gestapobeamte eintraten und mich aufforderten, ihnen den Tempel der Gemeinde aufzuschließen. Der Zweck des Besuches wurde mir noch in derselben Nacht klar, als die Synagoge in Brand gesteckt worden war. Zugleich wurden fast alle jüdischen Männer verhaftet, darunter auch ich und mein Sohn Joseph, und etwa 600 wurden ins KZ Dachau deportiert. Einem glücklichen Umstand ist es zu verdanken, dass von diesen 600 Menschen, bis auf drei, welche in Dachau starben, alle nach Graz zurückkehren konnten. Ich erinnere mich noch daran, dass ich nach dreitätiger Haft der Gestapo gegenüber den Wunsch äußerte, die Brandstätte der Synagoge besuchen zu dürfen, um – nach jüdischem Ritus – verbliebene oder Reste von Thorarollen zu bergen. Man kam meinem Wunsche sofort nach und brachte mich im Auto zum Tempel. Dort bot sich mir ein niederschmetternder, unbeschreiblich trauriger Anblick. Leider konnte ich an den heiligen Schrank nicht heran, denn die eingestürzte Kuppel hatte ihn mit ihrem Schutt vollständig begraben. Hierbei sah ich auch, dass die großen, ganz besonders starken Tempelsäulen gar nicht durch den angelegten Brand, sondern durch sachgemäß durchgeführtes Sprengen zerstört worden waren. … Als man mich im Auto der Gestapo durch die Stadt fahren sah, verbreitete sich die Kunde, dass ich wieder verhaftet worden war. Meine Frau durchlebte damals besonders große Aufregung und Stunden völliger Verzweiflung.*

Nachdem David Grünschlag ebenfalls fast zwei Monate lang inhaftiert gewesen war, übernahm er die Leitung der Organisation der Jugend-Alijah. Gegründet mit dem Ziel, 15- bis 17-jährige Jugendliche in Palästina in der Landwirtschaft oder im Handwerk auszubilden, wandelte sich das ursprünglich zionistische Projekt zur Fluchtorganisation, mit der tausende junge Jüdinnen und Juden getrennt von ihren Eltern aus Europa fliehen konnten. Die vorliegenden Akten zur Grazer Jugend-Alijah handeln im Wesentlichen von der mangelnden Berücksichtigung der Grazer Jugendlichen bei der Zertifikatsverteilung. Die Geschehnisse des Novemberpogroms dürften David Grünschlag dazu bewegt haben, sich direkt an die zuständige *Zentralstelle der jüdischen Jugendhilfe* zu wenden und die Situation der nach dem „Anschluss" im Jugendbund *Blau-Weiß* zusammengeschlossenen Grazer Jugend zu schildern: *Von zirka 120 Jugendlichen im Alter von 10 bis 18 Jahren waren 70 zur Jugend-Alijah gemeldet. Von diesen 70 gelang es mir im Laufe von sechs Monaten 23 von der Beratungsstelle der Jugend-Alijah in Wien bestätigt zu erhalten. Trotzdem sowohl die finanziellen als auch die übrigen Voraussetzungen zur Gänze geschaffen waren (Vorbereitungs-Lager, Reisepass, etc.), sind bis heute nur sechs Chawerim und drei Kinder der Ahawah*[39] *im Land. Die übrigen bestätigten Chawerim und deren Eltern sind dadurch in der schrecklichsten Situation, nachdem sie mit der Alijah bis spätestens Ende November fix gerechnet haben, und jetzt nicht wissen was zu tun, da Graz bis 15. Dezember judenrein sein muss. Ein Großteil der Väter und auch einige Chawerim der Jugend-Alijah befinden sich derzeit nicht in Graz, sodass einerseits die Kinder ganz auf sich allein gestellt sind und man sie andererseits nur dann nach Hause zurückbringen kann, wenn eine effektive Auswanderungsmöglichkeit vorliegt.*[40]

Dass die *stiefmütterliche Behandlung der Grazer Chawerim* ein Ende finden müsse, begründete Grünschlag dann auch mit der Auswanderungsfrist und der bevorstehenden Zwangsumsiedelung der Jüdinnen und Juden aus der Steiermark nach Wien, deren Planung offenbar schon Ende 1938 bekannt war: *Unter normalen Umständen kommt es nicht darauf an, ob man einige Monate später zur Alijah kommt, doch wenn ein endgültiger Auswanderungstermin vorliegt und die ganze Judenschaft der Provinz nach Wien übersiedeln muss, so ist es nicht zu viel verlangt, dass solche Menschen bevorzugt werden. Eine Einordnung in Wien ist furchtbar schwer, da doch die Familien nur mit dem Wichtigsten nach Wien übersiedeln können und die Menschen vollkommen mittellos dastehen.* [41]

Im Dezember 1938 konnte David Grünschlag selbst mit einem Studentenzertifikat nach Palästina emigrieren. Die erneute Verhaftung seiner Eltern, die des Devisenschmuggels bezichtigt wurden, veranlasste ihn, im Juni 1939 in die Steiermark zurückzukehren. Nach der Erwirkung der Freilassung verließ er Österreich im November 1939 endgültig, um sich in Palästina – häufig durch den Einsatz von fiktiven Zertifikaten – weiterhin um die Rettung nicht nur der Grazer jüdischen Jugend zu kümmern.

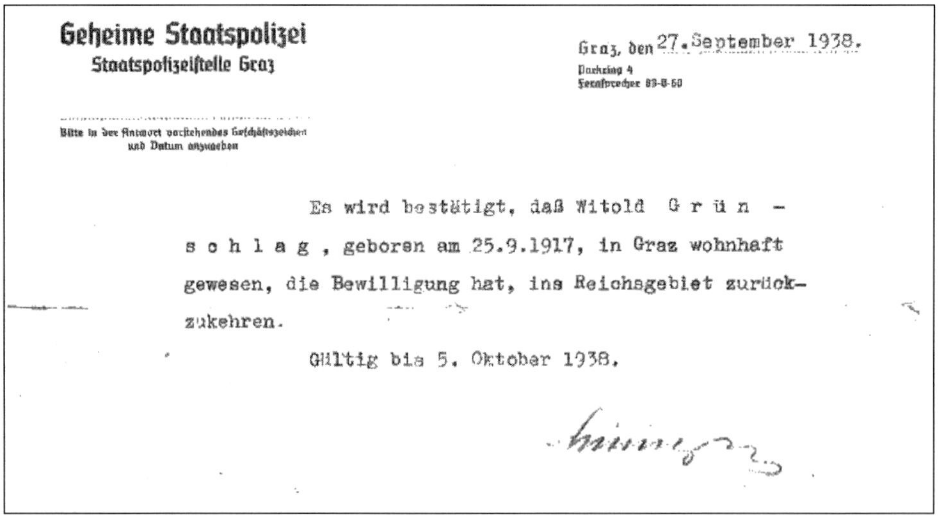
Geheime Staatspolizei
Staatspolizeistelle Graz

Graz, den 27. September 1938.
Parkring 4
Fernsprecher 83-8-60

Bitte in der Antwort vorstehendes Geschäftszeichen und Datum anzugeben

Es wird bestätigt, daß Witold G r ü n - s c h l a g , geboren am 25.9.1917, in Graz wohnhaft gewesen, die Bewilligung hat, ins Reichsgebiet zurückzukehren.

Gültig bis 5. Oktober 1938.

Von der Gestapo Graz an David Grünschlag ausgestellte Bewilligung, vorübergehend ins Deutsche Reich zurückzukehren, September 1938

David Grünschlags Einwanderungszertifikat für Palästina, September 1938

Als eine der letzten Grazer Jüdinnen und Juden flohen Elias und Klara Grünschlag über Wien nach Zagreb. Der Krieg verhinderte die Weiterreise der beiden, weshalb sie zunächst in Split und dann in Turin verharrten und von 1943 bis 1944 im Lager Ferramonte interniert wurden. Bevor sie selbst endlich in Palästina ankamen, verhalf Elias Grünschlag durch fingierte Eheschließungen noch von Italien aus mehr als 800 Personen zur Alijah.

Gleich wie sein Sohn David, der sich von Kriegsende bis 1949 im Auftrag der *Jewish Agency* und der amerikanisch-jüdischen Hilfsorganisation *Joint* in den Durchgangscamps auf Zypern um die Bedürfnisse der nicht von den Briten ins Land gelassenen Flüchtlinge kümmerte, engagierte sich auch Elias Grünschlag weiterhin für Neuankömmlinge. Beschäftigt war er im *Malben*[42], einer Organisation des *Joint* in Israel, die ein Netzwerk von Krankenhäusern, Rehabilitationszentren und Altenheimen unterhielt. David heiratete 1949 in Zypern die Wiener Emigrantin Vera Lessmann (geb. 1923), Joseph die ehemalige Grazerin Sidonie Jagoda. Während David und Joseph mit ihren Kindern mehrmals nach Österreich und auch nach Graz reisten, lehnte es Elias Grünschlag entschieden ab, je wieder zurückzukehren. Er verstarb 1971, David im Jahr 1991. Mehrere Familienmitglieder väter- und mütterlicherseits wurden Opfer des Holocaust.

Ehemalige Gemeindemitglieder erinnerten sich an Elias Grünschlag als uneingeschränkt hilfsbereiten und aufopfernden Präsidenten, der sich bis zuletzt für die

Elias und Klara Grünschlag

Grazer Jüdinnen und Juden eingesetzt hat. Gewürdigt wird er unter anderem in den Erinnerungen Ludwig Birós: *Niemand hätte diesem unscheinbaren kleinen Mann, dessen Sprache über seine Herkunft aus Galizien keinen Zweifel ließ, die Riesenkräfte, die Energie, Ruhe und Führerqualität zugetraut, die er im Laufe der nächsten Monate entwickelte. In dem allgemeinen Chaos war er immer ruhig, immer besonnen; lächelnd gab er stundenlang Auskünfte und Ratschläge, täglich besuchte er die Gestapo, intervenierte, verhandelte mit diesen gefährlichen Burschen und brachte es wirklich fertig, diesen Leuten durch seine Furchtlosigkeit und Beharrlichkeit so zu imponieren, dass sich eine Art Zusammenarbeit zwischen ihm und den Behörden entwickelte. Dadurch war er in der Lage, viele gefährliche Konflikte zu lösen und schließlich Hunderte von Grazer Juden zu retten.*[43]

Der Erinnerungsbericht von Elias Grünschlag schließt mit einem persönlichen Fazit und bringt noch einmal seine zionistische Überzeugung zum Ausdruck: *Es war ein weiter, dornenvoller Weg von Graz nach Haifa! Es waren viele Probleme zu lösen, viele Hindernisse zu überwinden und viele Gefahren zu bestehen. Wenn ich aber heute an alle diese Ereignisse zurückdenke, so empfinde ich so recht, was starker Gottesglaube, der Glaube an die zionistische Mission und vor allem der Glaube an Israel alles vermag und ich danke Gott, dass er auch mir die Kraft gegeben hatte, zur Rettung vieler mir anvertrauter Glaubens- und Schicksalsgenossen beitragen zu können.*

„Saujud" hin und her, das war schon so geläufig geworden …

David Herzog

Als erstes von acht Kindern von Leopold und Cäcilia Herzog wurde David Herzog 1869 im damalig ungarischen Tyrnau geboren.[44] Drei seiner Geschwister verstarben bereits im Kindesalter. Aus einer jüdisch-orthodoxen Familie stammend, bekannte sich Leopold Herzog, der sich als Textilkaufmann verdingte, zum liberalen Judentum und hatte für seinen Erstgeborenen die Ausbildung zum Rabbiner vorgesehen.

David Herzog besuchte die jüdische Volksschule und das fürsterzbischöfliche Obergymnasium in Tyrnau, studierte anschließend in Berlin Semitische Philologie und absolvierte parallel dazu das Rabbinerseminar. 1894 promovierte er an der Universität Leipzig und vertiefte seine Studien in der Folge in Paris und Wien. Als Rabbiner war Herzog zunächst in Ungarisch-Ostra, danach in Smichow, einem Vorort von Prag, tätig. 1901 habilitierte er sich an der Deutschen Carl-Ferdinand-Universität in Prag in Semitischer Philologie.

Univ. Prof. Dr. David Herzog im Exil 1945

Nach Graz kam David Herzog im Februar 1908, nachdem der seit 1877 im Amt gewesene Rabbiner für Steiermark, Kärnten und Krain, Samuel Mühsam, 1907 verstorben war und der Kultusrat ihn einstimmig zum Nachfolger bestimmt hatte. Begleitet wurde er von seiner Frau Anna (geb. 1883 in Dukla) und den beiden Söhnen Robert (geb. 1903 in Prag) und Friedrich (geb. 1907 in Prag).

Neben seiner Funktion als Rabbiner war Herzog in Graz u.a. Matrikelführer, Seelsorger, Herausgeber des *Grazer Israelitischen Gemeindeboten*[45] und Mitglied zahlreicher jüdischer Vereine. 1908 nahm er außerdem seine Lehrtätigkeit an verschiedenen Grazer Bürger- und Mittelschulen und an der Karl-Franzens-Universität auf, wo er 1926 zum außerordentlichen Universitätsprofessor ernannt wurde.

David Herzog bei einer Gedenkveranstaltung des Bundes Jüdischer Frontsoldaten, Graz 1935

Die lebensgeschichtlichen Erinnerungen des Rabbiners zeugen von einem äußerst radikalen Antisemitismus, der in anderen biographischen Rückblicken in dieser Form kaum zum Vorschein kommt. Seit seiner Ankunft in Graz im Jahr 1908 sah er sich in seinen Funktionen als religiöses Oberhaupt der Kultusgemeinde und als Professor und Lehrer Anfeindungen und Beleidigungen ausgesetzt, die in der Zwischenkriegszeit enorm zunahmen und im Widerspruch zur Anerkennung von Seiten der staatlichen Obrigkeit – 1929 wurde ihm die „Ehrenbürgerschaft der Stadt Graz", 1934 das „Goldene Ehrenzeichen für Verdienste um die Republik Österreich" verliehen – standen. Die Universitäten und Mittelschulen bezeichnete er als *Hauptorte des Antisemitismus*, wo das Studium für Juden durch die von den Professoren auch auf die Schüler übertragenen Bosheiten *eine harte Prüfung und ein dornenvoller Weg* war.[46] *Das Schimpfen war überhaupt zu einer alltäglichen Gewohnheit geworden. „Saujud" hin und her, das war schon so geläufig geworden, dass man es fast schon als selbstverständlich betrachtete. Was wir hier an Beleidigungen, Ehrabschneidereien, Gemeinheiten und Frechheiten zu erdulden hatten, spottet jeder Beschreibung. So verstrichen die Jahre 1932 bis 1937 sehr traurig für uns Juden. Wirtschaftliche Not, Boykott, eine verwilderte Jugend, eine hasserfüllte Bevölkerung, die täglich aufgehetzt worden war, verbitterten uns das Leben. Ging ich in eine Mittelschule, da schrien und brüllten die Schüler ihr „Heil Hitler" und es war oft ein Dornenweg, den man da zu gehen hatte. Vor den jüdischen Geschäften wurden oft Böller und sonstige Geschosse in der Nacht abgefeuert und an Samstagen und Sonntagen gab es Umzüge, bei denen es oft zu gefährlichen Ausschreitungen gekommen ist.*[47]

Dass auf den zunehmenden Antisemitismus und die Vorgänge in Deutschland in Graz kaum reagiert wurde, führte David Herzog vor allem darauf zurück, dass die Geschehnisse im Nachbarstaat nicht zu fassen waren und schlichtweg abwegig erschienen: *Unsere Blindheit lag aber hauptsächlich darin, dass wir die Verhältnisse, wie sie sich in Deutschland seit dem Jahre 1932 entwickelt haben, nicht gesehen haben oder nicht sehen wollten oder auch konnten. Als nämlich Geflüchtete aus Deutschland kamen, Menschen, die in Konzentrationslagern in monatelanger Gefangenschaft misshandelt, geschlagen und seelisch gebrochen worden waren, das Land verließen und zu uns kamen und uns ihre Torturen erzählten, da glaubten wir ihnen einfach nicht. Denn was sie erzählten, erschien uns so unglaubwürdig, weil wir nicht glauben konnten, dass menschliche Wesen moralisch so tief sinken konnten.*[48]

Der nationalsozialistischen Verfolgung war David Herzog bereits unmittelbar nach dem „Anschluss" 1938 besonders stark ausgesetzt: Noch im März wurde er mehrere Tage inhaftiert, seine Wohnung durchsucht und geplündert. Kurze Zeit später verlor er seine Lehrbefugnis an der Universität. Über die Geschehnisse dieser Tage schrieb er: *Als ich am Samstag gegen halb zehn Uhr vormittags in den Tempel ging, erkannte ich die Stadt nicht mehr. Von jedem Hause flatterten die Hakenkreuzfahnen, ja jedes Fenster war bespickt mit Hakenkreuzfähnchen und ich fragte mich und frage mich noch heute, wie konnte man in so kurzer Zeit so viele Fahnen anfertigen? Es ist nur so zu erklären, dass bereits seit langem alles vorbereitet gewesen ist. Es ist darum töricht zu sagen, Österreich sei überrumpelt worden. In Wirklichkeit war der größte Teil nicht um ein Jota besser, als die Reichsdeutschen. Was aber das Interessanteste an der ganzen Sache war, ist, dass die meisten Hitler darum so begeistert aufnahmen, weil er antisemitisch gewesen ist und weil man dachte, es ist wieder eine „Gaudi“, den Juden etwas auszuwischen. Ja, hätten viele geahnt, dass hinter den Judenverfolgungen die Verfolgungen vieler bürgerlicher Kreise, des Pfaffentums, der Arbeiter, des Adels folgen werden, sie hätten vielleicht auf ihren Antisemitismus zeitweilig verzichtet und wären vielleicht auch etwas vernünftiger geworden. Wie oft habe ich den Leuten lange vorher gesagt: „Bei uns wird es anfangen, aber bei euch wird es enden“, und so kam es.*[49]

In den Tagen zwischen dem 13. und 21. März kamen immer wieder Verordnungen gegen Juden. Bald durften wir nicht einkaufen gehen, und bald wurde verlautbart, den Juden sei es nicht erlaubt am Samstag oder Sonntag von zwölf Uhr mittags bis acht Uhr abends sich auf der Straße zu zeigen. Wir wurden überall der Verachtung preisgegeben. Und wie diese offizielle Aufforderung die ohnehin antisemitisch durchseuchte Bevölkerung aufgenommen hat, brauche ich nicht zu schildern. Dieser Montag [der 21. März] *wird mir in ewiger Erinnerung bleiben. Kaum zu Hause angelangt, ging ich ins Badezimmer, um mich gründlich zu waschen und frische Wäsche zu nehmen, da wurde ich herausgetrommelt, ich wolle sofort herauskommen, weil mehrere Herren mich dringend zu sprechen wünschen. Auf meine Bemerkung, ich sei noch nicht angekleidet, schrien sie, wenn ich nicht sofort öffne, wird die Türe eingedrückt werden. Nun öffnete ich und vor mir standen zwei Hünengestalten mit aufgepflanztem Gewehr und zwei SS-Leute, sogenannte Geheimpolizisten, und teilten mir mit, sie haben eine Hausdurchsuchung bei mir vorzunehmen. Und nun gingen sie in mein Studierzimmer, hießen mich, mich sofort anzukleiden, und nun begann das Wühlen und Schmeißen, das Fluchen und Schimpfen. Nachdem diese Verwüstung beendigt worden war, wurde ich aufgefordert, mit den vier Verbrechern mitzugehen und wurde so, flankiert von den zwei mit aufgespießtem Gewehr bewaffneten Männern und den beiden SS- Leuten durch die Stadt zum Tempel gebracht. Das alles machte in der Stadt, wo mich ja jedes Kind gekannt hatte, das größte Aufsehen. Der große Tempelhof war wie in eine Festung verwandelt. Soldaten, Naziagenten standen ringsum im Hofe und draußen grinsende, höhnende Menschenmassen. In der Kanzlei alle Vorstände und Funktionäre unserer Vereine, sogar des jüdischen Schachklubs versammelt, die Gemeindebücher, Protokolle, Schriften und dann die schöne Gemeindebibliothek, eine hauptsächlich aus den Beständen der ehemaligen Bibliothek meines in Gott ruhenden Vorgängers Dr. Samuel Mühsam gestiftete Bibliothek, lag zu Bergen auf den Boden gestreut und SS-Männer durchstöberten alles. Nach vielleicht eineinhalbstündigem Warten dort, wo ich zusehen musste, wie alle unsere Kostbarkeiten vernichtet worden sind, wurde ich zur Polizei gebracht. Hierauf wurde ich in den 1. Stock, Zelle Nr. 13, die Zelle der Verbrecher geführt.*

Hier erst, bei diesen Aufräumarbeiten und Waschungen, wo die Leute aus mehreren Zellen aufgerufen worden waren, konnte ich erst sehen, wer da alles verhaftet worden war.

Nicht weniger als 13 Universitätsprofessoren, nicht die Unfähigsten, darunter die Nobelpreisträger Loewi und Hess, der Fürstbischof Pawlikowski, zahlreiche hohe Beamte und römisch katholische Geistliche – die evangelischen, also die Bannerträger des Nazismus, blieben verschont –, und andere, die den Nazis nicht zu Gesicht standen. Ich gestehe offen, als ich meine Kollegen von der Universität und die vielen hohen, verdienten Beamten, hohe Richter, Gymnasialdirektoren verhaftet sah, fühlte ich mich in guter Gesellschaft, und ich muss schon sagen, es löste dies bei vielen ein Gefühl der Erleichterung aus.[50]

Den körperlichen Übergriffen während der Pogromnacht im November 1938 war David Herzog besonders stark ausgesetzt. Nachdem er von bewaffneten SA-Truppen aus seinem Haus gezerrt und quer durch die Stadt getrieben worden war, misshandelte man ihn bis zur Bewusstlosigkeit: *Vor einem Heuschober hießen sie mich, niederknien, und flankierten mich, je einer zur Rechten, der andere zur Linken mit Revolvern in der Hand. Ich verrichtete still, jetzt das neunte Mal, das Totengebet und nun fingen sie an, in mich einzuhämmern. Kopf, Rücken, Seiten, alles wurde weich in mir geschlagen. Noch hörte ich, wie die Bestien sagten, ‚der braucht keinen Schuss mehr'. Was dann mit mir geschehen ist, weiß ich nicht. Ich fiel in eine Bewusstlosigkeit und so mochte ich etwa eine halbe Stunde so dagelegen sein. Als ich erwachte, hatte ich rasende, nicht zu beschreibende, furchtbare Schmerzen und ich war noch immer benommen und wusste nicht, wo ich bin und was mit mir geschehen war.*[51]

Ende 1938 erhielten David und Anna Herzog ein Visum für England und fuhren nach Wien, von wo die Abreise erfolgte. *Die Fahrt von Graz nach Wien, die viereinhalb Stunden dauerte, war für uns sehr traurig. Wir sprachen wenig, denn unser Weh war übervoll und fand keine Worte. Gegen 10 Uhr abends trafen wir in Wien ein. An der Bahn erwartete uns unser jüngerer Sohn. Es war ein trauriges Wiedersehen. Wir entwurzelt, er postenlos, verfolgt von der Gestapo. Am Dienstag, dem 10. Januar 1939, gegen 10 Uhr abends fuhren wir zum Westbahnhof. Dort bot sich uns ein erschütternder Anblick. Hunderte Kinder standen dort, umringt von ihren Eltern, Angehörigen, sie sollten ebenfalls die Reise nach England antreten. Dieses Geweine, diese erschütternden Szenen werde ich nie vergessen. Uns begleitete mein Schwager, meine Schwägerin, mein jüngerer Sohn und sein Freund. Nun setzte sich der Zug in Bewegung. Viele Menschen hielten die Stangen der Waggontüren fest, andere liefen mit, andere wieder standen starr vor Weh und Schmerz da.*[52]

Nach zweitägiger Fahrt kamen sie in London an, lebten zwei Jahre dort und ließen sich dann in Oxford nieder, wo David Herzog bis zu seinem Tod im Jahr 1946 wieder als Wissenschaftler tätig war.

Robert Herzog studierte in Paris Chemie, war dann allerdings als Journalist und Buchdrucker tätig. Während des Kriegs wurde er von den Nationalsozialisten ins Lager Drancy verschleppt und im März 1943 in ein Vernichtungslager in den Osten deportiert und ermordet. Friedrich studierte in Graz und Grenoble Rechtswissenschaften, promovierte 1931 und arbeitete zunächst als Anwalt, dann als Richter in Graz und Korneuburg, bis er nach dem „Anschluss" seines Postens enthoben wurde. Über Schweden konnte er 1939/40 in die USA flüchten, schloss ein Jura-Studium ab und schlug eine Universitätslaufbahn in Chicago ein. Die nach dem Tod ihres Mannes zu ihrem Sohn gezogene Anna Herzog verstarb 1964.

Man hat doch immer gehofft, dass man einmal wieder zurück können wird, wenn der ganze Nazi-Spuk vorbei ist.

Berthold Kaufmann

Berthold Kaufmann wurde am 27. November 1924 in Graz geboren.[53] Gemeinsam mit seiner zwei Jahre älteren Schwester Herta und seinen Eltern Hugo (geb. 1896 in Berzencze, Ungarn) und Deborah Gelbard (geb. 1900 im galizischen Podwoloczyska) wohnte er am Schönaugürtel, wo sein Vater eine Eisen- und Metallwarenhandlung besaß.

Berthold Kaufmann mit Frau und Sohn nach dem Krieg

Berthold Kaufmann als Kind

Geschäftsannonce der Firma „Kaufmann“

Die jüdische Religion hatte für die Familie keine besondere Rolle gespielt, die Synagoge wurde nur an den hohen Feiertagen besucht. Berthold gehörte der Jugendsektion des Sportvereins *Hakoah* an und erhielt Boxunterricht vom Boxweltmeister Ferdinand Susanna; nicht zuletzt um sich gegen die antisemitischen Übergriffe von nichtjüdischen Kindern wehren zu können.

Nach der jüdischen Volksschule besuchte er das Pestalozzi-Gymnasium. *Der Antisemitismus war furchtbar in der Zwischenkriegszeit. Den habe ich sogar als Kind immer wieder zu spüren bekommen: „Ah, das ist der Judenbua dort vom Schönaugürtel unten.“ Grausliche Sachen sind passiert. Wie ich in die jüdische Volksschule gegangen bin, am Grieskai, wo die Synagoge auch jetzt wieder steht, da war daneben die jüdische Volksschule. Nebenan war die Grieskai-Hauptschule. Die Buben von dort haben es sich zum Sport gemacht, die Judenkinder zu sekkieren. Die meisten Kinder sind stadteinwärts nach Haus gegangen. Wir haben murabwärts gewohnt und mein Vater hat mich anfangs immer mit dem Auto abgeholt, damit die großen Buben mir nichts tun können. Dann sagte er auf einmal: „Na, ich kann dich nicht immer abholen und das Geschäft alleinlassen“. Er hat den Ferdinand „Ferdl“ Susanna engagiert, bei dem ich boxen und mich verteidigen und die Angst vor den Größeren irgendwie zu beherrschen gelernt habe. Das ist mir sehr gut gelungen.*

Ich war der einzige Jude im Gymnasium und habe mich mit meinen Mitschülern sehr gut vertragen. In der letzten Klasse ist ein jüdischer Schüler dazugekommen. Ein gewisser Samek. Der war so was von unsportlich. Bei der Turnstunde hat er sich nicht einmal getraut, auf dieses lederne Pferd hinauf zu hüpfen. Also so wie in der Tierwelt, wenn ein Tier oder ein Vogerl hinkt, gehen die Großen auf ihn los, das liegt in der Natur der Sache. Und weil der so arm ausgeschaut hat, dünn war er und ängstlich, wollten die Mitschüler natürlich auf ihn losgehen. Ich war damals schon sehr sportlich und habe die Angst schon überwunden gehabt, mich gewehrt und ihn unter meine Fittiche genommen und beschützt.

Kurze Zeit nach dem „Anschluss“ im März 1938 wurde der familiäre Betrieb von den Nationalsozialisten „arisiert“, der Vater wurde während des Novemberpogroms festgenommen und nach Dachau deportiert. Durch den Erwerb eines Visums für Shanghai erwirkte Deborah Kaufmann die Freilassung ihres Mannes.

Emigriert ist die Familie jedoch zunächst nach Zypern, wohin bereits mehrere Verwandte ausgewandert waren. *Der jüngere Bruder meines Vaters war schon auf der Insel Zypern und meine Eltern haben gesagt: „Shanghai ist unglaublich weit weg. Und Zypern ist nicht so weit.“ Man hat doch immer gehofft, dass man einmal wieder zurück können wird, wenn der ganze Nazi-Spuk vorbei ist. Also unser erster Standort war eben die Insel Zypern. Was gar nicht so schlecht war. Wir haben alle schwer arbeiten müssen, aber dadurch leben können. Für mich als 14-jährigen Burschen war alles hochinteressant: zuerst Zypern und dann Ost-Afrika!*

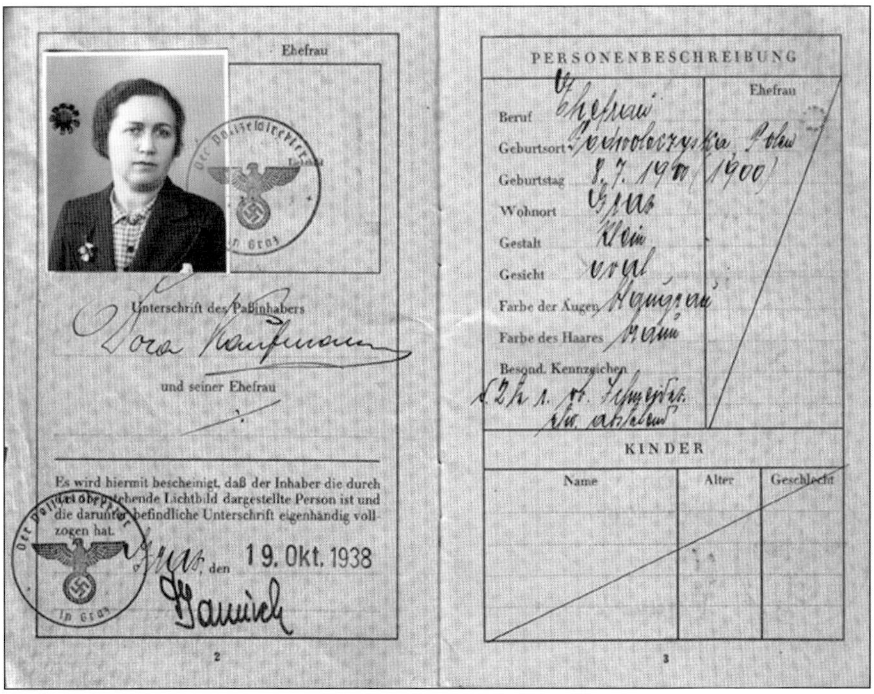
Ehefrau

Unterschrift des Paßinhabers

Dora Kaufmann

und seiner Ehefrau

Es wird hiermit bescheinigt, daß der Inhaber die durch das obenstehende Lichtbild dargestellte Person ist und die darunter befindliche Unterschrift eigenhändig vollzogen hat.

den 19. Okt. 1938

2

PERSONENBESCHREIBUNG

Ehefrau

Beruf

Geburtsort

Geburtstag

Wohnort

Gestalt

Gesicht

Farbe der Augen

Farbe des Haares

Besond. Kennzeichen

KINDER

Name	Alter	Geschlecht

3

Reisepass von Dora Kaufmann

Zwei Jahre waren Berthold und sein Vater bei einer amerikanischen Kupfermine auf Zypern beschäftigt, seine Mutter und Schwester arbeiteten als Dienstmädchen. Nachdem deutsche Truppen 1941 Kreta eingenommen hatten und die britische Regierung

Familie Kaufmann am Schiff nach Zypern, 1939

dasselbe Schicksal für Zypern befürchtete, ließ sie sämtliche Flüchtlinge von der Insel evakuieren. Die Familie Kaufmann verbrachte in der Folge ein halbes Jahr in Palästina, wo sie auf eine Weiterfahrt nach Afrika wartete. *Nur am Strand liegen und Sonnenbaden. Wir waren auf englische Staatskosten dort und haben uns eine kleine Wohnung gemietet und den Herrgott einen guten Mann sein lassen. 1941 sind wir nach Palästina, ein halbes Jahr dort geblieben und dann erst war Schiffsraum für uns bereitgestellt.* Auf dem Dampfer *Monarch of the Bermuda*, der neben Flüchtlingen auch zahlreiche italienische Kriegsgefangene beförderte, gelangten sie Ende 1941 über das Horn von Afrika und Kenia ins Tanganyika Territory, das heutige Tansania, das seit Ende des Ersten Weltkrieges unter englischer Verwaltung stand. *Wir sind unter strengstem Blackout weitergefahren, nicht einmal eine Zigarette hat man sich draußen auf Deck anzünden dürfen, weil es geheißen hat, japanische U-Boote sind schon im Indischen Ozean und lauern auf englische Schiffe. Aber es ist nichts passiert. Nach rund einer Woche sind wir über die Ostküste des afrikanischen Kontinents entlang über das Horn von Afrika zuerst nach Kenia in die Hafenstadt Mombasa gekommen. Dort haben wir auf dem Schiff ein oder zwei Tage gewartet, bis die Weiterfahrt arrangiert war. Auf dem Schiff habe ich schon meine erste Malaria bekommen. In Dar es Salam sind wir schließlich an Land gegangen.*

Anfangs lebten sie in der Nähe von Bukowa, im Norden an der Grenze zu Kenia, am Ostufer des Victoriasees, später im 600 Kilometer südlichen Tabora, wo Bertholds Vater Hugo Kaufmann als Assistant Inspector of Police in einem Gefangenenlager arbeitete.

Berthold Kaufmann besuchte in Arusha, einem Ort im Osten des Landes, zwischen der Serengeti und dem Kilimandscharo, ein halbes Jahr lang eine englische Schule, arbeitete dann in einer Goldmine und meldete sich mit 18 Jahren freiwillig für die englische Armee, wo er u.a. für die Rückführung der im Nahen Osten stationierten afrikanischen Soldaten zuständig war. Seine Tätigkeit führte ihn nach Ägypten, Syrien und in den Libanon. Nach der Beendigung seines Dienstes 1947 kehrte die Familie zunächst nach Zypern, ein halbes Jahr später nach Österreich zurück. Nach einigen Monaten erwirkten sie in Graz die Rückgabe ihres Besitzes und konnten den Familienbetrieb wieder eröffnen, den Berthold bis zu seiner Pensionierung führte.

Berthold Kaufmann als Corporal, 1944

Das von Ablehnung und Ressentiments geprägte Klima, in dem sich die jüdischen Vertriebenen nach ihrer Rückkehr nach Österreich wiederfanden und das auch für das Graz der Nachkriegszeit kennzeichnend war, kommt in den Erinnerungen von Berthold Kaufmann zum Ausdruck. Der Antisemitismus war nach 1945 erneut in unterschiedlichen Erscheinungsformen zutage getreten, wobei der Mangel an Verständnis und Sensibilität für das Schicksal der Überlebenden und Rückkehrer von Seiten der Politik und der Gesellschaft noch eines der geringsten Übel darstellte.[54] *In Graz waren die ersten Jahre für mich nicht sehr angenehm, es war noch von der Nazi-*

Zeit so viele infizierte Menschen. Nazi-Infizierte. Die haben uns vorgeworfen, wir haben weg können, wie wenn wir auf eine Vergnügungsreise gefahren wären. Also sie haben uns Vorwürfe gemacht, dass wir weg sind. Es hat zeitweise sehr unangenehme Sachen gegeben. Nicht mich selbst betreffend, aber unangenehme Dinge, die ich zum Beispiel in der Tramway mitbekommen habe. Antisemitische. Das gibt's ja jetzt nicht mehr. Die Jugend ist ja ganz anders! Aber damals haben diese ganzen unverbesserlichen Ewiggestrigen alle noch gelebt und das war kein angenehmes Klima. Dass ich sogar als Jungverheirateter mit einem ganz einem kleinen Kind überlegt habe, wieder zurück nach Afrika zu gehen. Gut war's, dass ich das nicht gemacht habe. Dort ist dann dieser Mau-Mau-Krieg[55] *ausgebrochen, wo sie die ganzen Europäer massakriert haben und wo es drunter und drüber umgegangen ist. Also, wo ich auch nicht überlebt hätte.*

Bertholds Schwester Herta Kaufmann, die einen aus Russland stammenden Zuwanderer geheiratet hatte, lebte nach dem Krieg hauptsächlich auf Zypern, wo ihr Mann eine Mine besaß.

1951 heiratete Berthold Kaufmann und bekam in der Folge zwei Kinder. Der Sohn, Albert, ist Leiter der *Otto-Möbes-Akademie* der Arbeiterkammer Steiermark. Die Tochter, Ruth Yu-Szammer, ist die derzeitige Präsidentin der Israelitischen Kultusgemeinde Graz. Seit 2010 lebt Berthold Kaufmann im jüdischen Altersheim *Maimonides-Zentrum* in Wien.

Wir haben immer auf Deutsch geträumt, auf Deutsch gelesen und Deutsch gesprochen.

Alfred, Heinz und Otto Günter Klein

Nachdem der aus einer ungarisch-jüdischen Familie stammende Alfred Klein (geb. 1897 in Wien) im Ersten Weltkrieg im Rahmen des Grazer Hausregiments Militärdienst geleistet hatte, entschied er 1920, sich gemeinsam mit seiner Frau Elsa Klein, geb. Hilfreich, in der steirischen Landeshauptstadt niederzulassen.[56] Otto Günter Klein wurde 1923 geboren und wuchs gemeinsam mit seinem älteren Bruder Heinz (geb. 1917) in Graz auf, wo ihr Vater Alfred als Dentist arbeitete und Funktionär der Kultusgemeinde war.

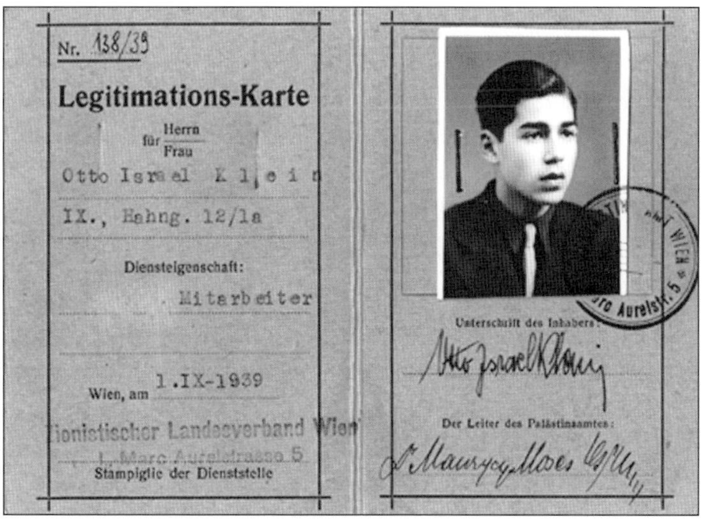

Ausweis der Auswanderungsabteilung von Otto Günter Klein

Heinz Klein, der ebenfalls eine zahntechnische Ausbildung absolvierte, trat dem linkszionistischen Jugendverein *Haschomer Hazair* bei und leitete diesen mehrere Jahre.

Bereits im Juni 1938 das erste Mal für einige Tage verhaftet gewesen, fielen Alfred und Heinz Klein, nachdem ihnen die Zahnpraxis weggenommen worden war, auch der Verhaftungswelle des Novemberpogroms zum Opfer. Während der Großteil der Verhafteten als „transporttauglich" eingestuft und noch am 11. November nach Dachau verschickt wurde, rettete die Bekanntschaft mit dem untersuchenden Polizeiarzt Alfred Klein vor der Deportation. Sein Sohn Otto Günter erinnerte sich: *Am 10. November 1938 hat man in Graz alle männlichen Juden zwischen 16 und 70 nach Listen verhaftet und ins Polizeigefängnis Paulustor gebracht. Von da an hat sich das Schicksal der Grazer Juden und der steirischen Juden überhaupt etwas anders gestaltet als in Wien. Während man in Wien die meisten Juden von der Straße zusammen gefangen hat, hat man die Juden in Graz nach Listen aus den Wohnungen heraus verhaftet. So hat man auch meinen Vater und meinen sechs Jahre älteren Bruder verhaftet und sie ins Polizeigefängnis gebracht. Und dort hat sich folgendes ereignet: Die Juden in Graz wurden vor ihrem Abtransport zwei Tage später von einem Polizeiarzt untersucht. Eigentlich eine vollkommen unglaubwürdige Sache, aber es war so und zwar aus folgendem Grund: Die Polizei hat – und das hat man mir versichert, dass es heute noch so ist – bevor man Häftlinge von einem Polizeigefängnis ins andere verlegt, die Leute auf ihre Transportfähigkeit untersucht. Das hat man damals auch gemacht. Der damalige Polizeiarzt von Graz hat die Häftlinge untersucht, in Anwesenheit der SS. Die Untersuchung war ganz oberflächlich. Man hat die Leute angeschaut: „Tauglich, tauglich, tauglich." Als die Reihe an meinen Vater kam, hat der Arzt ihm mit Blicken zu verstehen gegeben, er möge sich's nicht anmerken lassen, dass die beiden Herren sich kennen. Der Polizeiarzt war unser Hausarzt und außerdem ein Freund meines Vaters. Der Medizinalrat Dr. Christof Kandut, so war sein Name, hat meinen Vater untersucht, hat ein bedenkliches Gesicht aufgesetzt und hat dann zu dem hinter ihm stehenden SS-Mann gesagt: „Holen Sie sofort einen Rettungswagen, der Mann ist kurz vor einem Herzinfarkt!" Der war sehr verblüfft, hat aber veranlasst, meinen Vater ins Landeskrankenhaus in Graz zu bringen. Meinen Bruder konnte Dr. Kandut nicht retten, weil es sonst aufgefallen wäre, zwei aus der gleichen Familie. Mein Vater ging dann nachhause, was insofern ohne Gefahr möglich war, denn die ganze Aktion war am Mittag des 12. November 1938 beendet.*

Gemeinsam mit den wenigen in Graz verbliebenen Gemeindemitgliedern, u.a. dem ebenfalls aus der Haft entlassenen Elias Grünschlag, und in erzwungener Zusammenarbeit mit den nationalsozialistischen Behörden, begann Alfred Klein, die Auswanderung der Grazer Jüdinnen und Juden zu organisieren. Noch im November 1938 er-

ISR. KULTUSGEMEINDE WIEN
AUSWANDERUNGSABTEILUNG
Provinzreferat.

Dr.Ri/B.

Betrifft
(Bei Beantwortung unbedingt anzugeben)

gültig bis 30. Sept. 1939
ISRAEL. KULTUSGEMEINDE WIEN.

WIEN, 17.Febr.1939.
I., SEITENSTETTENGASSE 2-4
gültig bis 31. Dezember 1939
ISRAEL. KULTUSGEMEINDE WIEN.

Es wird hiemit bestätigt, dass Herr Otto Klein, Wien, 9., Dreihackengasse 10/14, Mitarbeiter des Herrn Alfred Klein aus Graz in dem im Rahmen der Auswanderungsabteilung der israelitischen Kultusgemeinde Wien bestehenden Provinzreferat ist.

Verlängert bis 30. Juni 1939
ISRAEL. KULTUSGEMEINDE WIEN.

Der Amtsdirektor :

Leiter der israelitischen Kultusgemeinde Wien.

gültig bis 31. März 1939

AMTSDIREKTION
DER ISRAELITISCHEN KULTUSGEMEINDE

Legitimationskarte des Palästina-Amts von Otto Günter Klein

wirkten sie die Befreiung zahlreicher KZ-Häftlinge und konnten diese – darunter auch Heinz Klein – in einen illegalen, von den Wiener rechtszionistischen „Revisionisten" durchgeführten Palästina-Transport einreihen. Nach der angeordneten Übersiedlung der Kleins nach Wien leitete er das eigens für die Emigration der steirischen Jüdinnen und Juden gegründete „Provinzreferat" innerhalb der Auswanderungsabteilung der Wiener IKG. *Nach einigen Wochen hat sich herausgestellt, dass die Kultusgemeinde in Graz keine Einwanderungspapiere für irgendwelche Länder bekommen kann, weil es keine Konsulate gab. Mein Vater wurde beauftragt, in Wien im Rahmen der Kultusgemeinde Wien ein so genanntes Provinzreferat für die Juden der Steiermark zu eröffnen. Das sollte sich in erster Linie um Einwanderungspapiere kümmern. Ende Januar 1939 sind wir nach Wien übersiedelt und haben das Provinzreferat eröffnet. Wenn ich sage wir, meine ich natürlich meinen Vater. Ich hatte aber die Möglichkeit, mitzuarbeiten, wie ich es schon in Graz getan habe. Mein Vater hat mich zum Telefondienst und Postdienst eingeteilt, mit den Pässen bin ich nach Wien gegangen. Einige Wochen ist das gut gegangen, aber dann haben wir folgende Schwierigkeit gehabt: Wir hatten die Möglichkeit, einen illegalen Transport, der dann den Namen „Lisl-Transport" bekommen hat, zu organisieren. Der Kultusgemeinde Wien, der damalige Präsident war Löwenherz, war das damals nicht ganz recht, dass wir mit illegalen Transporten im Haus der Kultusgemeinde zu tun hatten und er hat meinem Vater nahe gelegt, sich ein anderes Domizil zu suchen. So sind wir dann ins Palästina-Amt in der Marc-Aurel-Straße Nr. 5 übersiedelt. Dort haben wir Büroräume bekommen und das Provinzreferat eröffnet.*

Provinzreferat
Graz / Steiermark
(Zionistischer Landesverband in Wien)

Wien I., Marc-Aurel-Straße 5, sucht Hauptwohnungen, Untermieterwohnungen, Zimmer, möbliert oder unmöbliert. Anmeldungen mit Preisangabe persönlich oder schriftlich.

Annonce des Provinzreferats Graz/Steiermark im Jüdischen Nachrichtenblatt

Durch die Tätigkeiten und das Engagement Alfred und Otto Günter Kleins konnten zahlreiche Personen ins Ausland fliehen – bedeutend ist in diesem Zusammenhang vor allem der so genannte „Lisl"-Transport, auf dem mehr als 200 steirische Jüdinnen und Juden nach Palästina gelangten. Auch Elsa Klein engagierte sich für die Auswanderung der noch in Wien verbliebenen Jüdinnen und Juden, indem sie etwa im Frühjahr 1939 einen „Kindertransport" nach Schweden begleitete.

Aufgrund eines Zwischenfalls bei einem vom „Provinzreferat" und Josef Schleich organisierten illegalen Transport nach Jugoslawien wurde Alfred Klein im Herbst 1939 erneut verhaftet und zum sofortigen Verlassen des Landes gezwungen. Über die Donau und das Schwarze Meer erreichten die Kleins im Februar 1940 Palästina.

Heinz Klein arbeitete in Palästina zuerst auf einem Orangenhain und richtete dann in seiner Wohnung eine Bohrerschleiferei für zahnärztliche Geräte ein. Er wurde Mitglied des *Free Austrian Movement,* das seit 1942 als Sprachorgan der Emigrantinnen und Emigranten, die eine Rückkehr nach Österreich anstrebten, fungierte. *Einen Staat Israel hat es noch nicht gegeben, und wir haben immer auf Deutsch geträumt, auf Deutsch gelesen und Deutsch gesprochen. Wir hatten damals die Vorstellung, der Nationalsozialismus würde eines Tages zerbrechen und Österreich würde wiedererstehen wie der Phönix aus der Asche. In der Free Austrian Movement gab es viel Idealismus, man glaubte, in Österreich gebe es viele Widerstandskämpfer und man selbst würde eine bedeutende Rolle im Nachkriegsösterreich spielen.*

Von den britischen Behörden an der Ausübung seines Berufes gehindert, kehrte Alfred Klein mit seinen Söhnen 1947 nach Graz zurück. Als Ersatz für die „arisierte" Praxis erhielt er die Ordination eines ehemaligen Nationalsozialisten. Bis zu seinem Tod im Jahr 1984 war er als Vize- bzw. Ehrenpräsident der Grazer Kultusgemeinde tätig. *Da mein Vater in seinem Beruf auf Grund der englischen Gesetze nicht arbeiten konnte – Ärzte, Zahnärzte durften in Palästina nicht arbeiten – ist mein Vater mit dem ersten UNRRA*[57]*-Repatriierungstransport im April 1947 von Palästina nach Graz zurück. Er hat seine Ordination zwar nicht mehr wieder bekommen, aber eine andere Praxis aufgemacht. Ihm ist es sehr gut gegangen, am Eröffnungstag der Ordination waren dutzende alte Patienten von ihm wieder da. Er hat sich dann wieder aktiv in das jüdische Gemeindeleben in Graz eingefunden, war viele Jahre Vizepräsident der Kultusgemeinde vor mir, und ist hoch betagt, er war über 90, in Graz gestorben. Er ist in Graz beerdigt.*

Elsa Klein war 1947 in Tel Aviv an den Folgen einer Erkrankung gestorben. Heinz Klein schloss seine Ausbildung zum Dentisten ab und übersiedelte Mitte der 1960er Jahre mit seiner Frau und seinen beiden Kindern nach Wien, wo er eine eigene Praxis eröffnete. Otto Günter Klein machte als Musiker Karriere und war ebenfalls jahrelang für die Kultusgemeinde aktiv. Er lebt bis heute in Graz, sein Bruder in Wien.

Die Flucht aus dem nationalsozialsozialistischen Österreich war auch den Großeltern väterlicherseits gelungen – sie konnten nach Brasilien flüchten, wo sie bis zu ihrem Tod lebten. Die Großmutter mütterlicherseits wurde im KZ Theresienstadt ermordet.

Ich betrachte Österreich nach wie vor als meine Heimat.

Kurt Kövesi

1914 geboren, wuchs Kurt Kövesi als einziges Kind von Hannah Schulz und Bernhard Kövesi in Graz, Schießstattgasse 54 auf.[58] Die Familie mütterlicherseits war schon längere Zeit in der steirischen Landeshauptstadt ansässig und betrieb einen Getreidehandel. Der Vater stammte aus dem damals ungarischen Nitra, übersiedelte in seiner Schulzeit nach Wien und lebte seit der Hochzeit im Jahr 1912 in Graz, wo sie in der Radetzkystraße ein Geschäft für Modistenzubehör führten.

Geschäftsannonce des Betriebs von Bernhard Kövesi

Nach Beendigung der jüdischen Volksschule, wo Kurt Kövesi nach eigenen Angaben die einzige Form von religiöser Erziehung erhalten hatte, besuchte er das Oeversee-Gymnasium, an dem er 1933 maturierte. Der Hauptgrund für seine Mitgliedschaft im zionistischen Jugendverein *Blau-Weiß* waren – wie er rückblickend festhielt – die geselligen Heimabende und Ausflüge in die Umgebung. Dem Zionismus standen er und seine Familie ansonsten fern. Bis 1938 arbeitete er in der Schuhfabrik eines Verwandten in Eggenberg. *Es war völlig aussichtlos, an irgendeinen Beruf zu denken, der einen Universitätsabschluss erforderte. Wir haben damals schon mit dem Gedanken der Auswanderung gespielt und der praktischen Erfahrung wegen habe ich einen Vetter ersucht, mich in seinen Betrieb aufzunehmen. Er war Eigentümer einer Schuhfabrik und bis zum „Anschluss" Österreichs habe ich dort im Büro gearbeitet.*

Die Wochen und Tage vor dem „Anschluss" im März 1938 waren in der steirischen Landeshauptstadt von nationalsozialistischen Massendemonstrationen gekennzeichnet, die nach dem „Berchtesgadener Abkommen"[59] vom 12. Februar 1938 und einer kurz darauf gehissten Hakenkreuzfahne am Rathaus einen ersten Höhepunkt fanden. Kurt Kövesi erinnerte sich: *Aufmärsche, die kein Ende nahmen! Da kamen aus allen Teilen der Steiermark diese SA-Einheiten. Die Aufmärsche, die in Graz arrangiert wurden, waren sehr eindrucksvoll. Davon hat man in Graz vor dem „Anschluss" viel gemerkt. Es wurden sogar Polizeieinheiten von Wien nach Graz gebracht, um Ruhe und Ordnung aufrechtzuerhalten, weil man der Grazer Polizei nicht mehr traute. Da wurden also vaterlandstreue Polizeibeamte in Graz eingesetzt. In den Tagen, also sagen wir 30, 40 Tage vor dem „Anschluss".*

Graz, 11. März 1938

Nach dem „Anschluss" wurde sowohl das Geschäft des Verwandten als auch der elterliche Betrieb von den Nationalsozialisten liquidiert. *Unser Geschäft war viel zu klein, als dass ein Kommissar eingesetzt wurde. Während des Sommers konnten sie es noch weiterführen und im Frühherbst bekam mein Vater den Auftrag, es zu liquidieren. Er hat sich mit einem Konkurrenten verständigt, der sich bereit erklärt hat, das gesamte Warenlager zu kaufen. Zu einem Spottpreis selbstverständlich. Und das Geld, das er bezahlt hat, musste mein Vater auf Anordnung des Gauwirtschaftsamts auf ein Sperrkonto bringen, wovon er pro Monat so und so viel Mark beheben konnte.*

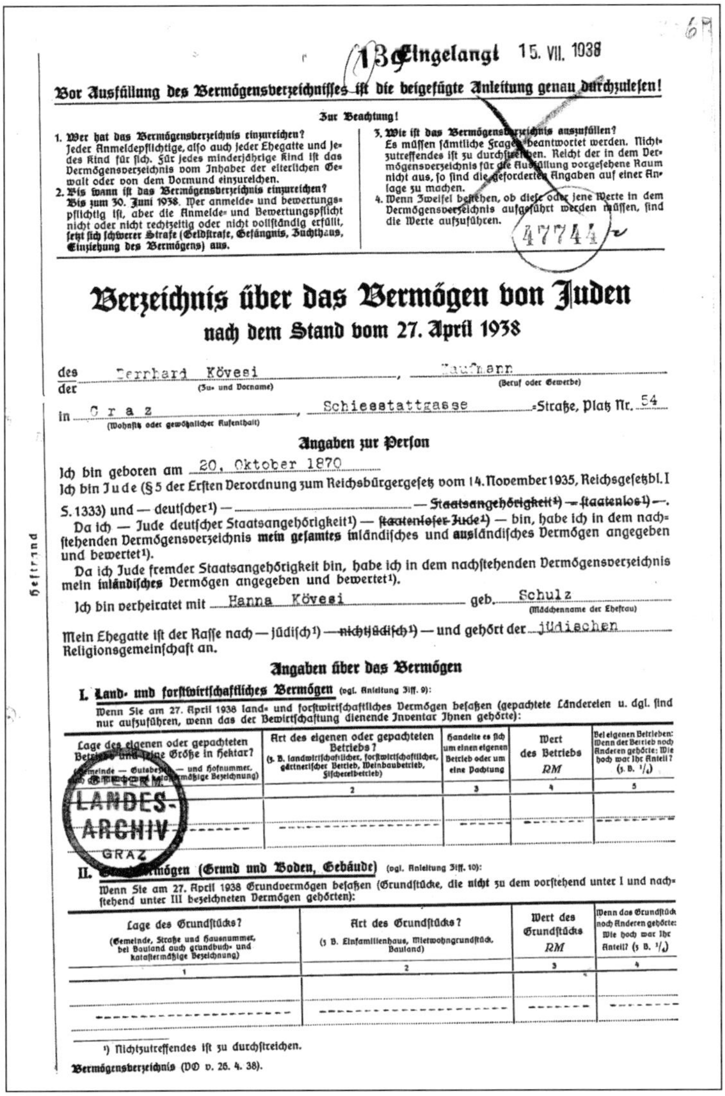
13 Eingelangt 15. VII. 1938

Vor Ausfüllung des Vermögensverzeichnisses ist die beigefügte Anleitung genau durchzulesen!

Zur Beachtung!

1. **Wer hat das Vermögensverzeichnis einzureichen?** Jeder Anmeldepflichtige, also auch jeder Ehegatte und jedes Kind für sich. Für jedes minderjährige Kind ist das Vermögensverzeichnis vom Inhaber der elterlichen Gewalt oder von dem Vormund einzureichen.
2. **Bis wann ist das Vermögensverzeichnis einzureichen?** **Bis zum 30. Juni 1938.** Wer anmelde- und bewertungspflichtig ist, aber die Anmelde- und Bewertungspflicht nicht oder nicht rechtzeitig oder nicht vollständig erfüllt, **setzt sich schwerer Strafe (Geldstrafe, Gefängnis, Zuchthaus, Einziehung des Vermögens) aus.**
3. **Wie ist das Vermögensverzeichnis auszufüllen?** Es müssen sämtliche Fragen beantwortet werden. Nichtzutreffendes ist zu durchstreichen. Reicht der in dem Vermögensverzeichnis für die Ausfüllung vorgesehene Raum nicht aus, so sind die geforderten Angaben auf einer Anlage zu machen.
4. Wenn Zweifel bestehen, ob diese oder jene Werte in dem Vermögensverzeichnis aufgeführt werden müssen, sind die Werte aufzuführen.

47744

Verzeichnis über das Vermögen von Juden
nach dem Stand vom 27. April 1938

des/der Bernhard Kövesi (Zu- und Vorname), Kaufmann (Beruf oder Gewerbe)

in Graz (Wohnsitz oder gewöhnlicher Aufenthalt), Schiesstattgasse-Straße, Platz Nr. 54

Angaben zur Person

Ich bin geboren am 20. Oktober 1870

Ich bin Jude (§ 5 der Ersten Verordnung zum Reichsbürgergesetz vom 14. November 1935, Reichsgesetzbl. I S. 1333) und — deutscher[1]) — ~~Staatsangehörigkeit[1]) — staatenlos[1])~~ —.

Da ich — Jude deutscher Staatsangehörigkeit[1]) — ~~staatenloser Jude[1])~~ — bin, habe ich in dem nachstehenden Vermögensverzeichnis **mein gesamtes** inländisches und **ausländisches** Vermögen angegeben und bewertet[1]).

Da ich Jude fremder Staatsangehörigkeit bin, habe ich in dem nachstehenden Vermögensverzeichnis mein **inländisches** Vermögen angegeben und bewertet[1]).

Ich bin verheiratet mit Hanna Kövesi geb. Schulz (Mädchenname der Ehefrau)

Mein Ehegatte ist der Rasse nach — jüdisch[1]) — ~~nichtjüdisch[1])~~ — und gehört der jüdischen Religionsgemeinschaft an.

Angaben über das Vermögen

I. Land- und forstwirtschaftliches Vermögen (vgl. Anleitung Ziff. 9):

Wenn Sie am 27. April 1938 land- und forstwirtschaftliches Vermögen besaßen (gepachtete Ländereien u. dgl. sind nur aufzuführen, wenn das der Bewirtschaftung dienende Inventar Ihnen gehörte):

Lage des eigenen oder gepachteten Betriebs und seine Größe in Hektar? (Gemeinde — Gutsbezirk — und Hofnummer, bei Bauland auch grundbuch- und katastermäßige Bezeichnung)	Art des eigenen oder gepachteten Betriebs? (z. B. landwirtschaftlicher, forstwirtschaftlicher, gärtnerischer Betrieb, Weinbaubetrieb, Fischereibetrieb)	Handelte es sich um einen eigenen Betrieb oder um eine Pachtung	Wert des Betriebs RM	Bei eigenen Betrieben: Wenn der Betrieb noch Anderen gehörte: Wie hoch war Ihr Anteil? (z. B. 1/4)
1	2	3	4	5

STEIERM. LANDES-ARCHIV GRAZ

II. Grundvermögen (Grund und Boden, Gebäude) (vgl. Anleitung Ziff. 10):

Wenn Sie am 27. April 1938 Grundvermögen besaßen (Grundstücke, die nicht zu dem vorstehend unter I und nachstehend unter III bezeichneten Vermögen gehörten):

Lage des Grundstücks? (Gemeinde, Straße und Hausnummer, bei Bauland auch grundbuch- und katastermäßige Bezeichnung)	Art des Grundstücks? (z. B. Einfamilienhaus, Mietwohngrundstück, Bauland)	Wert des Grundstücks RM	Wenn das Grundstück noch Anderen gehörte: Wie hoch war Ihr Anteil? (z. B. 1/4)
1	2	3	4

[1]) Nichtzutreffendes ist zu durchstreichen.

Vermögensverzeichnis (VO v. 26. 4. 38).

Vermögensanmeldung der Firma Kövesi, 15. Juli 1938

Fehlende Fluchtmöglichkeiten veranlassten Kurt Kövesi dazu, illegal in die Schweiz zu reisen. *Ich hatte nicht nur keine Einreisepapiere, in meinem Pass war auch das „J" eingestempelt. Die Schweiz hat sich damals beschwert, dass zu viele Juden illegal über die Grenze kommen und man erkennt sie nicht. Die Deutsche Reichsregierung musste die jüdischen Pässe dann irgendwie markieren, damit man weiß, dass man es mit Juden zu tun hat und sie zurückschickt. Ich habe mehrmals versucht, die Grenze zu passieren, wurde aber immer wieder von der Schweizer Grenzpolizei gefasst und zurück an die deutsche Grenze gebracht. Schließlich ist es mir gelungen, von Hohenems aus, in der Nacht über die Grenze zu kommen. Ich konnte zunächst auch bleiben und wurde in einem Flüchtlingslager untergebracht. Mich haben sie nach Schonengrund im Ort St. Gallen direkt an der Grenze zum Kanton Appenzell geschickt. Dort bin ich beinah ein Jahr geblieben.*

Für die Erledigung der Visaformalitäten kehrte Kurt Kövesi im Oktober 1939 nach Wien zurück und emigrierte mithilfe einer Bürgschaft eines Verwandten über Italien in die USA. Seine Eltern kamen zunächst nach Wien und flüchteten dann nach Zagreb, wo sein Vater 1942 in einem nahe gelegenen Anhaltelager an einer Lungenentzündung starb. Das genaue Schicksal seiner im Lager verbliebenen Mutter ist ungewiss.

Kurt Kövesi, seit 1945 amerikanischer Staatsbürger, wohnte in New York anfangs in Astoria, danach im Einwandererviertel Washington Heights. Er arbeitete zu Beginn als Hilfsarbeiter und war dann jahrelang als Uhrmacher tätig. *Triumphierend war die Ankunft in New York bestimmt nicht. Der Vetter, der mir das Affidavit gegeben hat, hat mich abgeholt. Eine Woche habe ich dort gewohnt und dann habe ich mich in der Nähe bei Hamburgern niedergelassen. Das waren keine Emigranten, aber nette Leute. Ich wusste, dass ich so bald als möglich meinen Lebensunterhalt verdienen musste und hab in den verschiedensten Betrieben vorgesprochen. Mein Englisch war recht mangelhaft. Mein Vetter hat sich für mich erkundigt und mir einige Adressen gegeben und in einer Fabrik, in der Bürogegenstände hergestellt wurden, wurde ich als Hilfsarbeiter aufgenommen. Mit einem Wochenlohn von 12 Dollar. In der Nähe fand ich ein Zimmer in einem Zweifamilienhaus. Dort habe ich längere Zeit gewohnt, bis ich dann später nach Manhattan umziehen konnte. Das war immer mein Traum, in Manhattan zu wohnen.*

Ende der 1950er Jahre reiste er das erste Mal wieder nach Österreich und Graz. Später nahm er die österreichische Staatsbürgerschaft wieder an. Als „Wiedergutmachung" wurde ihm von Österreich eine kleine Pension ausbezahlt. Die Frage nach seinem Heimatempfinden beantwortete er Ende der 1990er Jahre so: *Als 150-prozentigen Amerikaner kann ich mich nicht fühlen. Nein ich lebe gerne hier, ich weiß auch, dass es in Österreich nach wie vor einen Antisemitismus gibt, er ist nicht aus der Welt zu schaffen, den gibt es. Ansonsten hätte ich mich schon ernsthaft mit dem Gedanken einer Rückwanderung befasst, aber da bin ich doch ziemlich zurückhaltend, weil ich fürchte, dass meine letzten Lebensjahre, die ich in Österreich verbringen würde, nicht gerade erfreulich sein könnten. Ich habe Grund zu dieser Vermutung. Wenn die Verhältnisse anders lägen, wenn mich die Bevölkerung Österreichs, sagen wir der größte Teil der Bevölkerung Österreichs, als Mitbürger akzeptieren würde, dann würde ich gerne wieder sozusagen heimkehren. Im Jahr 1938 war die Situation wohl eine andere, aber in Bezug auf den Antisemitismus habe ich leider Gottes das Gefühl, dass sich nicht allzu viel geändert hat. Viele meiner Bekannten sagen mir immer wieder, dass sie um keinen Preis gewillt wären, deutschen oder österreichischen Boden zu betreten. Ein ehemaliger Chef von mir, ein gebürtiger Wiener, hat öfters mit seiner Gattin Reisen nach Europa unternommen und hat mir immer wieder erklärt, dass er das Betreten Deutschlands oder Österreichs sorgfältig vermieden hat. So weit ging ich niemals, ich danke den Menschen, die guten Willens sind und betrachte Österreich nach wie vor als meine Heimat, ich habe dort die besten Jahre meines Lebens verbracht. Trotz allem was geschah.*

Kurt Landskroner beim Interview in Horsham, West Sussex, 1998

Abgesehen von der kurzen Unterbrechung war meine Kindheit eine glückliche.

Kurt Landskroner

Kurt Landskroner wurde 1927 in Graz geboren. Gemeinsam mit seinem Vater Elias, seiner Mutter Serafine Adele Ruth (geb. Klementschitz) und seiner zwei Jahre jüngeren Schwester Lieselotte lebte er in einer Wohnung in der Annenstraße, wo sein Großvater mütterlicherseits ein Geschäft besaß.[60] Ursprünglich der römisch-katholischen Glaubensgemeinschaft angehörig, konvertierte seine Mutter kurz vor der Heirat zum Judentum.

Im Zuge der gewaltvollen nationalsozialistischen Ausschreitungen vom November 1938 wurden nicht nur Wohnung und Geschäft der Familie zerstört, SA-Mitglieder schlugen Kurts Vater bis zur Bewusstlosigkeit. Der Verhaftung und Deportation nach Dachau konnte Elias Landskroner entgehen, weil er sich versteckt hielt und kurz darauf nach Palästina flüchtete. Zwei Jahre später verstarb er an den Spätfolgen der massiven Verletzungen, die er während des Novemberpogroms erlitten hat.

Kurt und Lieselotte Landskroner gelangten im Jänner 1939 mit einem „Kindertransport" nach England, wo sie voneinander getrennt bei nichtjüdischen Familien unterkamen. Auf Initiative von Kurts Gastfamilie konnte auch ihre Mutter nach England emigrieren und als Hausmädchen arbeiten.

Trotz der schwierigen Umstände – der Vertreibung aus Österreich und der (vorübergehenden) Trennung von seinen Eltern – beschrieb Kurt seine Kindheit als glücklich, seine Aufnahme in der „neuen Familie" als äußerst positiv und seine Integration als erfolgreich. *Die Erlaubnis, nach England auswandern zu dürfen, kam im Jänner 1939. Mit einem Zug des so genannten „Kindertransports" erreichten wir nach einer Ewigkeit unser Ziel. Meine Schwester war immer reisekrank, so dass ich mich während der ganzen Fahrt um sie kümmern musste. Am Bahnhof war ein ziemliches Durcheinander. Frauen teilten die Kinder auf. Die meisten kamen in irgendein Übergangscamp. Woran ich mich genau erinnern kann, ist das Gefühl, mich auf unseren Koffern sitzend zu fragen, ob wir wohl das Richtige getan hätten. Wenige Minuten später kam eine Frau mit einem Foto in der Hand auf uns zu, es war Mrs. Alan, die uns fragte, ob wir Kurt und Lotte wären. Zu meiner großen Erleichterung sind wir doch noch abgeholt worden.*

Meine Schwester und ich wurden getrennt, sie blieb bei den Alans, ich kam bei einer anderen Familie, den Pinkertons – meine neue Familie und Heimat – unter. Ich kann nur sagen, dass ich großes Glück hatte. Dr. Pinkerton war ein sehr großer Mann mit einem freundlichen Gesicht, seine Frau war eine fröhliche und fürsorgliche Person, die ich Tante nannte. Sie hatten zwei Töchter: Leslie war zwei Jahre älter als ich und bemutterte mich, Jane war zwei Jahre jünger. Gleich von Beginn an haben wir uns gut verstanden. Ich kann gar nicht beschreiben, wie nett und gut diese Familie zu mir war. Abgesehen von der kurzen Unterbrechung war meine Kindheit eine glückliche.

Die Pinkertons waren Atheisten, aber sie gingen mit mir in die nächstgelegene Synagoge in Birkenhead. Zwei oder drei Mal waren wir dort, aber danach wollte ich nicht mehr gehen. Ab diesem Zeitpunkt war ich selber Atheist. Obwohl ich kein Wort Englisch gesprochen hatte, schickten mich die Pinkertons schon nach einer Woche zur Schule und ich habe dann sehr schnell gelernt. Die meisten Leute sagen, ich hätte fast keinen Akzent. Meine Schwester, die in einem deutschsprachigen Umfeld aufgewachsen ist, hatte immer einen Akzent.

Jüdische Flüchtlingskinder, die mit einem der ersten „Kindertransporte" in Harwich, England ankamen, 1938

Nach Beendigung der Schule fand Kurt Landskroner eine Anstellung auf einer Farm, absolvierte ein Landwirtschaftsstudium und gelangte im Rahmen des *Colonial Service* nach Ghana, wo er mehrere Jahre als Agricultural Officer arbeitete. Seine Tätigkeit führte ihn außerdem nach Trinidad und Tobago. Nach seiner Rückkehr nach England betrieb er eine eigene Farm.

Kurt und Ilona Landskroner, die 1954 geheiratet hatten, haben zwei Kinder. Seine Mutter und Schwester kehrten nach Kriegsende nach Österreich zurück. Serafine Landskroner heiratete ein zweites Mal und betrieb mehrere Jahre lang einen Kunsthandel in Wien. Lieselotte verstarb im Alter von 48 Jahren an den Folgen einer Operation.

Aufgrund ihrer Aktivitäten im kommunistischen Widerstand in Graz wurden die Großeltern mütterlicherseits von den Nationalsozialisten ins KZ verschleppt. Christel Klementschitz wurde 1944 in Ravensbrück ermordet, Ernst Klementschitz erlebte die Befreiung in Buchenwald. Ihre Söhne Ernst und Erich gingen nach Spanien, wo sie im Bürgerkrieg im Rahmen der *Internationalen Brigaden* auf Seiten der Republik kämpften und Ernst 1938 umkam.

Ich hab eigentlich die ersten Jahre keinen Juden gekannt.

Rudolf Latzer

1916 in Graz geboren, wuchs Rudolf Latzer in einer wohlhabenden jüdischen Familie auf.[61] Seine Mutter Juliane Nagy de Dévaványa (geb. 1891) stammte aus Budapest, sein Vater Karl Samuel Latzer (geb. 1876) aus einer der ältesten Grazer jüdischen Familien. 1919 kam seine Schwester Gertrud zur Welt. Die Latzers waren vor dem Ersten Weltkrieg durch einen europaweiten Getreidehandel zu ansehnlichem Reichtum gelangt. Die Freizeitaktivitäten reichten von regelmäßigen Jagdausflügen in die Berge bis hin zu Sprachkursen in London.

Geschäftsannonce des Betriebs der Familie Latzer

Das Geschäft hatten sie in der Brückenkopfgasse, die Wohnung in der Kaiserfeldgasse 22. Außerdem besaßen sie ein Sommerhaus in der Grazer Umgebung. Rudolf Latzer beschrieb die Familie als vollkommen „assimiliert" – bis zu seiner Jugend hätte er überhaupt keinen Kontakt zu Jüdinnen und Juden gehabt. *Ich hab eigentlich die ersten zehn, zwölf Jahre keinen Juden gekannt und nur christliche Freunde gehabt. Die Grazer Juden waren nicht sehr religiös. Man ist drei Mal im Jahr, zu den großen Feiertagen, in den Tempel gegangen. Wir hatten fixe Sitze dort, einer für meinen Großvater und einer für meinen Vater. Aber wir haben nur zugehört, verstanden haben wir nichts.* Von seinen

Eltern wurde er als eines der wenigen nichtchristlichen Kinder in die evangelische Schule am Kaiser-Josef-Platz geschickt, danach besuchte er ein Realgymnasium und die Handelsakademie. Sein „Judesein" wurde ihm das erste Mal bewusst, als ihm der katholische Pfadfinderbund in Graz die Aufnahme verweigerte. Als Reaktion darauf wandte er sich dem Zionismus zu und gründete Mitte der 1930er Jahre mit einigen Freunden den Grazer Zweigverein des „revisionistischen" Jugendbundes *Betar*, an dessen Aktivitäten – u.a. die Sommerlager am Wörthersee, wo er einmal mit Bundeskanzler Kurt Schuschnigg zusammentraf – er sich positiv zurückerinnerte. Das letzte Jahr vor seiner Auswanderung war er als Kadett beim österreichischen Militär und verbrachte noch einige Zeit in Prag, wo er auf Wunsch seines Vaters kaufmännische Erfahrung sammeln sollte.

Der Verhaftungswelle im November 1938 entging er, weil ihn die nichtjüdische Haushaltshilfe der Familie warnte. Durch seine Mitgliedschaft im *Betar* konnte er sich schließlich auch einem von den zionistischen „Revisionisten" organisierten illegalen Schifftransport nach Palästina anschließen und emigrierte gemeinsam mit österreichischen und tschechoslowakischen *Betarim* im Dezember 1938 auf der „Draga B". *Ich habe es gut gehabt, weil ich Betar-Mitglied war und den Auftrag bekommen habe, für Ordnung zu sorgen. Es waren doch über tausend Menschen. Ich konnte an Deck schlafen und habe frische Luft gehabt. Das war mein Vorteil.*

Während die jüngere Schwester, die im Juli 1938 aus dem Judentum ausgetreten ist, zunächst als Au-Pair-Mädchen nach England floh, folgten ihm seine Eltern mithilfe eines „Kapitalisten"-Zertifikates mit einem der letzten legalen Schiffe über Italien nach Palästina und konnten zumindest Teile ihres Besitzes mitnehmen. Außerdem hatten sie gewisse Beträge zugunsten der „Aktion Judenauswanderung aus der Steiermark", einem (letztlich gescheiterten) kollektiven Auswanderungs- und Ansiedlungsplan für Grazer Jüdinnen und Juden in Palästina, einbezahlt, davon aber nie einen Gegenwert zurückbekommen. Nach dem Krieg kam auch Gertrud nach Palästina und migrierte in der Folge in die USA.

Rudolf Latzer arbeitete während der ersten Zeit in Palästina auf verschiedenen Orangenplantagen. *Zuerst war ich in Kfar Saba und dann bin ich zu Verwandten nach Haifa und habe dort Arbeit gesucht. Die Sprache war mir fremd und viel konnte ich nicht machen. Geld habe ich doch keines gehabt. Ich hab lange nichts gefunden, aber dann bin ich zur Eisenbahnpolizei und habe minimal verdient.* Nachdem er sich einiges zusammengespart hatte, baute er gemeinsam mit einem Bekannten aus Wien eine Fahrschule auf, in der er viele Jahre tätig war. Den Auto- und Motorradführerschein hatte er bereits in Österreich gemacht. Seine Eltern hingegen vermochten sich, so Rudolf Latzer, überhaupt nicht zu integrieren. *Meine Mutter war seit ihrer Jugend schwer herzleidend. Damals hat es nicht die Medikamente gegeben, die es heute gibt. Sie hat nie gearbeitet. In Graz hatten wir ein Dienstmädchen und eine Köchin und sonst hat alles mein Vater gemacht. Auch in Israel. Er ist zum Markt gegangen einkaufen und hat dann zu Hause einfache Sachen gekocht. Aber die Sprache beherrschte er nicht und mit den Leuten konnte er auch nicht umgehen.*

1950 kehrten Karl und Juliane Latzer wieder nach Österreich zurück, wo Juliane ein Jahr später starb. Karl Latzer starb im Alter von 90 Jahren 1966. Rudolf Latzer reiste 1962 mit seiner aus Deutschland stammenden Frau Anny (geb. 1915) und ihren drei Kindern nach Österreich und besuchte in den folgenden Jahren auch seine Geburtsstadt Graz einige Male.

Wir wollten nicht in Österreich, aber auch nicht in Israel bleiben.

Bernard Lichtenstein

Die Eltern des am 20. Oktober 1918 in Graz geborenen Bernard Lichtenstein, Leon (Leibusch) Lichtenstein und Zusana vel Süssel Friedmann, stammten beide aus dem galizischen Drohobycz und kamen über Umwege nach Graz, wo sie 1910 heirateten und fünf Kinder bekamen.[62] Zwei – Helene und Robert – starben Ende des Ersten Weltkriegs. Die Familie wohnte in der Annenstraße, wo sie auch ein Bekleidungsgeschäft betrieben.

Briefkopf Herrenbekleidungshaus Leo Lichtenstein

Den regelmäßigen Synagogenbesuch seiner Eltern erklärte Bernard Lichtenstein, der sich zwar als jüdisch, aber nicht als religiös begriff, als eine Form sozialen Drucks, der seiner Wahrnehmung nach in der überschaubaren Grazer Gemeinde existiert habe: *Ich habe es gehasst, zur Synagoge zu gehen. Offen gesagt, habe ich dieses „Mauscheln" in der Synagoge nicht verstanden. Ich empfand es als heuchlerisches Bemühen, möglichst schnell durch die hebräischen Texte und religiösen Bücher durch zu hetzen. Ich glaube auch nicht, dass die anderen ein Wort verstanden haben, wenn dann nur sehr wenig. Zu 90 Prozent ging es aus meiner Sicht darum, den Schein innerhalb der Gemeinde zu wahren. In Graz lebten nur 600 jüdische Familien bzw. 2.000 Seelen, also wusste jeder, was der andere machte. Wenn man als Jude den gesellschaftlichen Kontakt mit den anderen Jüdinnen und Juden aufrechterhalten wollte, musste man zumindest so tun, als würde man die religiösen Feiertage einhalten – das war auch der Grund, warum meine Eltern in die Synagoge gegangen sind und mein Vater hat mich mitgenommen. Stundenlang bin ich als kleiner Bub da gestanden und habe kein Wort verstanden. Insgesamt war es nicht sonderlich genau, wir haben Seder und Pessach gefeiert, aber eigentlich wollten wir es nur den anderen gleich tun.* An die Zusammenkünfte und Ausflüge des zionistischen Jugendvereins *Blau-Weiß* erinnerte er sich hingegen positiv zurück.

Bernard Lichtenstein (4. R., 3. v. l.) mit seiner Volksschulklasse vor der Synagoge, 1928

Ein Onkel mütterlicherseits wanderte noch in den 1920er Jahren nach Palästina aus und arbeitete dort als Arzt, kehrte dann aber nach Graz zurück und floh 1938 nach Kanada. Bernards Eltern hatten eine Emigration vor 1938 nie in Erwägung gezogen und reagierten auf den „Anschluss" im März 1938 mit Gelassenheit und Zweifel. *Meine Eltern reagierten auf den Nationalsozialismus in Österreich mit Verleugnung und Unglauben. Was in Deutschland passiert war, konnte niemals hierzulande geschehen. Mussolini würde Österreichs Unabhängigkeit schützen. Von meinen Eltern wurde deshalb eine Auswanderung nach Palästina oder anderswohin nicht in Erwägung gezogen, meine Schwester allerdings war 1934 nach Palästina emigriert und sie versuchte meinen Vater davon zu überzeugen, Österreich zu verlassen.*

Ankündigung der „Arisierung“ des Herrenbekleidungshauses Leo Lichtenstein

Trotz elterlichen Protests trat Bernards ältere Schwester Melitta 1934 ihre Alijah an und heiratete einen wohlhabenden Mann, der Bernard nach dem „Anschluss“ 1938 ein Studentenzertifikat für die *Hebrew University* in Jerusalem, sowie den Eltern und der jüngeren Schwester Ruth die Flucht nach Palästina ermöglichte.

Bernard Lichtenstein immigrierte im Juli 1938 und begann Hebräisch und Englisch zu studieren. 1940 meldete er sich für die *Royal Air Force*, war dort als Fahrer tätig und gelangte in dieser Funktion in zahlreiche Länder des Nahen Ostens. Auch nach seiner Entlassung aus der Armee 1946 arbeitete er als Fahrer und dann im Reisebüro eines Verwandten in Tel Aviv.

Aufgrund der schwierigen wirtschaftlichen Situation in Palästina kehrte er 1950 mit seiner Frau für einige Zeit nach Österreich zurück und entschloss sich dann nach Kanada auszuwandern, wo er bis 1960 in einer Reiseagentur beschäftigt war. Danach emigrierte er mit seiner Familie in die USA. *1950 bin ich gemeinsam mit meiner Frau nach Österreich gefahren, einige Zeit geblieben und dann nach Israel zurückgekehrt. Wir wollten nicht in Österreich, aber auch nicht in Israel bleiben – dort gab es nichts zu essen! Einmal pro Woche konnte ich mir ein Abendessen in einem Touristenhotel leisten. Meine Frau konnte nichts am Markt kaufen. Durch eine Verbindung zu jemandem aus dem Konsulat erhielten wir zumindest einmal in der Woche Fleisch. In die USA wollten wir nicht wegen McCarthy – ein Phänomen, das ich nie verstand, dass es sich so lange halten konnte. Schließlich haben wir uns für Kanada entschieden. Ich qualifizierte mich für die Einwanderung und legalisierte mich einige Monate später. Meine Frau kam nach und wir wurden kanadische Staatsbürger. Nach sieben Jahren fassten wir den Entschluss, doch in die Staaten auszuwandern.*

Laura Mokotov, 2010 in Kiryat Tivon, Israel

Batja Tuchendler, 2010 in Haifa, Israel

Man war von heute auf morgen ein Nichts geworden.

Laura Mokotov und Batja Tuchendler

Golde Henie (Golda) Baumgarten (geb. 1885) stammte aus Galizien und folgte einige Jahre vor dem Ersten Weltkrieg einem ihrer Brüder nach Graz, wo sie ihren zukünftigen Mann, Mayer (Max) Gertler, kennen lernte, der ebenfalls aus der Gegend um die Stadt Drohobycz kam.[63] Max Gertler (geb. 1884) und Golda heirateten im Jahr 1913. Während des Ersten Weltkriegs kämpfte Max u.a. in den Dolomiten, Golda arbeitete in einer Kantine und kümmerte sich um die beiden Töchter, die 1915 bzw. 1917 geborenen Klara und Sally. Nach der vorübergehenden Rückkehr nach Galizien und der Geburt zweier weiterer Töchter – Laura (1921) und Berta (1925) –, entschlossen sie sich, wieder nach Graz zu ziehen, wo 1927 das jüngste Kind, Adolf, zur Welt kam. Die Familie wohnte zunächst in der Idlhofgasse, danach in der Neubaugasse. Der familiäre Betrieb, ein Textilfachgeschäft, war in der Mariahilferstraße.

Durch die religiöse Erziehung des Vaters, für den in Galizien ursprünglich der Besuch einer Yeshiva, eine Talmudschule, vorgesehen war, wurden die jüdischen Feiertage relativ strikt eingehalten, die Synagoge regelmäßig besucht und ein koscherer Haushalt geführt. Die Sozialisation der Kinder erfolgte abseits der Schule im Wesentlichen im jüdischen Umfeld, vor allem im zionistischen Jugendbund *Blau-Weiß*. Berta Gertler erzählte: *Wir sind aufgewachsen im jüdischen Milieu. Unsere Nachbarn im vierten Bezirk waren alles Christen, aber es war ein schönes Verhältnis. Wir haben mit den Kindern gespielt und nicht gespürt, dass wir eine Ausnahme sind. Wir haben unsere Religion gehabt und unsere Sitten, aber es war kein Hass. Dann kam ich in die Fröbelschule: Das war damals für Mädchen und Jungen separat. Der Direktor war Dr. Sulzbacher, ein reizender Mensch, ein Sozialdemokrat. Und der hat so viel Verständnis gehabt für uns, denn es waren siebenhundert Schülerinnen und ich war die einzige Jüdin. Einmal bin ich mit Freundinnen von der Schule entlang der Mur nach Haus gegangen und wir haben uns ein paar Maroni gekauft. Und plötzlich sagt einer: „Jud, geh' nach Palästina!" Ich wusste überhaupt nicht, was er von mir will! Vom Jugendbund wusste ich zwar, dass es ,Erez Israel' gibt, ich kannte Herzl und ,Altneuland', aber sonst hatte ich keine Ahnung!*

Die mit dem „Anschluss" im März 1938 eingesetzte Diskriminierung und Entrechtung der jüdischen Bevölkerung wirkte sich auf sämtliche Lebensbereiche aus. *Man war von heute auf morgen ein Nichts geworden. Was einem geblieben war, ist der Name Jude, das war es! Wir hatten kein Recht, in ein Kino zu gehen, mit der Tramway zu fahren, irgendwelche öffentliche Veranstaltungen zu besuchen, als Jude war man kein Mensch mehr!*, beschrieb Laura Gertler die gravierenden Veränderungen. Besonders die wirtschaftliche Situation hatte sich, nachdem das nichtjüdische Klientel immer öfter die Ratenzahlungen verweigerte, für die Familie drastisch verschlechtert. Spätestens der behördlich ausgestellte Ausweisungsbefehl und die Verhaftungswelle im November 1938, der auch Max Gertler und mehrere männliche Verwandte zum Opfer fielen, ließen keinen Zweifel mehr offen, dass eine Flucht unumgänglich geworden war.

Die Rückkehr des Vaters aus dem KZ Dachau war schließlich ausschlaggebend dafür, *zusammenzupacken*: *Jeden Tag um zirka zehn Uhr kam ein Zug aus Dachau. Und jeden Tag waren meine Schwester, ich und noch zwei Freundinnen von uns am Bahnhof, um zu sehen, ob unsere Leute zurückkommen. Eines Tages kamen sie. Zuerst habe ich den Vater von meiner Freundin gesehen. Sage ich: „Käthe, dein Vater!" Sie hat ihren Vater nicht erkannt. Der Mann war zuckerkrank und sie haben die ganze Zeit nichts zu essen bekommen. Er war schon so schwach, dass mein Schwager und mein Vater ihn beim Appell in der Früh auf beiden Seiten gehalten haben. Er kam zurück als Wrack, wirklich als Wrack. Mit demselben Transport kamen auch mein Vater und mein Schwager zurück und noch ein Mann, für den ich gebetet habe. Das war ein Freund von meinem Vater. Mein Vater kam nach Haus mit zwei verbundenen Händen. Beim Appell mussten sie am Boden liegen und die Gestapo ist auf ihre Händen drauf getreten. Kalt war es, Winter, November. Sie haben nur so Pyjamas angehabt, so gestreifte. Die Hände sind zwar geheilt, aber mein Vater ist im Ersten Weltkrieg zweimal verwundet worden und hat dadurch auch gesundheitlich sehr gelitten. Er hat jedes Mal solche Anfälle bekommen, ist in Ohnmacht gefallen.*

Nachdem sie durch den Kauf von gefälschten Einreisepapieren für Shanghai die Freilassung des Vaters erwirkt hatten und daraufhin ehestmöglich emigrieren wollten, wurde die Familie mit einer Hürde konfrontiert, die sich aus dem unterschiedlichen Alter der fünf Kinder ergeben hatte und die eine gemeinsame Auswanderung unmöglich machte. Während sich das jüngste Kind Adolf für den Kindertransport nach Schweden qualifizierte – das maximale Alter war mit 12 Jahren festgesetzt –, und die zweitälteste Tochter Sally als Dienstmädchen nach England ging, konnten sich die Eltern gemeinsam mit den Töchtern Klara und Laura, die das für illegale Transporte nach Palästina erforderliche Mindestalter von 15 Jahren[64] aufwiesen, für den so genannten „Lisl"-Transport einschreiben. Übrig blieb die jüngste Tochter Berta, die mit ihren 13 Jahren für keine der Fluchtmöglichkeiten in Frage kam: *Inzwischen hat man festgesetzt, dass Graz bis zum 20. April 1939, bis zu Hitlers Geburtstag, „judenrein" sein muss. Meine Eltern und zwei Schwestern haben sich zu einem illegalen Transport eingeschrieben. Eine Schwester war schon als Dienstmädchen in England und mein Bruder ist mit dem Kindertransport nach Schweden. Aber was macht man mit mir? Man hat mich nach Wien geschickt ins Dr.-Krüger-Heim.*[65] *Dort war ich zehn Monate. Ich wusste nicht, ob meine Eltern in Palästina angekommen sind, ich wusste nicht, ob ich jemals herauskommen werde! Jede Nacht kam die Gestapo in den Schlafsaal und hat ein paar Mädels rausgeholt. Die hat man nie wieder gesehen! Ich habe schon keine Aussicht mehr gehabt, bis eines Tages im Dezember 1939 ein Anruf vom Palästina-Amt kam. Die Präfektin, die das Krügerheim geleitet hat, sagte mir: „Herr Grünschlag hat angerufen, du sollst ins Palästina-Amt kommen!" Ich bin hingegangen und der Leiter von dem Palästina-Amt sagte: „Du hast einen Gruß von deinem Vater und ein Zertifikat für Palästina!"*

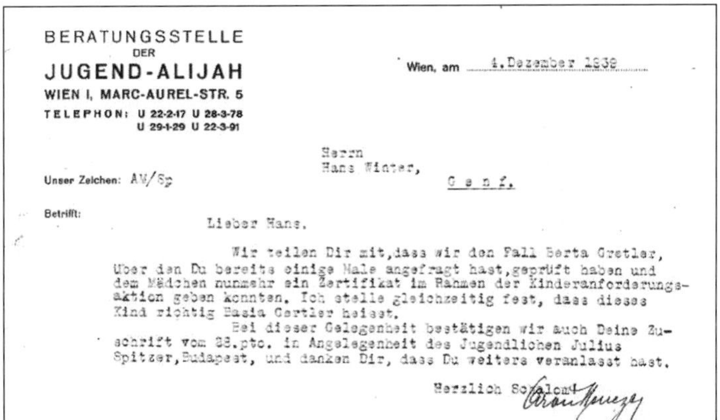

BERATUNGSSTELLE
DER
JUGEND-ALIJAH
WIEN I, MARC-AUREL-STR. 5
TELEPHON: U 22-2-17 U 28-3-78
U 29-1-29 U 22-3-91

Wien, am 4.Dezember 1939

Herrn
Hans Winter,
G e n f.

Unser Zeichen: AW/Sp

Betrifft:

Lieber Hans.

Wir teilen Dir mit,dass wir den Fall Berta Gretler, Über den Du bereits einige Male angefragt hast,geprüft haben und dem Mädchen nunmehr ein Zertifikat im Rahmen der Kinderanforderungsaktion geben konnten. Ich stelle gleichzeitig fest, dass dieses Kind richtig Basia Gertler heisst.

Bei dieser Gelegenheit bestätigen wir auch Deine Zuschrift vom 28.pto. in Angelegenheit des Jugendlichen Julius Spitzer,Budapest, und danken Dir, dass Du weiters veranlasst hast.

Herzlich Schalom!

Zusage der Beratungsstelle der Jugend-Alijah für ein Einwanderungszertifikat für Berta Gertler, 4.12.1939

Nur durch die zufällige Zusammenkunft Max Gertlers mit dem für die Grazer Kultusgemeinde tätigen David Grünschlag in Haifa wurde Berta im Dezember 1939 ein Einwanderungszertifikat ausgestellt, mit dem sie Österreich am 24. Dezember verlassen und auf dem Schiff „Galiläa" über Triest zu ihrer Familie nach Palästina fliehen konnte. Über die Reise erzählte sie folgende Anekdote: *Da war eine Familie, ein frommes Ehepaar mit Pejot. In Graz hat man die nicht gesehen, die waren alle schon sehr assimiliert. Jedenfalls hatte das Ehepaar fünf Kinder und die Frau war offenbar schon wieder schwanger. Das hat so auf mich gewirkt, auf einmal so was zu sehen, denn von Graz kannten wir das nicht. Als ich dann ankam und gefragt wurde, mit wem ich an Bord war, habe ich gesagt: „Das war unglaublich! Eine Mutter mit fünf Kindern, ich sag euch, das älteste war vielleicht ein Jahr alt!" Bis heute lacht meine Familie darüber!*

Die bereits ein halbes Jahr früher aus Österreich geflohene Laura Gertler erinnerte sich an die Fahrt auf der „Lisl", einem illegalen Schiffstransport, mit dem insgesamt mehr als 200 steirische Jüdinnen und Juden im Juni 1939 nach Palästina gelangt sind. *Einen Rucksack mit etwas Proviant, ein Trainingsanzug, hohe Schuhe, Unterwäsche und ein, zwei Kleider und ein englisches Pfund, einen Ehering und hundert Gramm Silber. Mit diesem Vermögen sind wir raus. Meine Eltern, meine Schwester, mein Schwager und ich. Die Möbel, das Geschirr, alles haben wir zurückgelassen. Nur mit einem Rucksack raus aus der Tür und zum Bahnhof. Das Schiff, mit dem wir gefahren sind, war ein alter Tanker für achthundert Personen. Im Tank waren so Regale, wo die Menschen liegen konnten. Jeder musste die Füße einziehen, weil am Ende der Rucksack stand. Zum Essen gab es nichts und ich war seekrank. Das Schiff hat geschaukelt und gebaumelt. Am liebsten hab ich an Deck geschlafen, da war die Luft wenigstens besser. Nach fünf Wochen haben wir Palästina erreicht, doch ein englisches Boot hat uns abgefangen. Die Pässe haben wir ins Meer geworfen und als die Engländer auf das Schiff kamen und gefragt haben, von wo wir sind, hat niemand was gesagt. Schließlich haben sie uns doch in Haifa runter gelassen.*

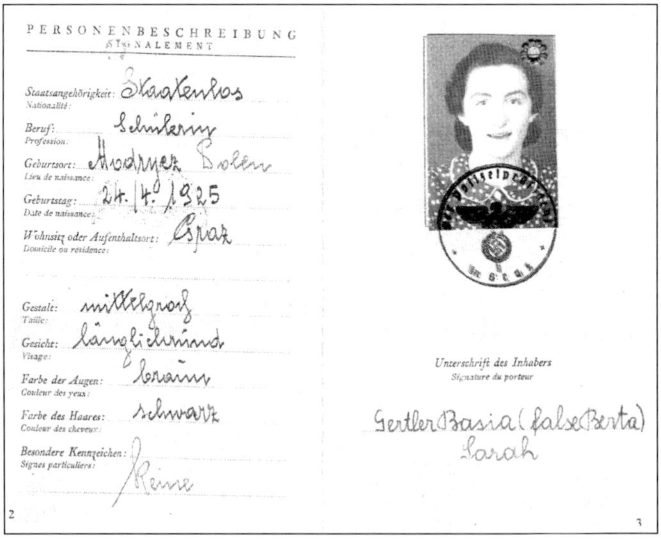
PERSONENBESCHREIBUNG
SIGNALEMENT

Staatsangehörigkeit: Staatenlos
Nationalité:
Beruf: Schülerin
Profession:
Geburtsort: Polen
Lieu de naissance:
Geburtstag: 24. 4. 1925
Date de naissance:
Wohnsitz oder Aufenthaltsort: Graz
Domicile ou résidence:

Gestalt: mittelgroß
Taille:
Gesicht: länglich rund
Visage:
Farbe der Augen: braun
Couleur des yeux:
Farbe des Haares: schwarz
Couleur des cheveux:
Besondere Kennzeichen: Keine
Signes particuliers:

2

Unterschrift des Inhabers
Signature du porteur

Gertler Basia (false Berta) Sarah

3

Fremdenpass von Berta Gertler, ausgestellt am 4. November 1938

Noch am Tag ihrer Ankunft begannen Max und Golda Gertler, die wie die meisten Immigrantinnen und Immigranten bei ansässigen Familien in Haifa untergebracht waren, zu arbeiten und schlugen sich in der ersten Zeit mit den unterschiedlichsten Gelegenheitsarbeiten durch. Laura kam zunächst als Haushaltsgehilfin unter und heiratete bald einen Emigranten aus Deutschland. Batja, so der Name Bertas seit ihrer Einwanderung, besuchte eine von der WIZO[66] organisierte Haushaltsschule und begann in einem Kaufhaus in Haifa zu arbeiten, bis sie 1948 ebenfalls heiratete. Ihre Eltern, die sich nur schwer an das Leben in Palästina gewöhnen konnten, haben beide stets unterstützt. *Die Leute haben damals alles versucht: Einer hat auf der Straße heiße Würstchen verkauft, der andere hat mit einem Wagen irgendwelche Lasten gezogen. Mein Vater hat Schuhe geputzt. So haben die Neueinwanderer begonnen! Man hat nichts gehabt, jeden Kaffeelöffel musste man kaufen. Das Umzugsgut, das meine Eltern noch weggeschickt haben, Aussteuer und Geschirr, ist alles in Italien geblieben und nie angekommen. Von der Picke auf, vom Kaffeelöffel bis zum Leintuch, mussten sie alles kaufen. Und sie waren doch schon über fünfzig! Ich bin in Haifa ein halbes Jahr in eine Übergangsschule gegangen, wo wir nur Hebräisch gelernt haben und dann konnte ich in eine WIZO-Schule gehen. Da haben wir kochen und nähen und Kunstgewerbe gelernt. Ich war sehr gut in Handarbeit, und auch in allen anderen Fächern, Rechnen und so. Das war alles schon in Hebräisch. Zwei Klassen habe ich beendet, dann war ich siebzehn.*

Bis meine Schwester geheiratet hat, hat sie meine Eltern unterstützt, indem sie bei sich zu Hause Kleider genäht hat. Dann ist sie weggezogen, und ich musste den Eltern helfen. Man wollte mir ein Stipendium geben in der WIZO-Schule, damit ich einen Abschluss habe und als Handarbeitslehrerin arbeiten kann. Aber meine Eltern haben gesagt, sie können nicht auf mich verzichten. So bin als Lehrmädchen in ein Kaufhaus gegangen und habe neun Jahre dort gearbeitet. Das Kuvert mit den paar Banknoten, die ich pro Monat verdient habe, habe ich geschlossen meinen Eltern gegeben und ihnen so geholfen.

Während sich die Eltern nur minimale Kenntnisse im Hebräischen angeeignet haben, versuchten Laura und Batja, die neue Sprache so schnell wie möglich zu erlernen. *Ich habe von meinen Kindern und durch die Zeitung Hebräisch gelernt. Für Kurse haben wir keine Zeit gehabt, wir mussten arbeiten. Damals war es verpönt, hier Deutsch zu sprechen. Der Hass auf Deutschland war im ganzen Land so groß, nachdem man erfahren hat, was sich dort abgespielt hat. Da konnte ich mit den Kindern auf der Straße nicht Deutsch sprechen.*

Der mit einem Kindertransport nach Schweden geflohene Adolf konnte im Laufe der Jahre in Göteborg eines der größten schwedischen Modehäuser aufbauen und wurde für seine wirtschaftlichen Leistungen mehrfach ausgezeichnet. *Adolf ist elfjährig zu einer christlichen Bauernfamilie gekommen. Nach uns vier Mädels ist er, der Sohn gekommen – wie ein Prinz wurde der bei uns gehalten. Bei den Bauern in Schweden haben sie ihm in der Früh schwarzen Kaffee und eine Harke gegeben und ihm gesagt, er soll dort im Garten arbeiten. Er war nicht gerade begeistert, er wusste doch nicht wie und was. Vom Kindertransport kannte er ein neunjähriges Mädchen, das zu einer jüdischen Familie gekommen war. Am Telefon hat er ihr sein Leid geklagt: „Oj, ich bin hier und trink nur schwarzen Kaffee und muss im Garten arbeiten!" Sie hat der jüdischen Familie erzählt, dass er so unglücklich ist, woraufhin sie eine jüdische Familie gesucht haben, die bereit war, ihn aufzunehmen. Der neue Adoptivvater hat ein Herren-Textilgeschäft gehabt und ihn in die Lehre genommen. Danach hat er sich mit einem Kompagnon selbstständig gemacht und heute steht in Göteborg ein Geschäft für Herrenbekleidung, das als das eleganteste und bestgehendste Herrenbekleidungsgeschäft von ganz Skandinavien ausgezeichnet wurde.*

Nach Österreich sind Laura und Batja öfter gereist, zunächst in verschiedene Kurorte, danach auch nach Graz, u.a. zur Synagogeneröffnung im Jahr 2000. *Ich liebe Österreich! Ich liebe die Landschaft! Nur die Fahrt mit der Eisenbahn, die Landschaft, das bin ich! Die Berge, das bin ich! Ich lebe hier in Israel schon 70 Jahre, aber ich habe ein ganz anderes Gefühl, wenn ich in Österreich bin. Trotz allem liebe ich das Land. Nicht die Menschen!*, so Laura Mokotov über ihr Verhältnis zur ehemaligen Heimat. Die Eltern und die älteste Schwester, die in England geblieben war, haben einen Besuch in Österreich hingegen stets ausgeschlossen.

Laura Mokotov und Batja Tuchendler betonten in den Gesprächen mehrmals, welch großes Glück ihre Familie gehabt hatte, dass allen die Flucht aus Österreich gelungen war. Die Familiengeschichte nahm nichtsdestotrotz auch in Israel einen tragischen Verlauf: Max und Golda Gertler erkrankten beide an Krebs, woran sie nach einem langen Leidensweg starben. Lauras Sohn fiel 1973 im Jom-Kippur-Krieg[67].

ISRAELITISCHE KULTUSGEMEINDE GRAZ

ENTENPLATZ 9 / TELEPHON 0196

Som-

GRAZ, am 9.April 1939.

An die
Jugendauswanderung
zu Handen des Frl.Wenger,Wien I.
Kultusgemeinde.

Betrifft: Kinder nach Schweden.

Sehr geehrtes Fräulein!

Unter nochmaliger Bezugnahme auf die Rücksprache mit unserem Herrn Sommer haben wir heute den ersten Teil der fertigen Kinderkarten u. Kinderpässe sowie die Ansuchen an die Devisenstelle wegen des Reisegepäkkes an unseren Herrn Klein im Provinzreferat im Pal-Amt eingesendet und werden Sie die fertigen Stücke sofort nach Ausfertigung durch unseren Herrn Klein erhalten.Der zweite,grössere Teil der Kinderpässe folgt sofort nach Fertigstellung am Dienstag nach.Die drei dann noch verbleibenden Kinderpässe folgen möglichst Mittwoch,längstens jedoch Donnerstag an Herrn Klein,der auch bei diesen Stücken das Visum und die Reisegepäcksbewilligung besorgen wird.

Wir haben heute Herrn Klein geschrieben und ihn ersucht,sich sofort mit Ihnen in Verbindung zu setzen und den nötigen Kontakt wegen der richtigen Abfertigung unserer Kinder,die nun zusammen mit Ihrem Transport abgehen sollen,herzustellen.Wir bitten Sie vielmals sehr geehrtes Fräulein Wenger auf die etwas verspätete Einsendung der nötigen Unterlagen Rücksicht zu nehmen und hoffen wir,dass sich der Transport keinesfalls über den Dienstag der nächsten Woche hinausziehen wird.Wir rechnen damit,die Eltern dieser Kinder Ende dieser Woche von Graz wegschicken zu können,so dass es uns unmöglich ist,die Kinder allein hier in Graz lassen zu können.Bitte also unbedingt unter allen Umständen darauf zu sehen,dass der Transport termingemäss längstens Dienstag den 18.April von Wien abgeht,da wir sonst in die allergrösste Verlegenheit kämen.Wir können nach Abgang der Eltern,die Kinder ganz unmöglich allein hier in Graz versorgen,da wir keinerlei Unterbringungsmöglichkeit für sie haben.

Wir sehen Ihrer geschätzten Erledigung entgegen und zeichnen

mit vorzüglicher Hochachtung

Israelitische Kultusgemeinde
GRAZ
Auswanderungs - Beratungsstelle

Schreiben der IKG Graz an die IKG Wien, Abteilung Jugendauswanderung bezüglich der Organisation des „Kindertransports" nach Schweden, 9. April 1939

Familie Enis vor dem Grazer Uhrturm

Ich liebe das Land und die Natur, aber ich kann nicht verzeihen.

Blanka Nachnieli

Blanka Enis wurde am 27. April 1928 in Graz geboren. Sie wuchs gemeinsam mit ihren beiden Brüdern Heinrich (geb. 1921) und Leopold (geb. 1925) und ihren Eltern Raphael und Szeindel „Charlotte" Enis, die während des Ersten Weltkrieges aus dem galizischen Stanislaw nach Graz gekommen waren, in der Annenstraße 36 auf.[68] Hier befand sich auch das Textilfachgeschäft *Enis*, das der Vater gemeinsam mit seinem Bruder Norbert führte. Eine weitere Filiale besaßen sie in Bruck an der Mur. Im Hinblick auf die jüdische Religion beschrieb Blanka ihre Familie als nicht sehr fromm, aber trotzdem traditionell – die Küche wurde koscher gehalten, die Synagoge aber nur an den hohen Feiertagen besucht.

Den in den 1930er Jahren wachsenden Antisemitismus haben sowohl die Eltern als auch die Kinder zu spüren bekommen. *Ja, die Schulzeit! Ich habe sehr, sehr gern gelernt. Die Sache war nur, dass wir eine jüdische Privatschule mit sehr wenigen Kindern gewesen sind und neben uns war die Grundschule mit 300 christlichen Kindern. Die haben uns schikaniert, uns die Schultaschen runter gerissen, uns geohrfeigt und im Winter immer Schneebälle in die Mäntel gesteckt und uns mit Schneebällen beworfen. Kaum haben wir die Schule verlassen, hat gleich das Gezeter angefangen: „Ihr Saujuden!" und so weiter und so fort.*

Nicht allein wegen seiner zionistischen Überzeugung, sondern auch aufgrund der zugenommenen Judenfeindlichkeit, entschloss sich Raphael Enis 1933, nach Palästina auszuwandern. Vier Jahre lang führte er ein kleines Restaurant in Tel Aviv und versuchte, vor Ort Einwanderungszertifikate für seine Familie zu bekommen, welche laut den Immigrationsbestimmungen allerdings vom Ausland angefordert werden mussten.

Blanka Nachnieli (1. R., 2. v. l.) mit ihren Schulfreundinnen vor der Grazer Synagoge

Raphael Enis kehrte 1937 nach Österreich zurück und fiel im November 1938 der nationalsozialistischen Verhaftungswelle zum Opfer. Im selben Monat verlor die Familie Wohnung und Geschäft. *Während mein Vater in Dachau war, kam eines Tages ein SS-Mann mit seinen zwei Adjutanten in hohen schwarzen Stiefeln und mit Hunden. Sie haben sich die Wohnung angeschaut und gesagt: „Ja, das ist eine sehr schöne Wohnung und ihr verschwindet bis morgen Abend!" Wir hatten keine andere Möglichkeit, wir mussten die Wohnung verlassen und mit ein paar Sachen, die uns noch geblieben sind, in ein winziges Zimmer übersiedeln. Nachher wurden wir auch aus diesem Zimmer verjagt. Es hat geheißen, wir müssen Graz binnen zwölf Stunden verlassen, weil Graz ab dem morgigen Tag „judenrein" sein soll. Am selben Abend sind wir noch sehr spät mit der Eisenbahn nach Wien gefahren.*

Nachdem sie durch ein italienisches Visum die Freilassung des Vaters aus Dachau erwirken konnte, übersiedelte die Familie Ende des Jahres nach Wien, wo die Kinder noch einige Zeit zur Schule gingen. Im Zuge einer Razzia der Gestapo wurde Raphael Enis ein zweites Mal verhaftet und ins KZ Buchenwald verschickt, von wo er nicht zurückkehrte.[69]

Während Heinrich mit einem illegalen Transport und Leopold mit der Jugend-Alijah 1939 nach Palästina emigrieren konnten, erhielt Blanka Anfang 1940 von einem im Palästina-Amt Triest beschäftigten Cousin ein Einwanderungszertifikat. *Wie ich das gehört habe, da wurde mir sehr bang. Ich wollte die Mama nicht verlassen, aber sie hat gesagt: „Du sollst dich nicht sorgen. Du kommst nach Palästina. Du wirst bei deinen Brüdern sein. Du gehst erst zu deiner Tante oder zu einer netten Familie und bis April, bis zu deinem Geburtstag, bin ich auch da." Und ich hab die Mama nochmals gefragt: „Du kommst bis April?" Und sie hat gesagt: „Ja."*

Blanka Enis konnte im Frühjahr 1940 mit dem Kriegsschiff „Marco Polo" von Triest aus wegfahren. *Am 12. Februar bin ich abgefahren und am 22. Februar in Haifa angekommen. Wir sind zehn Tage mit dem Schiff zick-zack gefahren, das war keine direkte Fahrt, weil ja schon Krieg gewesen ist. Seit Wien waren mit mir zwei Kinder unterwegs, um die ich mich gekümmert habe. Sie sind seekrank geworden und haben sehr hohes Fieber bekommen. Wie wir in Haifa angekommen sind und gerade das Schiff verlassen wollten, sagt das Mädchen, sie hat ihre Puppe in der Kabine vergessen. Das war eine wunderschöne Puppe gewesen und ich wollt nicht, dass sie verloren geht. Also bin ich noch einmal zurück, aber in der Zwischenzeit sind die Kinder von ihren Eltern abgeholt worden. Da stand ich allein im Hafen, mit drei kleinen Koffern und der Puppe. Ich wusste nicht, wo ich hin sollte! Niemand wusste, dass ich komme – Briefe gab es ja damals nicht! So stand ich da und habe, so wie es mir gesagt wurde, erstmal die Erde geküsst.*

Blanka – damals noch keine zwölf Jahre alt – kam in Haifa zunächst bei einigen Familien, später in einem Kinderdorf unter, wo sie auch ihren zukünftigen Mann, einen aus Leipzig stammenden Einwanderer, kennen lernte. Nachdem sie die Mittelschule abgeschlossen hatte, arbeitete sie halbtags in einem Fotogeschäft in Tel Aviv und war die übrige Zeit als Kindermädchen tätig. Kurz nach ihrer Hochzeit engagierte sie sich gemeinsam mit ihrem Mann in einem Kinderheim, bevor sie eine Anstellung bei einer Krankenkasse in Kiryat Bialik erhielt. Ihr Bruder Heinrich war jahrelang beim israelischen Militär tätig, Leopold arbeitete zunächst in der Landwirtschaft und danach ebenfalls in einem Kinderheim.

Das erste Mal sind die Nachnielis 1958 nach Österreich und Deutschland gereist, danach noch zwei Mal in den letzten Jahren. Eine permanente Rückkehr haben sie stets ausgeschlossen. *Ich liebe das Land und die Natur, aber ich kann nicht verzeihen. Da bin ich zu ehrlich, um das zu verleugnen.* Mit ihrem Mann spricht sie Deutsch und Hebräisch, ihre Muttersprache hat sie sich auch durch ihr Interesse an der deutschen Literatur erhalten.

Vom Schicksal der in Wien zurückgebliebenen Mutter, die 1942 nach Auschwitz deportiert und ermordet wurde, erfuhren die Kinder erst Jahre später. *Die ganzen Jahre hab ich nicht gewusst, was mit meiner Mama passiert ist. Vielleicht hat sie sich das Leben genommen. Vielleicht ist sie krank gewesen, sie war ja so krank. Und dann hab ich herausgefunden, wann und wo sie umgekommen ist. Und das nach 60 Jahren.*

Tuchhaus Neurath Graz, Annenstraße

Ich habe das Land geliebt, aber das Land hat mich nicht geliebt.

Lothar Neurath

Der aus Mödling stammende Richard Neurath (geb. 1882) heiratete 1914 die Grazerin Olga Preis (geb. 1892) und wurde noch vor der Geburt ihres einzigen Kindes Lothar Josef zum Militär eingezogen.[70] Die ersten Jahre wuchs der 1915 in Graz geborene Lothar daher mit seiner Mutter bei seinem Großvater Josef Neurath in einer Wohnung am Grieskai, später in der Humboldtstraße auf. Seit 1912 führte Richard Neurath ein großes Tuchhaus in der Annenstraße, das sich nach Kriegsende und seiner Rückkehr nach Graz zu einem äußerst erfolgreichen Betrieb entwickelte und damit in Konkurrenz zu dem ebenfalls gut gehenden Tuchgeschäft seines Schwagers Simon Rendi stand. *Mein Vater war dann der Erste, der mit dem Auto in die Dörfer gefahren ist und seine Sachen verkauft hat. Es gab eine Autofabrik Puch in Graz. Der Puch selbst hat meinem Vater noch Fahren gelernt, der hat ein, zwei Autos in der Woche hergestellt. Es gab noch keine Asphaltstraßen und Benzin hat man in der Apotheke gekauft. Die Leute in den Dörfern waren sehr skeptisch, sie haben ja noch nie ein Auto gesehen.*

Richard Neurath übte mehrere Funktionen in zionistischen Vereinen aus und war Mitbegründer der Zionistischen Ortsgruppe und der jüdischen Turnvereine *Makkabi* und *Hakoah*, sowie in den Jahren 1920 bis 1926 Kultusrat der Kultusgemeinde. 1933 wurde ihm die österreichische Kriegserinnerungsmedaille verliehen.

Lothar Neurath beschrieb die gesellschaftliche Situation der jüdischen Bevölkerung in gewisser Hinsicht als isoliert. *In Graz war es so, dass Juden gesellschaftlich nur untereinander verkehrt haben. Das war so üblich und wohl beiderseits so gewollt. Die Christen wollten mit den Juden nichts zu tun haben und die Juden haben auch keinen Kontakt zu Nichtjuden gesucht. Es gab ein Kaffeehaus in der Herrengasse, der Thonethof, in das alle Juden gegangen sind.*

Nach dem Besuch der jüdischen Volksschule und des Oeversee-Gymnasiums schloss Lothar Neurath 1934 die Bundeshandelsakademie mit Auszeichnung ab und trat in das väterliche Geschäft ein, wo er bis zur im April 1938 erfolgten „Arisierung“ für den Verkauf und die Buchhaltung zuständig war. *Ich hätte ganz gern studiert, ich habe eigentlich kein besonderes Talent für den Handel gehabt. Aber es war eben so. Der Vater hat mit sehr viel Mühe und Erfolg ein eigenes Geschäft aufgebaut und es war ganz klar, dass ich das weiterführe. Ich bin schon als Bub immer mit meinem Vater mitgefahren. Damals war es nicht so streng, er hat mich auch fahren lassen, bevor ich 18 Jahre alt war. Mit 12 Jahren habe ich schon Autofahren können. Ich bin also auf den Reisen mit gewesen, war bei den Kundschaften und hab gesehen, wie man das macht. In den Ferien habe ich im Geschäft gearbeitet, das ist dann automatisch auf mich übergegangen. Bis eben Hitler gekommen ist.*

Gemeinsam mit einem Verwandten floh Lothar Neurath nach Udine und emigrierte, als die politische Situation auch die Flucht aus Italien erforderlich machte, im Sommer 1939 nach Palästina, wobei sie sich aus Kostengründen für den Luftweg entschieden. Die abenteuerliche Reise mit einem Wasserflugzeug führte sie zunächst von Triest nach Brindisi, dann nach Piräus und Rhodos, bis sie schließlich in Haifa ankamen. Um sein Touristenvisum in ein dauerhaftes zu ändern, schrieb er sich pro forma an der Hebräischen Universität in Jerusalem ein und schlug sich zunächst als Tagelöhner auf den Orangenplantagen im Dorf Nes Ziona durch. Unterstützt durch einen wohlhabenden Verwandten in Amerika konnten Richard und Olga Neurath ein „Kapitalisten“-Zertifikat erwerben, welches ihnen im September 1939 auf legalem Wege die Einreise in Palästina ermöglichte. *Wir haben einen Bankier als Cousin gehabt. Er konnte nach New York flüchten und Geld rausbringen. Ein befreundeter Bankier hat in Palästina ein Konto auf den Namen meiner Eltern eröffnet, wodurch wir nachweisen konnten, dass wir über 1.200 Pfund verfügen. Das war die Basis für das Zertifikat. Ich bin vorher schon von Italien mit einem Touristenvisum hergekommen. Weil ich zusammen mit diesem Verwandten, der in Udine war, ein Geschäft und einen ständigen Wohnsitz in Italien hatte, konnte ich für Palästina ein Visum für Geschäftsreisende bekommen. Wir sind geflogen, denn eine Schiffskarte, die viel teurer war, musste man mit Devisen zahlen, die Flugkarten aber in Lire. Die Flugzeuge waren so 14-sitzige Hydroplan. Hier gab es ja keinen Flughafen, also ist man mit dem Wasserflugzeug im Hafen von Haifa angekommen. Diese Wasserflugzeuge konnten auch nicht weit fliegen, das ist gegangen von Triest nach Brindisi, von Brindisi nach Athen. In Athen hat man übernachtet, dann ist man von Athen nach Rhodos und von Rhodos nach Haifa.*

Lothar arbeitete in den folgenden Jahren als Lastwagen- und Taxifahrer, ging vorübergehend zum britischen Militär und war dann als Touristenführer tätig. Nach

Vermögensverkehrsstelle im Ministerium für Wirtschaft und Arbeit

Zweigstelle Graz

Graz, 7.12.1938
I., Schmiedgasse 34

Herrn
Richard N e u r a t h ,
in G r a z

Humboldstrasse 26.

Fernruf 33-41

Abt.: Kassa
Zeichen: Pr/sch
Nr.:
Blg.:

Betrifft: Reichsfluchtsteuer.

Bezug:

Ich teile Ihnen mit,daß ich heute durch die Österr. Creditanstalt-Wr.Bankverein Graz an die Steueradministration Wien,die vorgeschriebene Reichsfluchtsteuer im Betrage von RM 29.231.-,wörtlich zwanzigundneuntausendzweihundertdreißigundeins Reichsmark überwiesen habe.

Beiliegend übermittle ich die bezügliche Vorschreibung zu Ihrer weiteren Gebrauchnahme.

Brandner.

Beilage: 1 Reichsfluchtsteuerbescheid.

Reichsfluchtsteuerbescheid von Richard Neurath, 7. Dezember 1938 einigen Fahrten mit englischen Soldaten und Krankenschwestern legte er nach der Staatsgründung eine offizielle Prüfung als Fremdenführer ab, wobei ihm insbesondere seine Sprachkenntnisse im Deutschen, Englischen, Italienischen und Französischen zugute kamen.

1948 heiratete er die deutsche Immigrantin Ester Neufeld (geb. 1921), deren Vater Rabbiner und Historiker war. Aus der Ehe gingen zwei Kinder hervor. Anlässlich der Eröffnung der Fluglinie Wien – Tel Aviv wurde Lothar Neurath von der AUA (Austrian Airlines) als Reiseleiter des ersten Fluges eingeladen und kehrte dadurch bereits in den 1950er Jahren das erste Mal nach Österreich zurück. Mit seiner Familie reiste er 1974 auch nach Graz, danach folgten sie den Einladungen der Stadt in den Jahren 1992 und 2000. Auf die Idee, Israel wieder zu verlassen, wäre er *überhaupt nie gekommen. Ich hab meine Kinder und Enkel da und kann mir nicht vorstellen, dass ich mich wo anders Zuhause fühle. Wenn ich nach Österreich komme, bin ich ein Tourist und nicht in der Heimat. Unsere Heimat ist Israel. Österreich hab ich geliebt, absolut. Zwei Seelen wohnen in meiner Brust. Ich habe das Land geliebt, aber das Land hat mich nicht geliebt, so kann man sagen, es war vielleicht eine enttäuschte Liebe. Die haben mich rausgeschmissen. Einmal genügt.*

Lothar Neurath ist 2006 in Israel verstorben.

Ich war nicht gerade glücklich, aber freute mich doch, das Land verlassen zu können.

Eric Newman

Als zweites Kind von Oskar und Julia Neumann, geb. Welisch wurde Erich Neumann am 30. Dezember 1924 in Graz geboren.[71] Gemeinsam mit seinen Eltern und seiner 1922 geborenen Schwester Hedwig Charlotte wohnte er in der Annenstraße, wo seine Großeltern ein Bekleidungsgeschäft besaßen. Den antisemitischen Anfeindungen seiner Mitschüler, denen er im Oeversee-Gymnasium ausgesetzt war, erwehrte er sich mehrmals mit Prügeleicn. Die Mitgliedschaft im Sportverein *Hakoah* und im Jugendbund *Betar* führte er weniger auf Sympathien für die zionistische Bewegung, als vielmehr auf das gesellige Programm der Vereinigungen zurück.

Eric Newman beim Interview in London, 1997

Aufgrund der im Wachsen begriffenen Judenfeindlichkeit und der als Bedrohung empfundenen Vorgänge in Deutschland hatten die Neumanns noch vor 1938 eine Auswanderung nach Südamerika in Erwägung gezogen. *In der Firma hatte mein Va-*

ter jemanden kennen gelernt, der irgendwann im Jahr 1936 über Nacht verschwunden war. Er war nach Südamerika ausgewandert und schrieb meinem Vater immer wieder, Hitler würde nach Österreich kommen, er solle das Land verlassen und nach Südamerika emigrieren. Schließlich bereiteten wir uns für eine Auswanderung nach Paraguay vor, wir kauften Kochsachen und andere Dinge, aber letztendlich ist nichts daraus geworden. Bevor wir unsere Visa erhalten haben, ist die „Kristallnacht" gekommen.

Die Emigrationsvorbereitungen scheiterten infolge des politischen Umbruchs und der Inhaftierung des Vaters im November 1938. Nach seiner Freilassung aus dem Konzentrationslager Dachau mussten sie nach Wien übersiedeln, wo sich die Familie vorübergehend trennte: Während Erich und Julia nach England und Hedwig nach Jugoslawien und später in die Schweiz fliehen konnte, gelangte Oskar nur nach Belgien, wo sich seine Spuren verloren. Über das genaue Schicksal seines im Holocaust ermordeten Vaters konnte Erich nie etwas in Erfahrung bringen.[72]

Erich Neumann war unter jenen Grazer jüdischen Kindern, die mit so genannten „Kindertransporten" nach England auswandern konnten. Mithilfe ausländischer Hilfsorganisationen gelangten mehrere steirische Jugendliche auch nach Schweden, Holland und Frankreich. Seine Gefühle am Abend der Abreise des „Kindertransports" beschrieb der zum Zeitpunkt der Auswanderung im Jänner 1939 14-jährige Erich als positiv aufgeregt. Zahlreiche Reiseeindrücke sind ihm in Erinnerung geblieben: *Ich war nicht gerade glücklich, aber freute mich doch, das Land verlassen zu können. Je früher, desto besser, dachte ich mir. Kein Gefühl des Bedauerns oder was auch immer. Aufgeregt sah ich der langen Zugreise entgegen. Ich war noch nie in Deutschland oder anderswo gewesen und Zugreisen habe ich immer gemocht. Ich glaube, der Großteil der Kinder war trotzdem etwas ängstlich, also haben wir gesungen. Ich erinnere mich nicht, überhaupt geschlafen zu haben, die meiste Zeit habe ich aus dem Fenster gesehen und mir die Städte eingeprägt, die wir durchfahren haben. München, Frankfurt, bis wir schließlich die holländische Grenze passierten. Das war ein Erlebnis, das ich nie vergessen werde. All die Frauen sind mit Schokoladen und anderen Süßigkeiten gekommen, jedes Kind hat ein Päckchen mit Kuchen usw. bekommen und es war ein richtiges Nach-Hause-Kommen. Wir sind in Jubel ausgebrochen, weil wir Deutschland endlich verlassen hatten und frei waren. Wir haben uns befreit und glücklich gefühlt.*

Zunächst in einem Kindercamp untergebracht, fand Erich, der sich seit seiner Einwanderung Eric Newman nannte, eine Anstellung auf einer Farm, war nach dem Krieg einige Zeit mit dem britischen Militär in der *Civil Censorship Divison* in Deutschland, kehrte dann wieder nach England zurück und arbeitete in einer Papierfabrik. In den 1950er Jahren heiratete er und bekam zwei Kinder.

Abscheu und Empörung muss ich noch heute überwinden, wenn ich zurück nach Österreich komme.

Trude Philippsohn-Lang

Emma Trude Lang wurde 1915 als zweites Kind des Kaufmanns Fritz Lang (geb. 1886 in Wien) und der 1892 in Graz geborenen Elsa Stern geboren.[73] Elsas Vater war David Stern, der zwischen 1899 und 1921 Vizepräsident und von 1922 bis 1926 Präsident der Israelitischen Kultusgemeinde Graz war. Bereits 1912 kam Trudes Bruder, Hans Erich, auf die Welt. Trude Lang besuchte in Graz zunächst die Evangelische Volksschule am Kaiser-Josef-Platz und anschließend das Gymnasium, ehe sie an der Universität Graz Geschichte studierte. Über ihre Volksschulzeit berichtete sie: *Es kommt mir heute erstaunlich vor, dass wir in die Evangelische Volksschule gingen, was wahrscheinlich meinem Großvater, der Präses der Jüdischen Gemeinde war, nicht zusagte, denn die Gemeinde hatte eine gute Volksschule. Aber man war der Meinung, dass das Deutsch dort nicht so rein gesprochen wurde, wie es mein Vater für richtig hielt.*

Als letzte Jüdin promovierte sie im Sommer 1938 am Historischen Seminar an der Universität Graz. *Wie ich die einsame Feindseligkeit zur Zeit meines Studiums an der Grazer Universität ertragen konnte, ist mir fraglich. Ich konnte mit niemandem reden. Nur wenn ich abends durch den Stadtpark nach Hause ging, sprach mich ein Kollege unter Deckung der Dunkelheit an, was noch beleidigender war. Wenn ich ins Historische Seminar kam, hatte ich immer das Gefühl, ein störendes Element zu sein. Konversationen und Tätigkeiten wurden scheinbar unterbrochen. Ganz anders war es in meiner Gymnasialzeit, in der ich auch in den letzten vier Jahren die einzige Jüdin war. Ich bin gerne dahin gegangen, wurde bestimmt durchaus fair behandelt und fand einen „modus vivendi" mit meinen Mitschülerinnen.*

Dass sie ihren Vater im November 1938 vor der Deportation nach Dachau schützen konnte, führte sie nicht zuletzt auf ihren Doktortitel und auf die Sympathien eines

Gestapo-Beamten zurück: *Am 10. November wusste ich schon, was vor sich ging, weil zwei SS-Männer in das Schlafzimmer meiner Großeltern stürmten. Meine Eltern hatten gar nichts gehört und so weckte ich meinen Vater auf, um ihn zu warnen. Wir kamen zu dem Schluss, dass es am besten wäre, wenn er das Haus verließe. Als die SS-Männer kamen, um ihn zu holen, läutete das Telefon und ich stellte mich als „Doktor Lang" vor. Das schien einen der beiden zu beeindrucken und er begann ein Gespräch mit mir. Er hatte mich schon vorher gefragt, was ich denn machen würde und war erst ungläubig und dann betroffen, als ich ihm sagte, ich hätte schon ein Permit, um als Hausgehilfin nach England zu gehen. Ich fragte, was man mit den verhafteten Leuten vor hätte und er schlug ein Treffen vor. Ich hab nie viel Mut gehabt und kann es heute kaum verstehen, dass ich mich an diesem Abend nicht gefürchtet habe, außer Haus zu gehen. Die Synagoge war an diesem Tage gesprengt worden und auch am jüdischen Friedhof war irgendeine Sprengung vorgenommen worden, sodass man von beiden Seiten Detonationen hörte. Das Wetter war kalt und regnerisch und ebenso trostlos wie unsere Stimmung. Herr W. wartete auf mich, nicht mehr in Uniform mit einem Trenchcoat über den Stiefeln. Er sagte mir, dass am nächsten Tag die Leute vom Paulustor nach Dachau gebracht würden und dass er bereit sei, meinen Vater nicht mitzuschicken. Er hatte noch nie Kontakt mit Juden gehabt und war von allem sehr betroffen gewesen. Er sprach von seinem freudlosen Dasein, einer kleinen Anstellung bei der Polizei am Rande der Entlassung und einem zerrütteten Familienleben. Uniform, Stiefel und Gestapo waren für ihn der einzige Weg zu einer gewissen Bedeutung in seinem Leben. Ich konnte ihn verstehen. In den nächsten Wochen bis zu meiner Abreise hielt er mit mir Kontakt und verständigte mich, wenn wieder Gefahr für meinen Vater drohte.*

Trude Lang erhielt über einen Geschäftsfreund ihres Vaters und Großvaters in London eine Dienstmädchengenehmigung, mit der es ihr Ende 1938 gelang, nach England zu emigrieren. *Ich war nicht nur ganz unbewandert, sondern auch etwas ungeschickt und hatte gar keine Hoffnung, dass ich in die Mysterien der Hausarbeit eindringen und meine Arbeitgeber befriedigen könnte. Zu Hause war meine ganze Zeit ausgefüllt gewesen mit meinem Studium und gleichzeitiger Beschäftigung im Büro meines Vaters und Großvaters. Wir hatten eine sehr liebe und außerordentlich tüchtige Köchin, die, als ich sie einmal bat, mir etwas zu zeigen, erklärte, ich hielte den Kochlöffel wie eine Füllfeder.*

Als Haushaltsgehilfin arbeitete Trude Lang zunächst in Newcastle-on-Tyne und ging – *als meinem Arbeitgeber endgültig die Geduld mit mir riss* – im August 1939 nach Hertfordshire, nördlich von London gelegen, wo sie über einen Kontakt aus Graz eine Anstellung bei einer wohlhabenden Familie fand und *so warm und freundlich aufgenommen wurde, dass ich ganz erleichtert und glücklich war. Wenn ich heute an diese Zeit zurückdenke, ist es mir klar, dass ich in der Routine des Hauses eine willkommene Flucht aus der Wirklichkeit fand: Frühstück mit anschließenden Gebet, ein Spaziergang in den*

Wäldern am Vormittag bis zum Essen um ein Uhr. Die einzige Aufgabe, die ich hatte, war, den Tee für vier Uhr vorzubereiten. Nachdem so viel Bibellesen in dem Hause betrieben wurde, begann ich auch, mich damit zu befassen, womit wohl die Zeit von Tee bis Abendessen ausgefüllt war. Die Lektüre der Times, die täglich ins Haus kam, war Mr. Piper vorbehalten, der zuweilen den Damen darüber berichtete. Von dieser Art Leben ließ ich mich so einschließen, dass die Wirklichkeit ausgeschlossen blieb. Zu der Zeit hatte ich gar keine Nachricht von meiner Familie. Ich wusste nur, dass meine Eltern in Vennes-sur-Lausanne eine begrenzte Zuflucht gefunden hatten. Hatte zunächst nur Trudes Vater Fritz Lang eine Einwanderungserlaubnis für Palästina und ihre Mutter eine Arbeitsgenehmigung für England, so gelang es ihnen im September doch gemeinsam über Italien nach Palästina zu fliehen, wohin auch ihr Bruder Hans gelangen konnte.

Mithilfe ihrer Unterkunftsgeberin meldete sich Trude Lang bei einer Agentur für Lehrerinnen an, die ihr eine Arbeit als Sprachlehrerin in einer Schule in Wales verschaffte. Sie unterrichtete Deutsch und Französisch und war auch für die Verpflegung der Schülerinnen und Schüler zuständig. Nach der Schließung der Schule hatte sie als „enemy alien" Schwierigkeiten, weitere Anstellungen zu finden, arbeitete wieder als Haushaltsgehilfin und fand schließlich einen Posten in einer Schule in Buckinghamshire.

Im Sommer 1946 fasste sie schließlich den Entschluss, zu ihrer Familie nach Palästina zu emigrieren. *Es war sehr schwer, ein Visum für Palästina zu bekommen. Meine Eltern und besonders mein Vater schrieben mir von dort, dass es dauernd Unruhen gäbe, die Lebensbedingungen schwer seien und ich doch versuchen sollte, erst ein Besuchervisum zu bekommen, um selbst zu entscheiden. Das war aber kaum zu bekommen, und ich hatte auch Angst, einen Teil meiner Ersparnisse für eine Reise zu riskieren.*

Über eine Arbeitsagentur erhielt sie eine Anstellung als Englischlehrerin und dadurch das erforderliche Visum, sodass sie im Herbst 1947 einwandern konnte. *Es war wunderbar, meine Familie wiederzusehen, aber niemand hatte richtig Platz für mich. Meine Eltern hatten eine Einzimmerwohnung, und mein Bruder wohnte mit Frau und Kind und einem anderen Ehepaar in einer Dreizimmerwohnung. So wurde ich denn in das kleine Wohnzimmer mit freundlicher Selbstverständlichkeit einquartiert. Alle waren froh, dass wir wieder beisammen waren, und meine Schwägerin, die ich vorher nicht gekannt hatte, war fest entschlossen, die Tatsache, dass ich enge Verhältnisse noch enger machte, zu übersehen und sich nur über die Wiedervereinigung der Familie zu freuen.*

Ähnlich wie in England war es für Trude Lang anfangs auch in Palästina nicht einfach, ihre Tätigkeit als Sprachlehrerin auszuüben. *Die Arbeit war so schwer, dass ich täglich verzweifelt von dem langen Weg zurückkam. Es war eine Volksschule außerhalb der Stadt, in der die Kinder eine Art Privatkrieg gegen die Mandatsregierung in der Weise führten, dass sie es ablehnten, Englisch zu lernen. Manchmal, wenn ich die Tür zu einer Klasse öffnete, brach eine Barrikade von Sesseln mit fürchterlichem Krach zusammen. Ich wollte mich nicht zu oft beim Direktor beschweren, weil ich wiederum einmal Bedenken hatte, unzulänglich zu erscheinen. Man war eigentlich recht freundlich zu mir und versicherte mir, es würde alles leichter werden, wenn ich die Sprache erlernt hätte. Ich bemühte mich, Hebräisch zu lernen, was mir gar nicht leicht fiel.*

Trude Lang heiratete 1948 den aus Dresden stammenden Kurt Philippsohn, ließ sich in Ramat-Gan nieder und arbeitete danach 30 Jahre lang in einem Gymnasium.

Nach Graz kehrte Trude Philippsohn-Lang erstmals in den frühen 1950er Jahren zurück, dann erst wieder im Jahr 1991 gemeinsam mit ihrer Familie, anlässlich ihrer Goldenen Promotion an der Universität Graz. Anschließend an die Aufzeichnungen zu den nationalsozialistischen Plünderungen im Jahr 1938 beschrieb sie in ihrem Erinnerungsbericht auch ihr Verhältnis zu Österreich: *Meine Empfindungen sind mir noch klar im Bewusstsein, auch wohl deshalb, weil sie geblieben sind: Abscheu und Empörung, die ich noch heute überwinden muss, wenn ich zurück nach Österreich komme. Es ist wohl die Landschaft, die mich so anzieht, aber der Kontakt mit den Menschen dort ist schmerzhaft. Ich weiß ja, dass die meisten, die uns damals gepeinigt haben, nicht mehr da sind, aber es gibt noch welche, die damals wahrscheinlich gleichgültig waren und heute nichts mehr wissen wollen. Und den jüngeren Generationen wird es wahrscheinlich leicht gemacht, unwissend zu bleiben.*

Die Entscheidung, nach Graz zurückzukehren, habe ich mir nicht leicht gemacht.

Otto Pollak

Otto Pollak wurde 1915 in Graz geboren und stammte väterlicherseits aus einer ursprünglich in Westungarn ansässigen, im Weinhandel tätigen Familie, die im späten 19. Jahrhundert nach Graz übersiedelt war und als einer der ersten jüdischen Familien das Niederlassungsrecht erhalten hatte.[74] Sein Vater Gustav Pollak arbeitete als Techniker bei der Post und kämpfte während des Ersten Weltkriegs an der russischen und italienischen Front, wofür er mehrfach ausgezeichnet wurde. Die Mutter Zora war im kroatischen Varazdin gebürtig, wo die Familie häufig die Sommermonate verbrachte.

Otto und Dolly Pollak

In seinen autobiographischen Erinnerungen beschreibt Otto Pollak die Entbehrungen der Jahre nach dem Ersten Weltkrieg: *Nach dem Krieg mangelte es an allem. Viele Leute waren arbeitslos, nur einige Profiteure hatten eine gute Zeit. Lebensmittel waren knapp und rationiert. Um Getreide, Salz, Zucker, Mehl, Hülsenfrüchte, Eier und Milch zu bekommen, gingen meine Mutter und das Dienstmädchen zu einer Verteilungsstelle am Kaiser-Josef-Platz. In der Moserhofgasse kauften wir zusätzlich bei einem Bauern illegal Milch, Butter und Eier. Wir lernten, genügsam zu leben. Der einzige Luxus, den ich als Kind kannte, war der Opernbesuch – freilich nur auf Stehplätzen.*

Gustav Pollak

Zora Pollak

Die jüdische Religion spielte für die Pollaks, die zunächst in der Klosterwiesgasse, dann am Rosenberggürtel wohnten, eine nicht unbedeutende Rolle. Die Synagoge wurde regelmäßig besucht. Gleich wie sein Vater schloss sich Otto Pollak mit Beginn seines Studiums der jüdischen Studentenverbindung *Charitas*[75] an. Seine Schwester Lotte war für knapp zwei Jahre auf der Technischen Universität in Mathematik und Chemie inskribiert.

Den Geschehnissen in Deutschland gegenüber wären sie *blind und taub* gewesen. *Wir glaubten die ganzen Geschichten einfach nicht und dachten an Gräuelpropaganda. Die Freunde meines Vaters, Kriegskameraden, sagten: „Gustl, dir und deiner Familie wird nichts passieren, weil wir euch beschützen.“ Das erste, was die Nazis machten, war die Entlassung sämtlicher höherer Angestellter und Beamter.* Auch Gustav Pollak verlor unmittelbar nach dem „Anschluss“ 1938 seinen Posten. Nach fast vier Monaten in „Schutzhaft“ in der Polizeistation am Paulustor begann für Otto Pollak die Suche nach einer Auswanderungsmöglichkeit, die Ende 1938 in Form eines illegalen Transport nach Palästina kam. *Wien hatten wir nicht gleich verlassen, weil wir noch zwei, drei Tage auf „Gäste“ von Dachau warteten. Wir sind die Donau runter gesegelt, vorbei an Budapest, Belgrad, Braila und Galatz nach Sulina am Schwarzen Meer. Das Schiff gehörte der Donaudampfschifffahrtsgesellschaft und war stark überfüllt. Jeder hatte nur einen Rucksack und 10 Reichsmark. In Sulina bestiegen wir die „Cepo-Panama“, ein altes Wrack, auf dem im Spanischen Bürgerkrieg Munition transportiert worden war. Wie seetüchtig unser Schiff war, bewies der Untergang des Schiffs auf dem Rückweg.*

Die Schwester Lotte konnte gemeinsam mit ihrem Mann Peter Engelsmann (geb. 1913) nach Palästina fliehen. Die Eltern verblieben zunächst in Graz, mussten nach Erhalt des Ausweisungsbefehls im August 1939 nach Wien übersiedeln. Über das Schicksal seiner Eltern erfuhr Otto Pollak erst nach dem Krieg: Gustav Pollak kam im November 1942 in Theresienstadt um. Zora Pollak wurde 1944 in Auschwitz ermordet.

Otto Pollak hatte zu Beginn große Schwierigkeiten, sich in Palästina niederzulassen und überhaupt irgendeine Art von Beschäftigung zu finden. *Wir sind in der Nähe von Netanya in einer mondlosen Nacht gelandet. Umgeschifft auf ein kleineres Boot, haben wir uns der Küste angenähert, sind ins Wasser gesprungen und an Land gewatet. Mit Bussen sind wir zu unseren jeweiligen Endzielen gebracht worden. Meine Destination war das Heim von Mag. Bürger aus Graz, der ebenfalls in der Studentenverbindung „Charitas“ war und in der Yarkon Straße in Tel Aviv wohnte. Einige Tage bin ich bei ihm geblieben und dann gemeinsam mit Helmut Bader nach Ramataim, wo eine provisorische Bleibe für uns arrangiert war. Ich bekam ein Bett und eine Orangenkiste im Keller einer Villa einer netten, mir unbekannten Familie. Die Toiletten durfte ich allerdings nicht benützen, denn in der Familie waren zwei junge Mädchen und offenbar fürchteten sie, ich hätte eine ansteckende Krankheit.*

Nach ungefähr einer Woche bekam ich die Möglichkeit, zwei, drei Tage pro Woche zu arbeiten. Mein Freund Helmut bekam einen Job auf einer Hühnerfarm. An meinem ersten Arbeitstag wartete bereits ein Lastauto auf uns „Arbeiter“. In meiner Naivität fragte ich meinen Vorarbeiter, welche Arbeit es sein würde, was der Lohn und wie lange und zu welchen Bedingungen. Er sah mich ziemlich entgeistert an und sagte: „Otto, was freigste Klotzkasches?“

Nachdem er sich mit den unterschiedlichsten Arbeiten in verschiedenen Orten und Kibbuzim durchgeschlagen hatte, kehrte er 1948 zur Beendigung seines Medizinstudiums wieder nach Österreich zurück. *Die Entscheidung, nach Graz zurückzukehren und mein Studium abzuschließen, habe ich mir nicht leicht gemacht. Zehn Jahre davor musste ich fliehen, um mein Leben zu retten und meine Verwandten zurücklassen. Ich war mittlerweile 33 Jahre alt und ich wusste, dass ich meine Ausbildung nur in Graz beenden konnte – in Palästina war ich illegal, ich hatte kein Geld und beherrschte die Sprache nicht. Außerdem gab es damals nicht einmal eine Universität. Das „Heimkommen" nach Graz habe ich nur vage in Erinnerung. Traumatisch war es, die Häuser meiner Familie zu sehen, und auch die Oper und den Stadtpark mit all den Walnussbäumen. Ich konnte mich an jeden Weg, den ich mit meinen Eltern gegangen bin und jede Bank, auf der meine Großeltern gesessen sind, erinnern. Und nicht zuletzt: mein geliebter Schlossberg. Als Maturathema hatte ich das Thema „Meine Vaterstadt Graz" gewählt – um zu beweisen, wie sehr mir die Stadt am Herzen liegt.*

Es hat lange gedauert, bis ich es ablegte, in jedem zweiten Bürger einen möglichen Mörder zu sehen. Es war bei Gott nicht einfach, den dicken Wälzer nach zehn turbulenten Jahren noch einmal zu öffnen, die Stadt leer, mit fast keinen Freunden. Es war einfach schwierig.

Ein „Heimkommen" war es für ihn allein deshalb nicht, weil er erneut Antisemitismuserfahrungen machen musste. *Während meiner Tätigkeit auf der Abteilung für Innere Medizin haben wir für einige Tage einen Grazer Arzt zugeteilt bekommen, der eigentlich in einem anderen Krankenhaus arbeitete. Er wusste nicht, dass ich jüdisch war. Einer seiner Studienkollegen, der „Halbjude" Koren, kam auf unsere Abteilung zu Besuch. Nachdem sie längere Zeit ein freundschaftliches Gespräch geführt hatten und Kollege Koren aufgefordert worden war, doch den Besuch zu wiederholen, wandte sich der Kollege an die Frau unseres Abteilungsvorstandes und sagte: „Sehen Sie, das ist der ‚Saujud', von dem ich Ihnen gestern erzählt habe." Wir waren alle baff, das schlug ein wie eine Bombe. Und plötzlich war ich allein im Zimmer. Kurz darauf kam der Mann zurück und entschuldigte sich. Niemals hätte er so etwas gesagt, hätte er gewusst, dass ich jüdisch war. Meine Antwort war, dass ich nicht versuchen werde, ihn zu überzeugen, wenn ihn nicht 5 Millionen Opfer überzeugen konnten. Zumindest wusste ich nun, welchen Charakter er hatte.*

Zwei Jahre später schloss Otto Pollak sein Medizinstudium ab und entschied sich 1953 für eine dauerhafte Niederlassung in Palästina. Bis zu seiner Pensionierung im Jahr 1993 war er in Tel Aviv als Chirurg tätig. Mit seiner Frau Dolly, die er 1955 heiratete, hat er eine Tochter – Orna.

Tief im Herzen schlummert das Leoben meiner Kindheit und die grüne Steiermark …

Gideon Röhr

Irene Weinberger (geb. 1888) stammte aus dem mährischen Podivin (Kostel), wo sie gemeinsam mit ihren sieben Geschwistern und ihren Eltern, die eine Landwirtschaft führten, lebte.[76] Aus beruflichen Gründen übersiedelten mehrere Geschwister kurz nach der Jahrhundertwende in die Steiermark.[77] In Leoben lernte sie den 1884 geborenen Ludwig Röhr kennen, 1912 heirateten sie. In den folgenden Jahren kamen die Söhne Fritz (1914), Karl (1916) und Hans (1921), der sich später Gideon nannte, zur Welt.

Gideon Röhr bei der Enthüllung der Gedenktafel für das jüdische Bethaus in Leoben, 2004

Ehepaar Röhr 1913 in Leoben

Durch die religiöse Erziehung der Mutter wurden im Hause der Röhrs gewisse jüdische Traditionen eingehalten. Gelegentlich wurde das Bethaus aufgesucht, eine eigene Synagoge gab es in Leoben nicht. Während Hans und seine Brüder nach seinen eigenen Angaben zur jüdischen Religion keine Beziehung hatten, wurden ihnen aber nationaljüdische Ideen relativ früh vermittelt. Ludwig Röhr gab seine Begeisterung für den Zionismus an seine Söhne weiter, die sich dem Jugendbund *Betar* in Leoben und später in Graz anschlossen. *Der Vater war ein begeisterter Zionist. Er war sehr beeindruckt vom Zionistenkongress in Basel, wo er als junger Bursch dabei war. Da hat sein Zionismus begonnen und den hat er auch auf mich übertragen. Er hat mir viel von der jüdischen Geschichte, von der zionistischen Idee mitgegeben. Das hat man sehr gerne aufgesaugt als junger Mensch. Palästina wurde damals groß geschrieben. Man hat gar nicht empfunden, wie fremd das im Grunde gewesen ist.*

Im Interview beschrieb Hans Röhr seine Geburtsstadt als äußerst antisemitisch. Die Judenfeindlichkeit zeigte sich vor allem in der Wirtschaft und im Gymnasium, in dem er als einer der wenigen Juden relativ isoliert war. Auch wusste er über einen konkreten Vorfall zu berichten: *An einem Septembertag 1927, nach der ersten Religionsstunde in der ersten Klasse Volksschule, von der ich als Jude ausgeschlossen war, beschimpften mich die Kinder und schlugen auf mich ein. „Ihr Juden habt unseren Jesus umgebracht". Völlig überrumpelt und erschreckt, suchte ich Schutz beim Lehrer. Dieser erklärte den*

Kindern, dass es für mich schon Strafe genug sei, diesem Volke anzugehören, dass ich aber nicht außerdem noch persönlich am Jesusmord Schuld trage. Dieser „Schutz“ war für mich schlimmer als die Angriffe der aufgebrachten Kinderschar. Bald musste ich einsehen, dass Freundschaften zu gleichaltrigen Kindern nicht möglich waren, da sie fast immer von Eltern oder Lehrern unterbunden wurden. Der Umgang mit anderen Kindern war daher auf die ganz wenigen jüdischen Kinder Leobens beschränkt.

Auch wenn Irene Röhr dem Zionismus immer ferner stand als die übrigen Familienmitglieder, war sie diejenige, die zu Beginn der 1930er Jahre darauf drängte, Teile des Vermögens, das sie sich mit dem Schuhgeschäft in der Timmersdorfergasse geschaffen hatten, in ein Grundstück in Palästina zu investieren. 1934 erwarben sie Grund und Haus am Mount Carmel in Haifa, der Zeitpunkt der Alijah, der Einwanderung nach Palästina, blieb nichtsdestotrotz unfixiert. *Meine Mutter hat Palästina zum ersten Mal 1934 zusammen mit ihrer Schwester besucht und bei dieser Gelegenheit auch ein Grundstück in Haifa erworben. Meine Eltern waren wohlsituiert. Von der Idee meiner Mutter, nach Palästina auszuwandern, war mein Vater, obwohl er Zionist war, nicht sehr begeistert. Er hat dem Ganzen irgendwie nicht getraut und immer gesagt: „Was soll das? In der Wüste soll man Geld investieren? Das hat doch keinen Sinn“. Meine Mutter hat gesagt: „Vergiss es, es ist meine Idee, mein Wunsch, ich möchte es machen!“ Und das war unsere Rettung bzw. die Rettung der Eltern, denn durch dieses Besitztum konnten wir Kinder damals, die wir illegal nach Palästina gekommen sind, ein so genanntes „Kapitalisten“-Zertifikat besorgen.*

Während die älteren Brüder Medizin und Technik in Graz studierten, war für Hans, der zunächst die Handelsschule in Bruck an der Mur besuchte und danach im Schuhgeschäft *Bally* in Wien arbeitete, die Übernahme des elterlichen Betriebes vorgesehen. Seine Leidenschaft galt aber der Musik, weshalb ihm bereits mit sieben Jahren Geigen-Unterricht ermöglicht wurde. Diese Ausbildung brachte ihn ans Konservatorium in Wien, wo er im März 1938 Zeuge des „Anschlusses“ wurde. Das Geschäft der Eltern wurde von einem kommissarischen Leiter „übernommen“ und anschließend „arisiert“ – durch den daraus erzielten, wenn auch geringen Erlös konnte zumindest ein „Kapitalisten“-Zertifikat für Palästina erworben und damit die Freilassung Ludwigs aus der KZ-Haft erwirkt werden. Der Versuch, mit dem verbliebenen Geld weiteren Verwandten die Ausreise zu ermöglichen, scheiterte am Widerstand der nationalsozialistischen Behörden.

Irene und Ludwig Röhr emigrierten im Frühjahr 1939. Noch davor konnten die drei Söhne mit verschiedenen illegalen Transporten nach Palästina auswandern. Hans war unter den rund 360, großteils aus Wien stammenden *Betar*-Mitgliedern, die Wien im Sommer 1938 im Rahmen des ersten von den „revisionistischen" Zionisten organisierten Transport verließen. *Die Zeit verging mit Vorbereitungen für den ungeduldig erwarteten Abgang des Transportes. Ein fertig gepackter Rucksack stand schon bereit, als am 8. Juni um 2 Uhr nachmittags endlich die ersehnte Mitteilung kam, dass wir uns am nächsten Tag am Wien-Ostbahnhof um 17.20 Uhr einfinden sollten. Geld und Wertsachen durften wir nicht mitnehmen, nur drei internationale Antwortscheine waren erlaubt, die ich schnell auf der Post besorgte. Endlich sollte dieser Albtraum zu Ende gehen und der große Traum von Palästina verwirklicht werden. An Schlaf war in dieser Nacht wohl nicht zu denken. Die Erregung über das bevorstehende Abenteuer war zu groß. Aber auch ernste und traurige Gedanken drängten sich auf. Wann und wo werde ich meine Eltern, Verwandten und Freunde wiedersehen? Und die treuen nichtjüdischen Menschen, die uns unter Gefährdung der eigenen Sicherheit Solidarität und Mitgefühl erwiesen hatten? Werde ich jemals wieder auf der Mugel die Wiesen mit blauem Enzian, am Krumpensee den glühenden Almrausch bewundern dürfen? Werde ich für immer die vertraute heimatliche Natur, die nicht meine Heimat sein durfte, verlassen müssen? Trotz meines jüdischen Selbstbewusstseins, meiner Sehnsucht nach Erez Israel war meine Bindung an die Stätten meiner Geburt stärker als ich jemals zuvor geahnt hatte. Vereinfacht ausgedrückt fühlte ich mich als zionistischer „Steirabua". Wie würde ich jemals mit all diesen Gefühlen zurechtkommen? Aber die erwartungsvolle Spannung verdrängte diese wehmütigen Gedanken. Mit jugendlichem Eifer und voller Zuversicht sah ich diesem heraufdämmernden 9. Juni entgegen. Der Transport umfasste 360 Teilnehmer im Alter von 15 bis 30 Jahren, davon vier aus Leoben. Die ersten Schwierigkeiten traten auch wirklich schon beim Grenzübergang in Spielfeld auf, wo ein Teil der Teilnehmer zurückgehalten wurde. Den Grund haben wir nie erfahren. Erst nach zähen und schwierigen Verhandlungen und nach einer äußerst strengen Grenzkontrolle, wobei jegliche Gegenstände wie Ringe, Uhren und Armbänder rücksichtslos beschlagnahmt wurden, durften wir am nächsten Tag die Weiterreise durch die Balkanländer in plombierten Waggons antreten. Nach kurzem Aufenthalt in Griechenland wurden wir auf drei ausgediente Fischkutter eingeschifft, deren Besatzung sich nicht mit Fischerei, sondern mit Menschen- und Waffenschmuggel beschäftigte. Nach zehntägiger Reise ohne richtige Verpflegung und unter miserablen sanitären Verhältnissen wurden wir auf offener See auf einen der Fischkutter umgebootet und so zusammengepfercht dauerte es noch Tage, bis wir die palästinensische Küste erreichten. Die Ausbootung geschah in der Dunkelheit, um nicht von britischen Polizeipatrouillenbooten entdeckt zu werden. Von der Küste aus wurden Lichtsignale gegeben, auf Grund derer Rettungsboote flott gemacht wurden, die uns in die Nähe des Strandes brachten. Den Rucksack am Rücken, meine Geige in der erhobenen rechten Hand, sprang ich aus dem Boot und kämpfte mich durch die Brandung an Land.*

Nach seiner Ankunft arbeitete Hans, der sich fortan Gideon nannte, zunächst auf einer Orangenplantage und übersiedelte dann nach Jerusalem, wo er ein Stipendium für das Konservatorium erhielt. Sein Talent als Violinist bescherte ihm im Laufe der Jahre Auftritte in ganz Israel, u.a. im *Israel Quartett* und im *Jerusalem Broadcasting Orchestra*. 1942 heiratete er seine erste Frau, die er am Konservatorium kennen gelernt hatte. Seine Eltern führten mit den Verwandten Josef und Charlotte Strasser, die mit zahlreichen anderen steirischen Jüdinnen und Juden an Bord des illegalen „Lisl"-Transports nach Palästina gelangt waren, eine Wäscherei in Haifa.

Ehepaar Röhr 1963 in Haifa

Dem beständigen Wunsch, nach Europa zurückzukehren, folgte 1956 die Übersiedelung Gideon Röhrs nach Schweden, wo er sich mit seiner zweiten Frau Margarethe niederließ. Eine dauerhafte Rückkehr nach Österreich, das er zwar immer wieder besuchte, war für ihn ausgeschlossen. *Es war sehr dramatisch eigentlich. Ich hab eigentlich immer von Österreich geträumt. Ich konnte das nie loswerden, besonders Leoben nicht und die Umgebung und die Berge und Wiesen und das war alles sehr beeindruckend für mich. Dann plötzlich die Möglichkeit, einen Besuch zu machen nach soundsovielen Jahren. Mit meiner zweiten Frau bin ich nach Österreich gefahren und es war überwältigend, dieses Land wiederzusehen, dieses Grün, diese Vegetation, diese Wälder, das alles, was es in Palästina nicht gab, oder nicht in der Form, jedenfalls in einer ganz anderen Art. Und auf der anderen Seite dann der Kontakt mit den Menschen, der eigentlich ziemlich enttäuschend war. Also Menschen, die man gekannt hat von früher, wo man versucht hat, wieder einen gewissen Kontakt aufzunehmen. Die Menschen haben wahrscheinlich ein furchtbar schlechtes Gewissen gehabt. Sie haben es vermieden, über den Holocaust zu sprechen, vermieden, auch überhaupt über Menschen zu sprechen, die verschwunden sind, die nicht mehr da waren. Aber immerhin die Landschaft und die Gegend waren da und haben enorm auf mich Eindruck gemacht. Aber je länger es gedauert hat, umso mehr wurde es zur Kulisse, weil der Inhalt, also die Menschen gefehlt hat.*

Gideon Röhr verstarb 2006 in Schweden. Mit allen drei Ländern, in denen er sich längere Zeit aufgehalten hat, assoziierte er eine andere Form von Heimat: *Es gibt drei Heimaten für mich: eine ideologische, eine praktische und eine gefühlsmäßige. Die ideologische ist Israel, die praktische ist Schweden und die gefühlsmäßige ist Österreich. Ich war in Israel zu Hause, ich hab Israel akzeptiert. Ich habe mich nicht immer wohl gefühlt. Ich konnte mich nicht richtig identifizieren mit dem Land, aber ich hab's versucht und ich habe mich auch immer zugehörig gefühlt und wollte auch immer wieder dort leben. Besonders meine musikalische Wirksamkeit war dort viel befriedigender als in Schweden. Man hat mich viel mehr anerkannt als in Schweden und ich hab' mich musikalisch wohler gefühlt, mehr verstanden gefühlt. Aber auf der anderen Seite war mir die Mentalität in Israel immer fremd geblieben. Ich konnte mit der Mentalität nicht richtig umgehen. Die Jeckes*[78] *dort waren ja nur eine kleine Minorität. Wer den Ton angegeben hat, war eigentlich der Orient. Ideologisch werde ich mich immer Israel zugehörig fühlen. In der Realität lebe ich schon die längste Zeit meines Lebens in Schweden. Ein Land, das mich gastfreundlich aufnahm, dessen Bürgerschaft ich verliehen bekam und wo ich mein Zuhause habe. Aber tief im Herzen schlummern das Leoben meiner Kindheit und die grüne Steiermark. Eine unglückliche Liebe, die wohl immer eine solche bleiben wird!*

Nie im Leben geh ich wieder von hier weg. Hier wird uns nichts mehr passieren.

Ruth Rosowsky und Sylvia Shamai

Elisabeth Benedikt wurde 1908 Eisenstadt geboren, wo ihr aus Litauen stammender Großvater Josef Benedikt eine Ausbildung zum Kantor absolviert hatte und in der jüdischen Gemeinde von Eisenstadt arbeitete.[79] Nachdem ihm ein Posten in der Israelitischen Kultusgemeinde Graz angeboten wurde, übersiedelten die Benedikts in die Steiermark.

Die Familie des 1901 im galizischen Stanislaw geborenen Samuel Schkolnik kam kurz nach dem Ersten Weltkrieg ebenfalls nach Graz. Elisabeth Benedikt und Samuel Schkolnik heirateten 1928; 1934 und 1937 kamen die Töchter Ruth und Sylvia zur Welt. Ihre Wohnung hatten sie zunächst in der Pestalozzistraße, danach in der Rechbauerstraße. Neben der Arbeit im Familienbetrieb *Schkolnik & Sohn*, einem Textil- und Schuhfachgeschäft, das auch außerhalb Graz Niederlassungen hatte, widmeten sich Elisabeth und Samuel Schkolnik häufig ihrer Lieblingsbeschäftigung – beide gehörten dem jüdischen Gesangsverein an und sangen regelmäßig in der Synagoge. *Mein Großvater mütterlicherseits war der Kantor der Grazer Synagoge und er war auch für die Beschneidung zuständig. Meine ganze Familie hat im Tempel gesungen. Es gab eine sehr schöne Orgel. Musik hat in meiner Familie immer eine große Rolle gespielt.* Von den religiösen Traditionen, mit welchen sie aufgewachsen waren, hatten sie sich allmählich distanziert. *Es gab immer Streit zwischen meinen Eltern, weil meine Mutter religiöser war. Mein Vater hat Speck gekauft, aber meine Mutter wollte ihn nicht im Haus haben. Er meinte, der Arzt habe es mir verschrieben, weil ich immer so dünn war. An Jom Kippur hat meine Mutter meinen Vater das Essen verboten. Als meine Mutter eingeschlafen ist, hat er aber heimlich in der Küche gegessen – da gab's ein Geschrei!*

Als überzeugte Zionisten gehörten sie mehreren Vereinen an. Die Großeltern väterlicherseits hatten während der 1930er Jahre sogar vorübergehend eine Übersiedelung nach Palästina in Betracht gezogen. *Mein Großvater hat seine Frau Anfang der 1930er Jahre nach Palästina geschickt. Sie sollte sich anschauen, wie das Leben da ist und vielleicht ein Haus oder Boden kaufen. Und sie war sehr enttäuscht, sie ist zurückgekommen und hat gesagt: „Ach! Das ist doch eine Wüste! Da kann man überhaupt nicht leben." Sie haben in Graz gut gelebt, das Geschäft ist gut gegangen und deshalb sind sie hier geblieben.*

Die Geschehnisse des Novemberpogroms sind Ruth Rosowsky in Erinnerung geblieben: *Ich kann mich nur erinnern, dass ich Angst hatte. Ich habe nicht verstanden, warum die Synagoge brennt. Das habe ich nicht mitbekommen oder nicht in Erinnerung, aber dass ich Angst hatte, weiß ich. Dann hat man alle jüdischen Männer mit einem Transport nach Dachau geschickt. Auch meinen Großvater und seine Brüder. Mein Vater hat sich in der Toilette versteckt und ist erst raus gekommen, als er gehört hat, dass die Lastautos weg sind. Dann haben sie angefangen, ihn zu schlagen und ihn gefragt, wo er gewesen sei. Er hat gesagt: „Ich habe so einen Durchfall gehabt, ich habe nicht können." So ist er nicht nach Dachau gekommen, aber im Gefängnis am Paulustor geblieben.*

Durch ein Zertifikat für Palästina erwirkte die Familie die Befreiung von Samuel Schkolnik und wanderte im Dezember 1938 über Italien aus. *Das einzige Zertifikat für Palästina, das für einen gewissen Zeitraum für Graz vorgesehen war, haben meine Eltern bekommen. Wir waren eine der wenigen Familien, die legal nach Palästina sind. Durch das Zertifikat ist unser Vater auch frei gekommen. Meine Eltern haben noch Teppiche, einen großen Flügel und Möbel nach Palästina schicken können. Geld war nicht mehr viel geblieben, aber zumindest etwas haben sie noch mitnehmen können. Dann sind wir mit dem Zug nach Triest gefahren und wie wir über die Grenze sind, hat meine Mutter geweint, uns umarmt und geküsst und gesagt: „Gott sei Dank! Wir sind raus!"*

Die ersten Wochen in Palästina kamen sie bei Verwandten in Kfar Saba unter, die bereits einige Jahre zuvor aus Litauen eingewandert waren, und arbeiteten auf Orangenplantagen. Im Laufe der Jahre konnten sie sich wieder ein großes Textilgeschäft in Tel Aviv aufbauen und verbrachten viel Zeit im israelischen Kammerchor, den sie mitbegründet hatten. Ruth und Sylvia absolvierten die gesamte Schullaufbahn bereits im Hebräischen und hatten – so Ruth Rosowsky – anfangs große Schwierigkeiten. *Es war nicht leicht, ich konnte mit den anderen Kindern nicht sprechen, weil ich die Sprache nicht verstand. Ich habe auch in der Schule am Anfang nur Bahnhof verstanden, erst in der dritten Klasse war es dann leichter für mich. Für meine Schwester war es viel leichter, sie war ja kleiner.* Vor allem die berufliche Integration der Einwanderinnen und Einwanderer hing vom raschen Spracherwerb ab. *Viele Leute konnten bis an ihr Lebensende nicht Hebräisch sprechen. Das führte dazu, dass Deutsche und Österreicher nur untereinander verkehrt haben – vor allem Frauen, die nicht arbeiteten. Männer mussten die Sprache eher lernen. Als wir nach Tel Aviv zogen, fing mein Vater an, mit Textilien von Haus zu Haus gehen. Er war sehr fleißig und hat immer schwer gearbeitet. Damals gab es auch schon eine bescheidene Oper. Meine Eltern sangen im Chor und verdienten sich so etwas dazu.*

Bis zu ihrer im Jahr 1956 erfolgten Hochzeit mit einem deutschen Immigranten, der 1933 als Zweijähriger mit seiner Familie ins Land gekommen war, arbeitete Ruth als Bibliothekarin beim Militär. Sylvia studierte Musik und ist bis heute als Musiklehrerin tätig. An den Veranstaltungen des *Clubs der Altösterreicher* in Tel Aviv nehmen Ruth Rosowsky und Sylvia Shamai regelmäßig teil und sind dadurch mit anderen Emigrantinnen und Emigranten in Kontakt.

Österreich haben alle Familienmitglieder mehrmals besucht, die Eltern allerdings nur, um Verwandte zu treffen. Der Posten ihres Mannes in einer internationalen Versicherungsfirma führte Ruth Rosowsky auch einige Male nach Graz. Außerdem folgten sie den beiden Einladungen der Grazer Stadtregierung.

Mehrere Verwandte väterlicherseits wurden Opfer des Holocaust. Jene, denen die Flucht aus dem Deutschen Reich gelungen war, ließen sich zum Teil ebenfalls in Palästina nieder, teilweise emigrierten sie in die USA. Für die Schkolniks ist eine weitere Emigration nach dem Krieg nie in Frage gekommen. *Meine Großeltern mütterlicherseits haben in Amerika gelebt und nach ein paar Jahren, als wir schon in Israel waren, sind meine Mutter und Ruth nach Amerika auf Besuch gefahren. Und die Großeltern wollten so gern, dass wir dorthin übersiedeln. Es ist ihnen sehr gut dort gegangen und in Israel war ein viel schwereres Leben, aber sie hat gesagt: „Nie im Leben geh ich wieder von hier weg. Hier lebe ich unter Juden und hier wird uns nichts mehr passieren." Viele sind doch wieder zurück gefahren, aber sie wollte nichts mehr davon hören.*

Harald Salzmann

Doch sie kam – die Wunderaktion. Ein bemerkenswerter Auslandsbrief, die längst fällige Fügung des Himmels!

Harald Salzmann

Harald Salzmann wurde 1921 in Graz geboren.[80] Sein Vater Simon (Simche Chaim) Salzmann (geb. 1882) stammte aus Czernowitz und kam während des Ersten Weltkriegs in die steirische Landeshauptstadt, wo er Elsa, die 1887 geborene Tochter des Grazer Kaufmanns Samuel Freudmann kennen lernte und heiratete. Gemeinsam mit einem Geschäftspartner führte Simon Salzmann einen gut gehenden Malerbetrieb und besaß eine Wohnung am Griesplatz. Später erwarb er außerdem eine Villa in Wetzelsdorf.

Maler- und Anstreicherarbeiten
sowie die neuesten Spritzmuster sind eingelangt!
Alle modernsten Zimmermalerarbeiten sowie alle Arten Anstreicher- und Emailarbeiten für Bau und für Möbel von der einfachsten bis zur feinsten Ausführung übernehmen,
in Berücksichtigung der derzeitigen wirtschaftl. Verhältnisse zu billigsten Preisen
SIMON SALZMANN Anstreicher u. Lackierer Griesplatz Nr. 4
GRAZ Tel. Nr. 70-47
FRANZ SCHEIT Wwe. Maler und Anstreicher Ägydigasse Nr. 20

Geschäftsanzeige des Betriebs von Simon Salzmann in den Mitteilungen der Israelitischen Kultusgemeinde Graz

Harald Salzmann besuchte die jüdische Volksschule, dann ein Jahr die Pestalozzi-Realschule und schließlich die Kepler-Realschule, wo er als einer der wenigen jüdischen Schüler den antisemitischen Anfeindungen seiner Mitschülerinnen und Mitschüler ausgesetzt war. 1936 ging er bei seinem Vater in die Lehre und absolvierte die Fachliche Fortbildungsschule in Graz-Münzgraben. Auch der beruflich erfolgreiche Simon

Salzmann bekam die Judenfeindlichkeit in den 1930er Jahren zu spüren, sodass eine Auswanderung nach Palästina noch vor 1938 ernsthaft in Betracht gezogen worden war.

Ein von Harald Salzmann in den 1980er Jahren verfasster Erinnerungsbericht enthält genaue Aufzeichnungen zu den direkt nach dem „Anschluss" eingesetzten nationalsozialistischen Verfolgungsmaßnahmen. *Es wird nicht lange nach dem 13. März 1938 gewesen sein, da kamen zwei junge Burschen, nach Sturmläuten, bewaffnet und mit Hakenkreuzarmbinden, wahrscheinlich zwei SA-Leute, zu uns. Unter dem Vorwand, nach kommunistischen Schriften zu suchen, machten sie in unserer Drei-Zimmerwohnung am Griesplatz 4/III eine Hausdurchsuchung. Natürlich gab es nichts Kommunistisches bei uns. Aber meine kleine Schüler-Bibliothek hatten sie bald entdeckt, so beschlagnahmten sie einige jüdische Bücher. Den Wäscheschrank meiner Mama räumten sie völlig aus, warfen alles auf einen großen Haufen und riefen dabei: „Aha, die Jüdin trägt Seidenwäsche!"*

Der familiäre Betrieb wurde im Herbst 1938 unter „kommissarische Verwaltung" gestellt und sämtliche Konten gesperrt. Wie der Großteil der Grazer Juden wurde auch Simon Salzmann im November verhaftet. *In der Nacht vom 9. auf den 10. November 1938 wurde unsere große Synagoge am Grieskai, 1892 unter Kaiser Franz Joseph I. eingeweiht, von Grazer Nazis, SA und SS, angezündet und dann zerstört. Da wir nicht weit entfernt wohnten, sah ich, damals 17-jährig, den Nachthimmel rot leuchten. Gleichzeitig wurde am jüdischen Friedhof, bei der Don-Bosco-Kirche gelegen, die Zeremonienhalle in Brand gesteckt und eingeäschert. Am nächsten Morgen, dem 10. November, läutete es Sturm, ein Polizist, bereits in deutscher Schupo-Uniform, verhaftete meinen Vater, der nur ein paar Waschsachen einpacken durfte, und nahm ihn auf die Polizeidirektion Paulustorgasse mit. Ich selbst hatte noch Glück; anscheinend weil ich klein und schmächtig war, ließ mich der Polizist bei meiner verzweifelten Mutter zurück.*

Nach der Entlassung des Vaters aus der mehrwöchigen KZ-Haft in Dachau und der Beschlagnahme der Wohnung und anderen Besitzes begann für die Salzmanns die verzweifelte Suche nach einer Fluchtmöglichkeit. Während sich die Erledigung der Auswanderungsformalitäten für Chile, wo sich bereits ein Verwandter der Familie niedergelassen hatte, verzögerte, erwirkte die nach Gibraltar emigrierte Halbschwester Haralds, die aus erste Ehe des Vaters stammende Rosa Reisz, die Ausstellung eines fingierten Arbeitsvertrages für Simon Salzmann, wodurch sie Visen für Tanger erhielten und im Sommer 1939 über Wien, Straßburg und Marseille nach Afrika flüchten konnten.

Dazumal waren die Ausreise-Aussichten ziemlich düster. Es gab die Möglichkeit mittels eines „Schleppers" über die grüne Grenze nach Jugoslawien zu gehen. Einige Juden ak-

Vermögensverkehrsstelle
Zweigstelle Graz
Eing. 13 SEP. 1938 1019
Br. Kl. P. Bg. U.

An die

Vermögensverkehrsstelle Wien

Zweigstelle Graz

Graz

Schmiedgasse 34.

Ich melde die Uebernahme der Betriebsstätte des Salzmann Simon Graz Griesplatz 4. Die Firma ist heute eine Einzelfirma unter den Namen Simon Salzmann, da der arische Teilhaber aus der Firma ausgetreten ist.
Die Betriebsstätte besteht aus einer kleinen Kanzlei einen anschliessenden Lagerraum, die sich ebenerdig in einem Hofgebäude befinden. Am Dachboden desselben Hauses ist die Werstatt untergebracht. Momentan findet in der Werkstatt ein jüdischer Schülerkurs statt, um Handelsjuden umzuschulen. Die Einrichtung der Kanzlei sowie der Lagerräume und Werkstätte ist alt und wertlos bis auf zwei Kasten.
Die Wohnung ist sehr gut eingerichtet und besteht aus 3 Zimmern und einer Küche. Ein Kassabuch für das Jahr 1938 habe ich noch nicht vor gefunden. Salzmann behauptet, dass er in dieser Saison keine Privat kunden mehr hatte und dass seine einzige Einnahme in der Entlohnung für den jüdischen Kurs besteht, welche ihm von der jüdischen Kultusgemeinde bezahlt wird. Die Höhe der Entlohnung beziffert sich auf 266 R.M. im Monat incl. Material.
Er beschäftigt nur einen Lehrjungen und dies ist sein Sohn, sonst hat er keine Gehilfen. Ich habe verfügt, dass sein Sohn vorläufig beurlaubt wird. Für Lagerraum und Kanzlei habe ich neue Schlösser gekauft.
Da er laut vorgefundenen Rechnungen und eigenen Angaben früher hauptsächlich für die Firma Möbel- Pichler arbeitete, habe ich sofort ein eventuelles Guthaben gesperrt, Der Geschäftsleiter meinte, das Salzmann sein Guthaben schon vor längerer Zeit an andere Firmen Cedierte und daher kein Guthaben mehr habe. Salzmann seien die Aufträge entzogen worden. Auch die jüdische Kultusgemeinde habe ich mit meinem Schreiben v. 12. d. M. benachrichtigt, dass Zahlungen nur mehr an mich zu leisten sind Anbei lege ich Inventuraufnahme an Warenbeständen, Einrichtung, Maschinen sowie Geld bei. Das Geld wurde sowohl dem Mann als auch der Frau und dem Sohn Salzmann abgenommen. Die Bewertung kann ich erst nach Einlangen von Preislisten für Farben vornehmen.

Heil HITLER

Graz am 13. Sept. 1938.

Inventur folgt morgen

Keine Beilage

Verwalter auf Grund des Gesetzes über die Bestellung von kommissarischen Verwaltern und kommissarischen Überwachungspersonen, G. Bl. Nr. 80 — 1938.

Lamberger

Beschreibung des übernommenen Betriebs durch den kommissarischen Verwalter Hubert Lamberger, 13. September 1938 *tivierten alte Staatsbürgerschaftspapiere, sie gingen z.B. nach Ungarn oder in die CSR. Junge Männer im wehrfähigen Alter konnten unter gewissen Bedingungen nach England gelangen. […] Wer aber trotz Sperrkonten zu genügend Bargeld kam, der konnte sich eine Schiffskarte fürs internationale Shanghai kaufen, folglich bis zur Schiffsabfahrt mit einem Transitvisum in Italien warten. Ehemals reiche jüdische Kaufleute, die hohe Beträge auf ihren Sperrkonten „besaßen", hatten die Möglichkeit mittels eines sogenannten Kapitalisten-Zertifikats nach Palästina zu gelangen. Nur war der auferlegte Zwangskurs unmöglich hoch: RM 90.000,- für L 1.000,-* [Palästinapfund]. *Von zwei angesehenen alteingesessenen jüdischen Möbelhändlern – es waren die Familien Pichler und Kadisch – ist mir diese Art der Rettung durch zionistische Aktivität, bzw. durch das Palästina-Amt in Wien bekannt. Aber vielleicht ein Viertel der Grazer Juden, welche den Holocaust überlebt haben, rettete sich nur mit einem Rucksack belastet über den langen Donauweg, sodann das Schwarze Meer und Mittelmeer an die englischerseits streng bewachten Küsten des Gelobten Landes. Das Einführungsgespräch begann damals so: „Wollen Sie sich einem illegalen Transport anschließen?" Horrorgeschichten dieser verzweifelten Fluchtversuche aus dem Dritten Reich wurden späterhin ja zur Genüge bekannt.*

Meine Eltern, insbesondere meine sehr bodenständige Mama, sahen in diesen illegalen Transporten nach Palästina nur eine letzte Möglichkeit, hatten wir doch gute Aussichten in das von Hitler weit entfernte Chile zu gelangen. Nach Angaben meines Vaters korrespondierte ich eifrig mit seinem verheirateten Neffen Miguel Salzmann, Transportunternehmer, in Santiago de Chile. Dieser war anscheinend schon nach dem Ersten Weltkrieg aus Czernowitz ausgewandert, in Chile aber schon längst heimisch und Staatsbürger geworden. Allerdings zog sich der „Fall Chile" sehr in die Länge, weil die chilenische Einreise-Behörde Hindernisse auftürmte. Erst Wochen nach Kriegsausbruch kam die Einreisegenehmigung zuerst nach Wien, hernach wurde sie zum chilenischen Konsulat Marseille (für Tanger zuständig) weitergeleitet. Eine Benachrichtigung vom 25. 10. 1939 aus Marseille erreichte uns in Tanger. Doch hatte die HICEM[81] *kein Interesse für eine bereits in Sicherheit befindliche Familie die Weiterreise, die teuren Schiffskarten zu bezahlen.*

Mit Datum 8. Mai (!) 1939 bekamen wir (die Eltern und ich) endlich sogenannte „Fremdenpässe", nur gültig sechs Monate für In- und Ausland, von der Polizeidirektion Graz ausgestellt. Den Vorteil des Geburtsortes Graz wahrnehmend, meldete ich mich – damals 18-jährig – zur Auswanderung in die USA an. Ich bekam auch einen amtlichen Zettel mit einer Wartenummer auf der nicht aussichtlosen deutschen Quote. Doch fehlte dann immer noch das notwendige Affidavit! Zusammenfassend sieht man also, es gab viele Hoffnungen auf baldige Ausreise, jedoch keine immer dringender werdende – Ende Mai 1939 – Blitzaktion. Doch sie kam – die Wunderaktion. Da kam just zu Vaters 57. Geburtstag, es war der 24. Mai 1939, ein bemerkenswerter Auslandsbrief an. Frankiert mit schönen Marken der britischen Seefestung Gibraltar, kurz, um es vorwegzunehmen, es war die längst fällige Fügung des Himmels! Diese Überraschung war von zweifacher Art. Denn meine verheiratete Halbschwester Rosa Reisz, geb. Salzmann (aus erster Ehe meines Vaters in Czernowitz), bisher in Wien lebend, hatte ihre Beziehungen zu unserem gemeinsamen Vater wegen einer Mitgiftaffäre eingefroren. Doch in dieser Notzeit für das jüdische Volk, rückte man auch innerhalb der Großfamilien enger zusammen. Kurz und gut, es waren Geburtstagswünsche und die freundliche Anfrage, ob wir schon eine Ausreise hätten, wenn nicht, so möchten sie uns gerne helfen. Die Einreise nach Gibraltar sei natürlich unmöglich, jedoch gäbe es die Möglichkeit uns drei mittels eines fingierten Arbeitsvertrages für Papa die Einreise nach Tanger zu verschaffen. Sogleich war ich im Bilde: Tanger, Zône internationale, die afrikanische Hafenstadt jenseits der Meerenge von Gibraltar. Am 10. Juli 1939 legte unser Schiff an der mächtigen kilometerlangen Hafenmole von Tanger an, Vater, Mutter und ich, damals 18-jährig, waren den Schrecknissen des Dritten Reiches – knapp vor Kriegsausbruch – entkommen. In direkter Bahnfahrt von Wien, via Rheinbrükke bei Kehl/Strasbourg ging es gegen Süden – nach Marseille, dem berühmten Handelshafen, seinem Gewimmel von Schiffen, wo wir uns auf der blendend weißen Djenneh, Kurs Afrika, einschifften. Der Passagierdampfer setzte uns nach einer unvergesslichen Seefahrt in Tanger ab, um hernach Casablanca als Zielhafen anzulaufen.

Harald Salzmann kehrte mit seinem Vater 1947 nach Graz zurück. Simon heiratete 1957 die 1899 in Graz geborene Margarethe Schwarz, die nach Großbritannien geflohen war. Seine erste Frau Elsa war 1943 in Tanger verstorben. Nach der Restitution ihres Besitzes arbeiteten Harald Salzmann und sein Vater wieder als Malermeister in Graz. Harald Salzmann war zuletzt Bibliothekar der Steiermärkischen Landesregierung. Zudem wirkte er mehrere Jahre als Kultusrat der Grazer Israelitischen Kultusgemeinde. 1990 verstarb er in Graz.

Frieda Schenkal im Kibbuz Ne'ot Mordechai, Israel, 2010

Wir haben solches Glück gehabt! Alle anderen sind ermordet, erschossen worden.

Frieda Schenkal

Als dritte Tochter von Samson „Simon“ Kiesler, der gemeinsam mit seiner Frau Reisie „Rosa“ Kreindler während des Ersten Weltkriegs von Wien nach Graz gekommen war, wurde Frieda Kiesler am 13. November 1921 in Graz geboren.[82]

Wir haben damals in Wagram gewohnt und mussten zu Fuß in die Schule gehen. Jeden Tag sind wir zuerst über eine halbe Stunde gegangen, im Winter sogar mit Schneeschaufeln, weil es keine ordentlichen Wege gab. Dann noch mit der Tramway zwölf Stationen bis zum Griesplatz. Ich kann mich erinnern, wie wir in die Schule gekommen sind, hat uns der Lehrer an den Ofen gestellt, damit uns wieder warm wird. Und um zehn Uhr hat es Lebertran und heiße Milch gegeben, und eine Semmel mit Bensdorf-Schokolade.

Simon Kiesler arbeitete als Maschinenschlosser in den Puch-Werken, später auch als Vertreter von Textilien, seine Frau war gelernte Weißnäherin.

Nachdem der Vater verdächtigt wurde, in seiner Funktion als Vertrauensmann in der Fabrik zu illegalen politischen Aktivitäten aufgerufen zu haben, stürmten SA-Männer am 1. April 1938 in die Wohnung der Kieslers, trafen aber nur auf Rosa Kiesler, die vor den Augen Friedas erstochen wurde.[83] Simon Kiesler wurde im Zuge des Novemberpogroms verhaftet, nach Dachau deportiert und ermordet.

Auf sich allein gestellt, versuchten die drei Schwestern – Klara Josefa, Antonie und Frieda – eine Fluchtmöglichkeit zu finden, was zunächst nur der Ältesten, Klara, gelang, da sie einen Platz bei einem illegalen Schiffstransport nach Palästina bekam. Der von den nationalsozialistischen Behörden für Ende des Jahres 1938 festgesetzte Liquidierungstermin der Grazer jüdischen Gemeinde zwang die beiden anderen, nach Wien zu übersiedeln. *Anfang 1939 sind wir nach Wien gefahren. Meine Schwester kam in den Stadtkibbuz, aber mich wollten sie nicht nehmen, weil ich zu jung war. Ich war kurz in einem Kinderheim und wurde dann mit meiner Schwester in ein Arbeitslager in*

Markhof an der slowakischen Grenze in der Nähe von Wien geschickt. Das war ein riesengroßes Gut, auf dem Zuckerrüben angebaut wurden und das unter SS-Aufsicht stand. Es war kalt und wir waren immer hungrig! Einmal hat uns eine Frau Tee und für jeden eine Scheibe Brot mit Schweineschmalz und Grammeln gebracht. Das war so gut!

Im September 1939 konnten sich Frieda und ihre Schwester ebenfalls für einen illegalen Palästina-Transport einschreiben. *Dann sind drei kleine Schiffe gekommen, die vielleicht für 60 Leute Platz hatten, aber wir waren 400 auf jedem. Zwei Toiletten und keine Betten! Wir durften nur zehn Kilo Sachen mitnehmen, jeder einen kleinen Rucksack mit den allerwichtigsten Sachen. Niemand durfte irgendein Dokument bei sich haben. Unsere Namen und unser Ziel sollten geheim bleiben. Die Fahrt war am Anfang gar nicht so arg. Aber nach ein, zwei Monaten wurde es schlimm. Ständig in Bewegung und kein Trinkwasser. Man konnte sich nicht waschen, nur mit Wasser aus der Donau, und die Leute haben Durchfall bekommen.*

Ende 1939 erreichten sie gemeinsam mit zahlreichen anderen österreichischen, deutschen und polnischen Jüdinnen und Juden den jugoslawischen Donauhafen Kladovo. Über das Scheitern des so genannten „Kladovo-Transports" erzählte Frieda Kiesler Folgendes: *Und dann sind wir bis nach Kladovo gekommen. Nach sechs Monaten hat sich die Leitung vom Schiff an die jugoslawische Regierung gewendet. Sie sollen Polizei schicken und irgendeinen Steg machen, damit die Leute das Schiff verlassen und ein bisschen herumgehen können. Wir wussten, dass irgendetwas nicht stimmen konnte, weil sich die Weiterfahrt so lange verzögerte. Immer hat es geheißen, nur noch ein bisschen, dann kommt ein anderes Schiff. Wir sind an Land gegangen und haben teilweise in Lehmhäusern gewohnt, deren Besitzer von der UNRRA*[84] *Geld bekommen haben, wenn sie einige von uns aufnehmen. Die Jüngeren, ca. 30 Leute, haben lieber auf dem Feld geschlafen. Wir haben eine Baracke aufgestellt und am Holzboden geschlafen. Dann nach einer Zeit hat man uns gesagt, es kommt ein Schiff und wir fahren weiter. Das war ein ägyptisches Frachtenschiff, auf das alle 1.200 Leute zum Schlafen gebracht wurden. Gefahren sind wir aber immer noch nicht. Nach ein paar Monaten sind wir zuerst mit dem Schiff, dann mit dem Zug nach Bosnien gekommen, in eine Stadt namens Šabac. Es sind alle möglichen Krankheiten ausgebrochen, Filzläuse und Krätze. Das juckt und ist sehr ansteckend. Die, die Krätze bekommen haben, hat man in einen Schweinestall gebracht und mit einer schwarzen Salbe eingerieben. Das hat gestunken! Um uns ein bisschen aufzumuntern, haben wir Grießbrei und Zwetschgenkompott bekommen. Bis heute liebe ich den Grießbrei! Inzwischen war schon Krieg und wir waren noch immer auf demselben Platz. Da hat man beschlossen, dass zumindest die 300 Jugendlichen nach Palästina weiterfahren sollen. An einem Schabbat im April 1941 hat man uns gesagt: „Heute Abend fahrt ihr". Die Grenzen waren eigentlich schon gesperrt, aber man hat gesagt: „Ihr kommt noch heraus". Und wir haben solches Glück gehabt! Nachdem wir insgesamt elf Monate auf dem Schiff waren, sind wir mit dem Zug nach Saloniki gefahren, dann nach Aleppo und Beirut und von dort mit dem Autobus bis nach Atlit. Von den 1.200 Flüchtlingen vom Schiff sind nur 300, nur wir Kinder und Jugendlichen nach Palästina gelangt. Alle anderen sind ermordet, erschossen worden.*

Jugendlager in Šabac

Nachdem sie wenige Tage vor dem Einmarsch der Wehrmacht in Jugoslawien im April 1941 über Saloniki und Aleppo nach Palästina fliehen konnten, wurden sie von der britischen Mandatsbehörde drei Wochen in einem Lager auf Atlit interniert, wo Frieda ihren zukünftigen Mann kennen lernte. Danach besuchte sie eine Landwirtschaftsschule und arbeitete in verschiedenen Kibbuzim, bis sie sich schließlich zusammen mit ihrem Mann, der mehrere Jahre für die Fluchtorganisation *Bricha* tätig gewesen war, und den drei Kindern im Kibbuz Ne'ot Mordechai bei Kiryat Shmone niederließ. Frieda Schenkal arbeitete anfangs nur innerhalb des Kollektivs, ab Ende der 1950er Jahre auch in einer Schulküche im Nachbarort.

Nach Österreich ist sie das erste Mal 1967 mit ihrer Familie zurückgekehrt. Die deutsche Sprache hat sie sich erhalten, weil im Kibbuz auch andere österreichische und deutsche Immigrantinnen und Immigranten leb(t)en.

Für meine Eltern bedeutete die Emigration so etwas wie die Vernichtung.

Ernst, Nora und Heinz Wechsler

Geboren am 12. September 1889 in Graz, wuchs Ernst Wechsler, nachdem seine leiblichen Eltern früh gestorben waren, bei einer Pflegefamilie auf.[85] Eine Erbschaft ermöglichte ihm ein bautechnisches Studium an der *Königlichen Technischen Hochschule* in Berlin, das er kurz vor Ausbruch des Ersten Weltkriegs als Diplomingenieur abschloss. Während seines Dienstes in der österreichisch-ungarischen Armee wurde er an der italienischen Front verwundet, kehrte nach Graz zurück und begann Rechtswissenschaften zu studieren. Anfang der 1920er Jahre gründete er die *Grazer Metallwaren-Fabrik*, die in den 1930er Jahren fast 100 Angestellte zählte. 1919 heiratete er die in Graz geborene Musikerin und Sängerin Nora Lustig, mit der er drei Kinder, Heinz Heinrich, Hans Leopold und Edith Herta, hatte.

Heinz erinnerte sich in einem Interview an die Schulzeit: *Ich ging ins Lichtenfelsgymnasium, das eine Hochburg der Nationalsozialisten war. Es gab Prügeleien, es war nicht einfach dort. Es war eine gute Schule mit guten Lehrern, aber wir, mein Bruder und ich, waren fast die einzigen Juden in der Schule und noch dazu Zwillinge, was besonders auffallend war.*

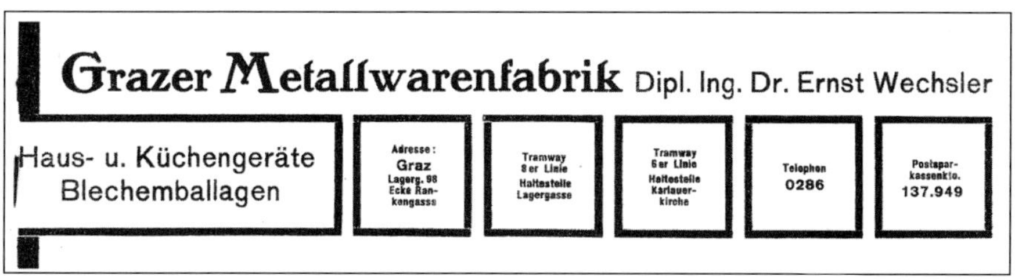

Briefkopf der Firma von Ernst Wechsler

Weder die jüdische Religion noch der Zionismus spielten für Ernst Wechsler eine Rolle. Als ehemaliger Offizier im Ersten Weltkrieg übernahm er die Leitung der 1933 gegründeten Landesstelle des *Bundes jüdischer Frontsoldaten* (BJF) und trat zwei Jahre später dem Humanitäts- und Wohltätigkeitsverein *B'nai B'rith* bei.

Seine Funktion beim BJF führte im März 1938 zu einer zweimonatigen Polizei-Haft, außerdem wurde sein Betrieb von den Nationalsozialisten beschlagnahmt. Über die Geschehnisse nach dem „Anschluss" berichtete Nora Wechsler: *Nach dem Einmarsch der Deutschen wurde mein Mann mit vielen anderen verhaftet und ins Polizeigefängnis gebracht. Dort war er zwei Monate. Es war sehr schwer für ihn, aber er hatte es besser als die anderen. Denn viele Gefängniswärter waren alte Polizisten und Soldaten vom Ersten Weltkrieg und mein Mann war im Krieg Oberleutnant der Reserve, hatte acht Kriegsauszeichnungen, stand im Kärntner Regiment und war ein sehr beliebter Vorgesetzter. Einmal klopfte es in der Nacht um 12 Uhr bei mir. Ich erschrak sehr und dachte, es sei die Gestapo, aber es war einer dieser Polizisten, der mir sagte, ich solle am nächsten Morgen Essen, Sachen, Geld usw. vorbereiten, er würde kommen und sie meinem Mann dann bringen. Am nächsten Morgen holte er sie tatsächlich ab und brachte sie ihm. Natürlich wurde er reich beschenkt.*

Die Monate nach seiner Entlassung verbrachte Ernst Wechsler aufgrund einer Bauchverletzung im Krankenhaus, bevor er im Zuge des Novemberpogroms neuerlich verhaftet wurde. Der Deportation nach Dachau entging er im letzten Moment. *In dieser Zeit mussten wir vier Mal die Wohnung wechseln. Als unsere Wohnung uns für irgendeinen höheren SS-Mann weggenommen wurde, zogen wir in die Villa einer Tante von uns, weil es immer hieß, Juden dürfen nicht in christlichen Häusern wohnen und dies war ja eine jüdische Villa. Aber auch sie wurde bald weggenommen und wir zogen in eine dritte und vierte Wohnung. Die vierte war in der obersten Etage eines sonst nur von Christen bewohnten Hauses. Es waren vier oder fünf Zimmer, in jedem wohnte eine Familie, in unserem Zimmer fünf Personen, d.h. wir und unsere drei Kinder.*

Mein Mann wollte seine Maschinen mitnehmen, um in Palästina damit eine neue Industrie aufzubauen, aber da wir nicht wussten, ob das glücken würde, hat er seine große Bibliothek in acht große Koffer gepackt, um in Palästina im schlimmsten Falle eine Leihbibliothek einzurichten. Diese acht Koffer schleppten wir also durch alle Wohnungen, und auch sonst lebte man meist aus Koffern, weil man ja niemals wusste, wann man wieder umziehen musste.

Bis zu seiner Flucht nach Palästina im Sommer 1939 war Ernst Wechsler für die Auswanderungsstelle der Kultusgemeinde tätig, stand in direktem Kontakt mit den nationalsozialistischen Behörden in Graz und Wien und verhalf zahlreichen Gemeindemitgliedern zur Emigration. Nach Palästina zu fliehen, war weniger der Wunsch der

Eltern, sondern ging in erster Linie auf das zionistische Ideal der Söhne zurück, die seit den 1930er Jahren dem linkszionistischen Jugendbund *Haschomer Hazair* angehörten und sich zuerst in Graz und dann in Wien für die Auswanderung vorbereitet hatten. *Der Stadtkibbuz in Wien war eine Kommune zur Vorbereitung für die Einwanderung nach Palästina. Es gab auch einen in Graz. Praktisch hatte man ja keine Möglichkeit auszureisen, wenn man kein „Affidavit" oder Verwandte in Amerika hatte. Alles war geschlossen. Über diesen Stadtkibbuz konnte man nach Palästina oder ins Ausland kommen, eventuell nach England oder nach Holland. Mein Bruder und ich gingen also in diesen Kibbuz in Wien in der Haasgasse, wo etwa 80 bis 100 Leute waren. Wir haben schwer gearbeitet. Die Arbeit bestand in erster Linie aus dem Transport von Möbeln bei der Umsiedelung von jüdischen Familien aus ihren schönen Wohnungen in kleinere. Das war eine Schlepperei, vor allem die Bücher. Wir haben dort auch die Wäsche gewaschen. Es war nett für uns, aber ein ganz anderes Leben. Es war schrecklich kalt, wir schliefen im Schlafsaal mit 40 Leuten. Aber wir waren jung …*

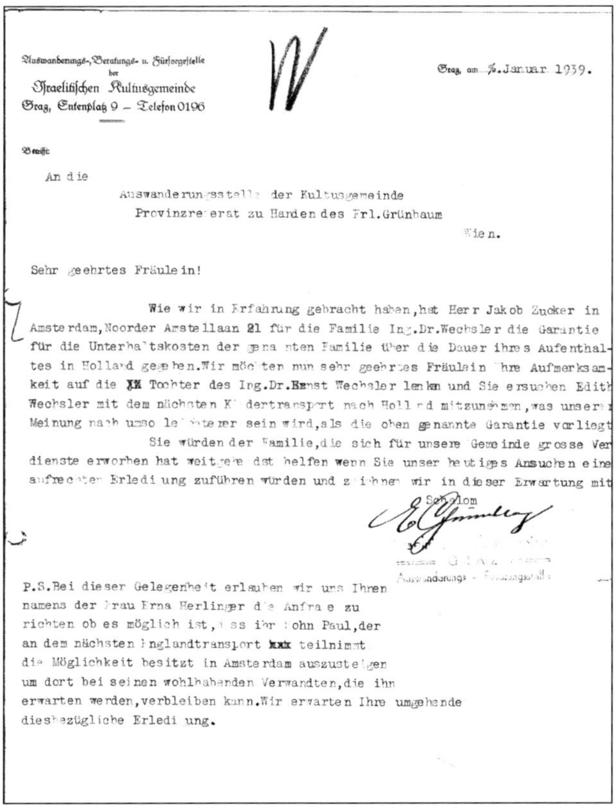

Auswanderungs-, Beratungs- u. Fürsorgestelle
der
Israelitischen Kultusgemeinde
Graz, Entenplatz 9 – Telefon 0196

W

Graz, am [illegible]. Januar 1939.

Betrifft:

An die
Auswanderungsstelle der Kultusgemeinde
Provinzreferat zu Handen des Frl. Grünbaum
Wien.

Sehr geehrtes Fräulein!

Wie wir in Erfahrung gebracht haben, hat Herr Jakob Zucker in Amsterdam, Noorder Amstellaan 21 für die Familie Ing. Dr. Wechsler die Garantie für die Unterhaltskosten der genannten Familie über die Dauer ihres Aufenthaltes in Holland gegeben. Wir möchten nun sehr geehrtes Fräulein Ihre Aufmerksamkeit auf die XX Tochter des Ing. Dr. Ernst Wechsler lenken und Sie ersuchen Edith Wechsler mit dem nächsten Kindertransport nach Holland mitzunehmen, was unserer Meinung nach umso leichterer sein wird, als die oben genannte Garantie vorliegt.

Sie würden der Familie, die sich für unsere Gemeinde grosse Verdienste erworben hat weitgehendst helfen wenn Sie unser heutiges Ansuchen einer aufrechten Erledigung zuführen würden und zeichnen wir in dieser Erwartung mit

Schalom

E. Grünberg

GRAZ
Auswanderungs - Beratungsstelle

P.S. Bei dieser Gelegenheit erlauben wir uns Ihnen namens der Frau Erna Herlinger die Anfrage zu richten ob es möglich ist, dass ihr Sohn Paul, der an dem nächsten Englandtransport xxx teilnimmt die Möglichkeit besitzt in Amsterdam auszusteigen um dort bei seinen wohlhabenden Verwandten, die ihn erwarten werden, verbleiben kann. Wir erwarten Ihre umgehende diesbezügliche Erledigung.

Bittschreiben der Auswanderungsstelle der IKG Graz an die IKG Wien, Edith Wechsler in einen Kindertransport nach Holland einzureihen, Jänner 1939

Für Edith war zunächst die Einreihung in einen Kindertransport nach Holland angedacht, doch letztlich konnte die Familie mit einem für Ernst Wechsler ausgestellten Handwerkerzertifikat im April 1939 in Palästina einwandern und ließ sich in der Nähe von Tel Aviv nieder. Eine Genehmigung der britischen Mandatsbehörde ermöglichte die Mitnahme einiger Maschinen, sodass Ernst Wechsler mit einem Partner erneut eine Firma aufbauen konnte. 1947 erlitt er einen Herzanfall und verstarb. Nora Wechsler gründete ein Gesangsstudio und war als Pianistin tätig. Hans und Heinz verbrachten einige Zeit im Kibbuz. *Hans und ich gingen dann in einen Kibbuz, Ein Gev. Wir waren da zwei, drei Jahre, es war eine sehr schwere Zeit. Meine Eltern wollten nicht in den Kibbuz. Wir haben in Zelten geschlafen, es war sehr heiß. Aber wir haben das Ganze mit Begeisterung gemacht. 16 Stunden am Tag gearbeitet. Am Abend haben wir noch Hora getanzt und dann mussten wir noch Wache stehen, denn das war an der Grenze und dort wurde immer geschossen.*

Wie Heinz Wechsler im Interview schilderte, haben Nora und Ernst Wechsler die Vertreibung aus Österreich und die Flucht nach Palästina nie verkraftet. *Für ihn und auch für meine Mutter bedeutete die Emigration so etwas wie die Vernichtung.*

Die 30 Jahre, die ich bis zur Hitler-Katastrophe in Graz gelebt habe, war ich sehr glücklich.

Anna Weiss und Otto Loewi

Anna Weiss kam 1911 als zweites Kind von Otto Loewi (1873–1961) und Guida Goldschmiedt (1888–1958) zur Welt.[86] Der in Frankfurt am Main gebürtige Mediziner Otto Loewi, seit 1896 promoviert (Universität Straßburg), seit 1900 habilitiert (Universität Marburg), hatte sein Forschungsinteresse auf die klinische Pharmakologie gerichtet, jene Fachdisziplin, in der er seit 1909 an der Universität Graz Forschung und Lehre betrieb. Für die Entdeckung der chemischen Weiterleitung von Nervenimpulsen erhielt er 1936 gemeinsam mit dem Chemiker Henry H. Dale den Nobelpreis für Medizin.

Anna Weiss beim Interview in Bethesda, 1996

Die seit 1908 verheirateten Loewis hatten außerdem drei Söhne – Hans (später Harold, 1909–2004), Viktor (1913–1993) und Guido (später Geoffrey William, geb. 1915) – und bewohnten in der Johann-Fux-Gasse eine Villa, in der regelmäßig Freunde und Verwandte zusammentrafen.

Nach Angaben Annas spielte die jüdische Religion für die Familie eine völlig unbedeutende Rolle, zur jüdischen Gemeinde bestand kaum Kontakt, die Synagoge wurde nie besucht. *Ich wusste nicht, ob ich jüdisch oder irgendwas anderes war. Wir haben nie über Religion gesprochen. Der einzig religiöse Anlass war meine Hochzeit, weil die Eheschließungen damals in Österreich – ob katholisch, protestantisch oder jüdisch – in religiöser Weise vollzogen werden mussten. Unsere Hochzeit fand bei uns daheim im Wohnzimmer statt.*

Durch das Zusammenleben mit mehreren Hausangestellten, die dem christlichen Glauben angehörten, wurde im Haus der Loewis sogar Weihnachten gefeiert: *Wir hatten eine Köchin, ein Dienstmädchen und ein Fräulein, also ein Kindermädchen. Dann beschäftigten wir noch einen Gärtner und eine Wäschefrau. Zu Weihnachten hatten wir einen großen Baum im Wohnzimmer, alle sind zusammen gesessen und haben Geschenke bekommen. Nicht, dass wir gesungen oder eine Krippe aufgebaut hätten, aber einen geschmückten Baum hatten wir. Das ist ja ein schöner Brauch.*

Ihr Vater begriff sich als *deutschsprachiger Kosmopolit jüdischer Herkunft*, seine Haltung zur Assimilation beschrieb er wie folgt: *Alles was zählt, ist, dass der Assimilationsprozess gewisse Grenzen haben muss und dass Würde und Selbstachtung erhalten bleiben.*[87]

Otto Loewi

Nach Beendigung des Mädchenrealgymnasiums in Graz inskribierte Anna 1932 trotz väterlichen Protests in München Medizin, kehrte allerdings ein Jahr später infolge der nationalsozialistischen Machtübernahme in Deutschland nach Österreich zurück. 1937 heiratete sie den aus der Tschechoslowakei stammenden Chemiker Ulrich Weiss. Obwohl die Familie die politischen Entwicklungen im Nachbarland beobachtete, hielten sich die Befürchtungen über eine Verschlechterung der Situation in Österreich jedoch selbst kurz nach dem „Anschluss" noch in Grenzen: *Wir beobachteten ziemlich genau, was in Deutschland vor sich ging, aber irgendwie glaubten wir törichterweise, dass es in Österreich nicht so schlimm werden könnte. Tatsächlich war es hierzulande viel schlimmer. Als meine Mutter die Befreiung meines Vaters erwirken wollte, traf sie deutsche Gestapo-Beamte und selbst diese Polizisten zeigten sich schockiert darüber, was hier passierte. Die „Gemütlichkeit", die wir gewohnt waren, hielt nicht an. Wir kannten zwar einige Leute, die in Dachau waren und zurückkamen, aber natürlich hatten wir keine Ahnung, was später in den Lagern passieren würde. Dass die deutschen Juden zehn Prozent ihres Besitzes vor der Emigration hergeben mussten, kam uns damals ungeheuerlich vor. Wir selbst „durften" dann mit nur zehn Mark pro Person auswandern. Wir waren zu dritt und haben das Land also mit 30 Mark verlassen. Das war alles.*

Neben zahlreichen politischen Gegnern, Repräsentanten der jüdischen Gemeinde und anderen „missliebigen" Personen fielen auch Otto Loewi und zwei seiner Söhne der ersten nationalsozialistischen Verhaftungswelle im März 1938 zum Opfer und wurden mehrere Wochen im Gefängnis am Paulustor festgehalten.

Otto Loewi berichtete darüber: *Am 11. März 1938 habe ich mit einem meiner Mitarbeiter ein Experiment durchgeführt, das das letzte einer Versuchsreihe sein sollte, die zeigte, dass afferente Nerven im Gegensatz zu efferenten Nerven keine Spuren von Acetylcholin aufweisen. Am späten Nachmittag hörten wir, dass die Nazis gerade das Land übernommen hatten. Ich war so gedankenverloren und mit unserer jüngsten Entdeckung beschäftigt, dass ich die volle Tragweite dieser Nachricht gar nicht begriffen hatte. Diese fast unglaubliche Gleichgültigkeit hielt noch an, bis ich zu Bett ging und wir im Radio die tief ergreifende Abschiedsrede vom österreichischen Präsidenten* [sic!] *Schuschnigg hörten. Um drei Uhr morgens wurde ich von einem Dutzend junger SA-Soldaten geweckt, die bewaffnet in mein Schlafzimmer einbrachen, mich ohne Erklärung in einen Gefängniswagen stießen und ins städtische Gefängnis brachten. Am Abend wurden auch meine zwei jüngeren Söhne, Victor und Guido, verhaftet. Unsere zwei älteren Kinder, Hans und Anna, waren zu diesem Zeitpunkt nicht in Österreich und sind natürlich nicht zurückgekehrt.*

Während meinem morgendlichen Spaziergang im Gefängnishof sah ich, dass hunderte andere jüdische Grazer mein Schicksal teilten. Um die Entbehrungen der Haft noch zu verstärken, waren jegliche Spiele, Lesen und Schreiben strikt verboten. Als ich in dieser Nacht aufwachte und die Pistolen auf mich gerichtet waren, dachte ich natürlich, dass ich umgebracht werden würde. Seit diesem Erlebnis war ich Tag und Nacht von dem Gedanken besessen, meine letzten Versuche nicht mehr veröffentlichen zu können. Nach wiederholtem Nachfragen erlaubte man mir, im Beisein einer Wache eine Besprechung meines letzten Experiments auf eine Postkarte zu notieren und an „Die Naturwissenschaften" zu senden. Zwei Monate später wurde ich entlassen und auch meine Söhne kamen frei und konnten emigrieren. Bevor ich Graz am 28. September 1938 in Richtung London verlassen hatte, musste ich die schwedische Bank in Stockholm in Anwesenheit eines Gestapo-Beamten dazu veranlassen, das 1936 dort deponierte Nobelpreisgeld auf eine bestimmte, von den Nationalsozialisten kontrollierte Bank zu transferieren.[88]

Nach dem Ausschluss von der Grazer Universität und der Beschlagnahmung des Nobelpreisgeldes emigrierte Otto Loewi im September zunächst nach London und knapp zwei Jahre später in die USA, wo die Familie schrittweise wieder vereint wurde. Guida, die den Besitz ihrer Familie in Triest zu retten versuchte, konnte erst 1940/41 über Berlin und Lissabon nach Amerika auswandern und ließ sich mit ihrem Mann, der bis zu seinem Tod im Jahr 1961 eine Professur für Pharmakologie innehatte, in New York nieder. Hans flüchtete über Peru in die USA, meldete sich für das Militär und diente in Europa. Besonders abenteuerlich und etappenreich verlief die Flucht von Anna und Ulrich Weiss, die mit ihrer 1938 geborenen Tochter Ruth von Prag über Belgien, England, Frankreich zunächst nach Martinique und Santo Domingo emigrierten und im Juni 1941 nach New York gelangten.

Bei ihrer Flucht fanden sie sich in einem Teufelskreis, mit welchem unzählige Emigrantinnen und Emigranten konfrontiert wurden: *Für die Reisepapiere musste man zum Konsul nach Lyon und benötigte ein Passfoto. Aber der Fotograf war in einer anderen Stadt und um dorthin zu gelangen, brauchte man Reisepapiere. Der portugiesische Konsul hätte uns ein Visum gegeben, wenn wir schon ein Ticket für das Schiff besessen hätten. Aber das Ticket konnte man nur mit gültigem Visum erwerben. Beim spanischen Konsulat sagte man mir, ich bräuchte die Papiere für Portugal …*

Bald nach der Geburt der zweiten Tochter Margaret (1945) erhielt Anna eine Anstellung beim *National Institute of Health* in Bethesda, wo auch ihr Mann tätig war. Bis zu ihrem Tod im Jahr 2000 lebte Anna Weiss mit ihrer Familie in Maryland.

Viktor und Guido Loewi flüchteten nach England, wo Guido, der sich nun Geoffrey William nannte, eine Ausbildung bei der *Royal Air Force* absolvierte und Hauptmann bei der Luftwaffe wurde. Später arbeitete er als Sicherheitsberater für eine amerikanische Baufirma in Südostasien und danach für die amerikanische Botschaft in Bangkok. Viktor war für den Pharmakonzern *Sandoz* zunächst in Basel und danach in Buenos Aires tätig. Nach Österreich bzw. Graz sind fast alle Mitglieder der Familie Loewi gereist.

Guida und Otto Loewi in den 1950er Jahren

In seinen Erinnerungen äußerte sich Otto Loewi sowohl über seine Zeit in Graz, als auch über seine neue Heimat New York positiv: *Die 30 Jahre, die ich bis zur Hitler-Katastrophe in Graz gelebt habe, war ich sehr glücklich. Alles, was ich für meine Forschungs- und Lehrtätigkeiten brauchte – auch genügend exzellente Mitarbeiter und ein ziemlich großes, interessiertes Publikum – war vorhanden. Aufgrund des Alters, wäre ich auch unter normalen politischen Bedingungen gezwungen gewesen, mich von einem aktiven in einen pensionierten Professor zu verwandeln. Meine Neugierde und Aufnahmefähigkeit haben noch nicht abgenommen. Ich bin sehr glücklich und dankbar, dass mich das Schicksal in dieses Land gebracht hat, meine neue Heimat, diese einzigartige Stadt, wo ich immer noch die anregende, fast verjüngende Wirkung neuer Freundschaften und die Fülle neuer Eindrücke und Erfahrungen genieße.*[89]

Margaret Welisch beim Interview in New York, 1995

Wir hatten Hitler einfach nicht ernst genommen.

Margaret Welisch

Geboren 1908, wuchs Margarethe als drittes Kind von Jakob Loewy und Hermine Stern gemeinsam mit ihren älteren Brüdern Erwin und Frank in einer Wohnung in der Annenstraße 50 auf, wo sich auch der familiäre Betrieb, ein Männerbekleidungsgeschäft, befand.[90]

Wie mehrere andere Zeitzeuginnen und Zeitzeugen wusste auch Margaret Welisch von Anfeindungen nichtjüdischer Kinder während der Schulzeit zu berichten. *Direkt neben unserer Schule war eine katholische Schule, aber die Schüler dort haben die jüdischen Kinder nicht gemocht. Tatsächlich endete unser Unterricht extra zehn Minuten früher, damit wir nach Schulschluss nicht den Pöbeleien der anderen Kinder ausgesetzt wurden. In meiner frühesten Jugend habe ich schrecklichen Antisemitismus erlebt. Es gab Schlägereien, wir versuchten, uns zu behaupten, aber es war hart.*

Der ältere Bruder Erwin studierte Rechtswissenschaft, Frank war bei seinem Vater angestellt und auch für Margaret war nach Beendigung der Schule die Mitarbeit im Geschäft vorgesehen. 1929 heiratete sie den Grazer Kaufmann Albert Welisch (geb. 1898), der ebenfalls ein Bekleidungsgeschäft in der Herrengasse führte. 1932 und 1936 kamen die Töchter Brigitte und Susanne zur Welt.

Während Margarets Schwager Karl Welisch bereits Anfang der 1930er Jahre nach Palästina ausgewandert war und sich in einem Kibbuz niedergelassen hatte, kam eine Emigration für die Loewys trotz Erfahrungen mit dem Antisemitismus vor 1938 nicht in Frage. Die Entscheidung ihres Schwagers stieß bei Verwandten und Freunden auf großes Unverständnis. Palästina war in der ersten Hälfte des 20. Jahrhunderts für den Großteil der österreichischen und (mittel-)europäischen Jüdinnen und Juden aus einer Reihe von Gründen ein äußerst unattraktives Land. Spärliche Informationen über die Gegebenheiten, die unsichere politische und wirtschaftliche Situation, sprachliche und klimatische Unterschiede und nicht zuletzt die restriktiven Einwanderungsbestimmungen sind als Ursachen zu nennen, die selbst Zionistinnen und Zionisten vor einer Übersiedelung nach „Erez Israel" abschreckten. *Dass mein Schwager zu dieser Zeit, in den 1930er Jahren, nach Palästina gegangen ist, haben wir überhaupt nicht verstanden. Wir dachten, er sei verrückt. Er war Partner in der Firma und sein Vater hat ihn sogar zur Schneiderausbildung nach Paris geschickt. Er war Zionist und Pionier und auch der Antisemitismus, der sich überall in Europa ausgebreitet hatte, beeinflusste seine Entscheidung, nicht in Europa zu bleiben.*

Die Vorgänge in Deutschland hatte die Familie seit 1933 zwar beobachtet, sonderlich beunruhigend – so Margaret Welisch im Interview – empfand sie die Entwicklungen aber nicht: *Wir hörten zwar, dass sich die Situation für Juden in Deutschland seit Hitler verschlechtert hatte, aber sie konnten immer noch ihre Geschäfte betreiben usw. Also konnte es doch nicht so schlimm sein. Wie lange konnte das Ganze schon andauern? Und uns würde es schon nicht betreffen. Wir hatten Hitler einfach nicht ernst genommen. Als immer Schrecklicheres von Deutschland zu hören war, beruhigten uns unsere katholischen Freunde: „Warum seid ihr besorgt? Ihr habt nichts zu befürchten. Ihr seid hier geboren. Ihr seid im Krieg gewesen und seid verwundet worden. Wenn, dann würde es gegen jüdische Einwanderer aus Polen usw. gehen." Das beruhigte uns tatsächlich. Bis Österreich annektiert wurde. Dann natürlich war es fürchterlich.*

An den 12. März 1938, den Tag des „Anschlusses", erinnerte sie sich genau: *Am Abend haben wir Radio gehört und da kam es: Hitler hat Österreich annektiert. Wir wussten sofort, das ist das Ende! Am nächsten Morgen hatte unser Vermieter schon eine Hakenkreuz-Fahne ans Fenster gehängt. Und es dauerte nicht lange, bis die ganze Stadt voll mit Hakenkreuzen war.*

Noch im selben Monat begannen die umfassenden nationalsozialistischen Verfolgungsmaßnahmen. Parallel zu den ersten Verhaftungen erfolgten Beschlagnahmungen von jüdischem Privatbesitz, Plünderungen jüdischer Wohnungen und Störungen der Geschäftstätigkeit von Jüdinnen und Juden. *Einige Tage nach dem „Anschluss" bezog ein uniformierter Nazi Posten vor dem Geschäft meines Mannes. Sämtliche Fenster waren beschmiert: „Nur ein arisches Schwein kauft bei einem Juden!" Natürlich hat niemand gewagt, unser Geschäft zu betreten. Und nach einer Weile mussten wir den Betrieb an einen unserer Angestellten übergeben, der uns einen kleinen Betrag ausbezahlte, damit wir uns über Wasser halten konnten.*

Die Suche nach einer Fluchtmöglichkeit begann für die Familie erst infolge des Novemberpogroms, als Wohnung und Geschäft geplündert und zerstört und mehrere männliche Familienmitglieder nach Dachau deportiert worden waren. Schlechte Nachrichten über die Lebensbedingungen hielten die Familie vor einer Auswande-

52,1

FEINSTE MASSCHNEIDEREI — ELEGANTE HERRENKLEIDUNG
KLEIDERHAUS A·WELISCH & SOHN
TEL.№:1338 HERRENGASSE:7 GRAZ KLEIDERPASSAGE TEL.№:4525

Firmenlogo der Firma Welisch

rung nach Shanghai zurück. Mangels Alternativen und mit der Unterstützung eines ihnen völlig unbekannten nichtjüdischen Geschäftsmannes flüchtete die Familie Welisch gemeinsam mit der Mutter, Hermine Loewy und der verschwägerten Familie Fleischmann über Italien auf die Philippinen. Der Vater, Jakob Loewy, war noch 1938 in Graz gestorben. *Man darf nicht vergessen, dass wir keine Wahl hatten. Auch Amerika war nicht offen. Das einzige Land, das Flüchtlinge zu dieser Zeit aufnahm, war China. Von Leuten, die bereits nach Shanghai geflohen waren, hörten wir aber nur Schlechtes. So hofften wir, in ein anderes Land zu gelangen. Mein Schwager in Wien kannte einen Mann namens Nolte, der uns ein Affidavit für Manila ausstellte. Obwohl wir sieben Personen waren und wir ihm nie begegnet waren, half er uns. Er war Christ und hatte Österreich wegen der ganzen Situation verlassen.*

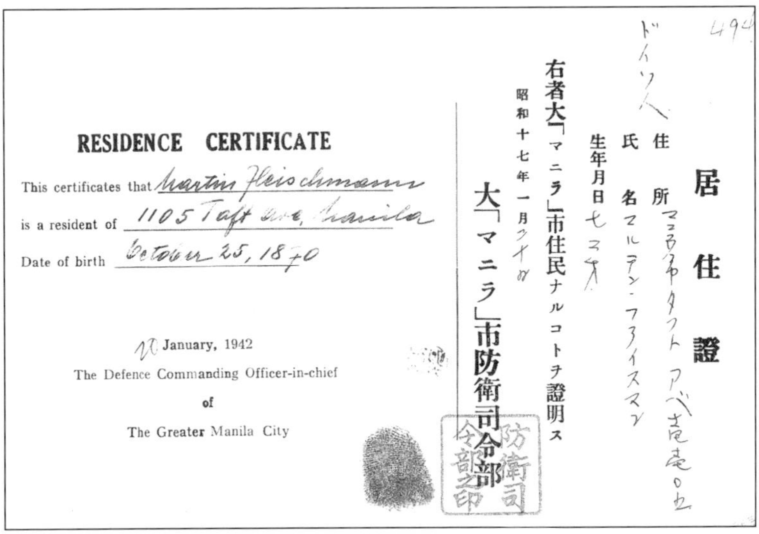
RESIDENCE CERTIFICATE

This certificates that Martin Fleischmann
is a resident of 1105 Taft ave, Manila
Date of birth October 25, 1870

20 January, 1942
The Defence Commanding Officer-in-chief
of
The Greater Manila City

居住證
住所
氏名
生年月日 七三年
右者大「マニラ」市住民ナルコトヲ證明ス
昭和十七年一月二十日
大「マニラ」市防衛司令部
防衛司令部之印

Einwanderungszertifikat von Martin Fleischmann, Manila 1942

In Manila arbeitete Margaret Welisch bei einem Pharmakonzern, Albert für eine Chemiefabrik. Die Familie erlebte die japanischen Bombardements und die amerikanische Befreiung auf der Insel und wanderte 1948 in die USA, nach New York, aus. Ihre ältere Tochter, Brigitte, heiratete 1953, bekam fünf Kinder und absolvierte ein Kunststudium. Susanne war als Balletttänzerin, Model und Friseurin tätig, heiratete 1959 und bekam zwei Söhne.

Aus Erste-Klasse-Reisenden waren arbeitslose Flüchtlinge geworden.

Karl Leopold Wolf

Helene Pereles stammte aus einer Kaufmannsfamilie, die zu Beginn des 20. Jahrhunderts vom damaligen Böhmen nach Graz gezogen war, wo ihr Vater ein Bekleidungsgeschäft in der Annenstraße führte.[91] Nachdem ihre erste Ehe nach nur kurzer Zeit wieder geschieden worden war, heiratete sie 1924 den aus einer ursprünglich in Eisenstadt, dann in Wien ansässigen jüdischen Familie stammenden Paul Wolf.

Am 16. Februar 1926 wurde Karl Leopold in Graz geboren, wo er in der Folge gemeinsam mit den Eltern, seinem 1920 geborenen Halbbruder Hans Kurt und mehreren Angestellten in einer Villa in Waltendorf (Bergstraße 2) lebte, zu der ein über 6.000 m^2 großer Garten gehörte. Der Vater, Paul Wolf, war Direktor einer Bank, seine Frau Helene war vorübergehend im „Modellhaus Schwarz" und dann wieder als Hausfrau tätig. Die Sommer- und Winterurlaube verbrachte die Familie in den Bergen.

Den Besuch einer nichtjüdischen Volksschule erklärte Karl Wolf mit praktischen Gründen: *In der Volksschule, der Nibelungenschule, war ich der einzige Jude in meiner Klasse und einer von zwei Juden in der ganzen Schule. In Graz gab es zwar eine jüdische Volksschule, aber die war auf der anderen Seite der Stadt und meine Eltern wollten nicht, dass ich einen langen, stark befahrenen Schulweg hatte. Das Staatsgymnasium in der Oeverseegasse, das ich danach besuchte, war zwar auch weit weg, aber immerhin war ich da schon älter. Viele jüdische Eltern schickten ihre Kinder dort hin, weil die Schule einen liberalen Direktor hatte und als wenig antisemitisch galt.*

Aufgrund seiner Funktion als Kassier der jüdischen Wohltätigkeitsorganisation *B'nai B'rith* wurde Paul Wolf kurz nach dem „Anschluss" vorübergehend festgenommen, im Mai verlor er seine Anstellung und die Kinder mussten die Schule verlassen. Während sein Halbbruder Hans Kurt bereits im Herbst 1938 mit seinem leiblichen Vater Georg Erdös über Italien nach Brasilien auswanderte, ging Karl noch einige Zeit in die jüdische „Notschule" am Färberplatz.

Mit der Überlegung, Teile ihres Besitzes ins Ausland retten zu können, schlossen sich die Wolfs einem letztlich gescheiterten Projekt an, das unter dem Namen „Aktion Judenauswanderung aus der Steiermark" bekannt wurde und – basierend auf einem Waren- und Kapitaltransfer – jüdischen Familien die Mitnahme von Vermögen nach Palästina ermöglichen sollte. *Mehrere Grazer Juden, darunter auch unsere Familie, haben sich einem Projekt angeschlossen, das die Errichtung einer kollektiven landwirtschaftlichen Siedlung in Palästina zum Ziel hatte. Jede Familie sollte ihr eigenes Stück Land und eigene Tiere haben, Aber alle anderen Dinge – Schule, medizinische Einrichtungen, Geräte usw. – sollten geteilt und gemeinsam betrieben und verwendet werden. Zum Zwecke des Projekts durften gewisse Geldsummen transferiert werden. Wir bereiteten uns vor, machten landwirtschaftliche Kurse und freuten uns auf dieses Abenteuer.*

Die unternommenen Emigrationsvorbereitungen für Palästina wurden zunichte gemacht, als Paul Wolf im Zuge des Novemberpogroms nach Dachau deportiert wurde. *Bald wurde klar, dass Häftlinge nur frei gelassen würden, wenn sie – durch einen Reisepass mit Visum und Ticket – beweisen konnten, dass sie das Land umgehend verlassen würden. Beim Versuch, die erforderlichen Dokumente zu erhalten, wurde meine Mutter immer verzweifelter. Einige skrupellose Personen, darunter auch nicht wenige Juden, haben die schwierige Situation der Menschen schamlos ausgenützt und ihnen irgendwelche Visen versprochen. Man musste natürlich immer im Voraus bezahlen.* Helene Wolf konnte schließlich ein Visum für Shanghai erwerben und damit im Januar 1939 die Befreiung ihres Mannes erwirken.

Die Flucht der Familie Wolf verlief äußerst abenteuerlich und über zahlreiche Etappen. Auf das anfangs anvisierte Ziel Shanghai konnten sie sich nicht verständigen, sodass sie in der Folge über Italien zuerst nach Zypern, dann nach Palästina und schließlich nach Afrika und Südamerika emigrierten.

Der autobiographische Bericht von Karl Wolf illustriert den Fluchtverlauf und das Leben in den verschiedenen Exilländern sehr anschaulich. *Wir sind tatsächlich am 11. März 1939 geflohen, weil mein Vater für den Jahrestag des „Anschlusses" weitere Pogrome fürchtete. Wir hatten ein Transitvisum für Triest und sind dort mit je 10 Mark in der Tasche angekommen. Italien war zwar auch faschistisch, aber zu diesem Zeitpunkt weit ungefährlicher als Österreich. Da sich meine Mutter gegen die Destination Shanghai sträubte – eher würde sie sich ertränken, so ihre Worte – versuchte mein Vater, eine Alternative zu finden. Die Möglichkeit, nach Korfu zu gehen, haben wir zum Glück nicht wahrgenommen, denn die griechische Insel wurde während des Kriegs von den Deutschen überrannt. Die andere Option war Zypern. Der britische Konsul in Triest stellte uns, obwohl wir nicht alle erforderlichen Unterlagen besaßen, ein Visum aus. Schwieriger war es, unsere Tickets für Shanghai für Tickets nach Zypern zu tauschen. Obwohl die Reise nach Zypern weit kürzer war, willigte die Schifffahrtsgesellschaft, der Lloyd Triestino nur widerwillig ein, die Passagen zu wechseln – natürlich ohne einen Penny zu refundieren.*

Am 12. April 1939 verließen wir Triest an Bord der „Palestine". Die meisten der Passagiere hatten natürlich Palästina als Ziel, darunter auch eine große Jugend-Alijah-Gruppe, deren Mitglieder hebräische Lieder sangen, Horah tanzten und augenscheinlich voller Enthusiasmus in ihr neues Leben fuhren. Vier Tage später kamen wir in Larnaca an – aus Erste-Klasse-Reisenden waren arbeitslose Flüchtlinge geworden.

Als ich mich etwas eingerichtet hatte und mir die Schule allmählich Spaß machte, erreichte mich die Mitteilung, dass das Jugend-Alijah-Zertifikat und Visum für Palästina, für das meine Eltern noch in Graz angesucht hatten, endlich ausgestellt und mir ein Platz im Kinderdorf Meir Shfeyah zugeteilt worden war. Nach langer Diskussion entschieden meine Eltern, dass ich dort eine bessere Zukunft haben würde.

Während seine Eltern bis 1941 auf Zypern blieben und sich mit Gelegenheitsarbeiten durchschlugen, gelangte Karl Ende 1939 nach Palästina. In Shfeyah, nahe Haifa, durchlief er das für die Jugend-Alijah übliche Ausbildungsprogramm. *Im Dezember 1939 reiste ich also mit einem griechischen Dampfer via Beirut nach Haifa, wo ich nach Erledigung der Einwanderungsformalitäten – dazu zählten auch Impfungen – und einigen Tagen im dortigen Immigrantenhaus nach Shfeyah gelangte. An den Vormittagen hatten wir Unterricht, hauptsächlich Hebräisch, jüdische Geschichte, Tanach (Bibelstudien) und andere geisteswissenschaftliche Fächer. Für das Leben als Kibbuzniks und Pioniere sollten wir uns außerdem naturwissenschaftliche und technische Fähigkeiten aneignen. Den restlichen Tag mussten wir abwechselnd in der Wäscherei, Küche, Bäckerei und im Garten arbeiten oder waren mit der Landwirtschaft und den Tieren beschäftigt.*

Aufgrund des Vorrückens der deutschen Truppen ließ die britische Regierung 1941 sämtliche Flüchtlinge von Zypern nach Palästina evakuieren, eine permanente Niederlassung wurde ihnen allerdings wegen der strikten Immigrationsbestimmungen verwehrt. Wieder vereint gelangten die Wolfs im November mit zahlreichen anderen Transitflüchtlingen über Ägypten nach Tanganyika, dem einstigen Deutsch-Ostafrika. *Im Juni 1941 kam es plötzlich zum lang ersehnten Wiedersehen mit meinen Eltern. Über den Suezkanal erreichten wir Kairo, von wo die Reise weiterging nach Port Sudan, Mombasa und Dar Es Salam, Hauptstadt von Tanganyika, wie das britische Mandat damals hieß. In Mwanza, wo wir anfangs lebten, hatte ich absolut nichts zu tun. Ich verbrachte die Zeit mit Radfahren und Fischen und wurde richtig gut darin. Im Herbst 1942 durfte ich endlich zur englischen Schule in Arusha gehen und traf alte Bekannte: Albert und Erna Sharp und Bertie Kaufmann von Graz und andere Kinder, die ich auf der Schiffsreise kennen gelernt hatte.*

Karl Leopold Wolf mit seinen Eltern in Mombasa

Untergebracht in einem Regierungshaus lebte die Familie zuerst in Mwanza, danach in Bukoba, wo Karl als Schichtarbeiter in einer Mine arbeitete. Ende 1943 heuerte er auf einer Farm in Nakuru in Kenia an, wo er bis zum 1946 gefassten Entschluss seiner Familie, nach Brasilien auszuwandern, tätig war.

Anfang 1947 erreichten sie Rio de Janeiro und kamen zu Beginn beim mittlerweile verheirateten Kurt in Sao Paulo unter. Karl fand einen Posten auf einer von deutschen Emigranten betriebenen Kaffeeplantage in Rolandia, westlich von Sao Paulo gelegen und übernahm bald eine eigene kleine Farm. Seine Niederlassung in Brasilien beschrieb Karl Wolf wie folgt: *Am 7. Januar 1947 sind wir in die Bucht von Rio de Janeiro gesegelt, vorbei am Zuckerhut, eine atemberaubende Erscheinung. Die riesige Stadt, damals hatte sie mehr als 3 Millionen Einwohner, war von Bergen umgeben, lag am offenen Meer und hatte unzählige Wolkenkratzer und Sandstrände. In der Bucht kamen ständig riesige Fähren und Ozeandampfer an oder legten ab. Von Rio sind wir mit dem Zug ins 430 km entfernte Sao Paulo gefahren. Mein Stiefbruder Kurt kannte jemanden auf einer Farm in Rolandia, Parana, und innerhalb eines Monats hatte ich einen Job auf einer Kaffeeplantage, die einem deutschen Paar, den Hinrichsens, gehörte. Außer dem Kaffeebau stellten sie auch Milchprodukte her, die sie in der Stadt verkauften. Ich musste melken, die Getreide- und Wassermühle bedienen und mehrere andere ungewohnte Arbeiten verrichten. Meine Eltern hatten mittlerweile genug von Sao Paulo und zogen nach Rio zu einer Cousine meiner Mutter, wo es ihnen nicht viel besser ging. Im März 1947, nur zwei Monate nach unserer Ankunft in Brasilien, erlitt meine Mutter ihren dritten Schlaganfall und verstarb mit nur 47 Jahren. Als mich die Nachricht erreicht hatte, war sie schon längst begraben. Sogar die Übermittlung von Telegrammen dauerte zu dieser Zeit Wochen. Ich erinnere mich, wie ich den Brief von meinem Vater erhalten habe. Er war in einem fürchterlichen Zustand. Einen Verlust zu erleiden ist immer schlimm. Jemanden in einer großen, fremden Stadt in einem fremden Land zu verlieren, ohne die Sprache zu verstehen und ohne Freunde zu haben, muss noch viel schwieriger gewesen sein. Mein Vater sagte, diese Erfahrung wäre für ihn schlimmer gewesen, als jene im KZ Dachau. Er kam dann zu mir nach Rolandia und konnte ebenfalls auf der Farm arbeiten, war aber stets unglücklich. Als 62-jähriger vermisste er ein gewisses Maß an Komfort und das gesellschaftliche Leben interessierte ihn nicht. Nachdem er herausgefunden hatte, dass ihm in Österreich eine kleine Pension zustand, kehrte er im April 1948 zurück. Bei unserem Abschied war er voller Vorfreude, wieder ein unabhängiges Leben führen zu können. Für ihn war es wohl die richtige Entscheidung. Er traf in Österreich alte Freunde und fand eine neue Frau, mit der er sein Leben teilen konnte.*

Ich blieb bis März 1949 auf der Farm, wo ich zwischenzeitlich ein eigenes Stück Land zur Bewirtschaftung übernommen und mir ein kleines Holzhaus gebaut hatte.

Im Juli 1952 ist mein Vater in Graz gestorben. Wie zu dieser Zeit üblich, erfuhr ich erst davon, als er schon längst begraben war. Zur Regelung des Nachlasses bin ich nach der Kaffeeernte im September 1953 nach Graz gereist. Anzukommen, nach mehr als 15 Jahren, war sehr seltsam, aber ich habe dann versucht, das Beste aus der Reise zu machen, Freunde und Verwandte zu besuchen und viel zu unternehmen (Theater, Kino, Konzerte und sogar Schifahren) und ich habe die Reise dann wirklich genossen.

1956 fuhr Karl Wolf nach Israel, wo er Familienangehörige aufsuchte, seine zukünftige Frau kennen lernte und wenige Monate später heiratete. Bis Ende 1959 lebten die beiden in Brasilien und entschieden sich dann, nach England zu migrieren. In Cirencester, Gloucestershire, arbeitete er wieder auf einer Farm und ließ sich zum staatlich zertifizierten Landwirt ausbilden. Die Wolfs haben drei Kinder. Bis zu seinem Tod im Oktober 2012 lebte Karl Wolf in Norwich. Sein Vater Paul Wolf war von 1948 bis 1952 Präsident der Grazer Kultusgemeinde.

In Graz und andernorts

I.

Die Idee zu diesem Buch ist indirekt bereits im Jahr 2008 entstanden, als ich im Rahmen des Projektes „Biographisches Archiv Grazer Jüdinnen und Juden“ des *Centrums für Jüdische Studien* der Universität Graz (CJS) und unterstützt durch ein *David-Herzog-Fonds*-Stipendium der steirischen Universitäten zwei Monate in Israel verbrachte und nach biographischen Zeugnissen der damaligen Grazer bzw. steirischen jüdischen Bevölkerung suchte. Das Bestreben des gemeinsam mit Gerald Lamprecht vom CJS entwickelten Forschungsvorhabens war es, Dokumente und Archivalien von ehemaligen Grazer Jüdinnen und Juden zu sammeln und systematisch zusammenzuführen. Der Gefahr, dass das Vermächtnis der Opfer und Überlebenden mit Fortdauer der Zeit verloren geht, sollte durch den Aufbau eines eigenen Archivs entgegengewirkt werden. Neben der Recherche nach publizierten autobiographischen Texten und nicht veröffentlichten Egodokumenten, wie z.B. Tagebücher, Briefwechsel etc., sowie von lebensgeschichtlichen Ton- und Videointerviews in verschiedenen Archiven und Forschungseinrichtungen sowohl in Österreich als auch im Ausland, sollten auch eigene Interviews mit Zeitzeuginnen und Zeitzeugen durchgeführt werden. Die Gelegenheit, ehemalige steirische Jüdinnen und Juden persönlich zu treffen und zu befragen, ergab sich erst im Zuge eines weiteren Aufenthaltes in Israel 2009/10. Durch ein vom *Bundesministerium für Wissenschaft und Forschung* finanziertes Stipendium war ich als Doctoral Research Fellow am *Center for Austrian Studies* der *Hebrew University of Jerusalem* tätig. Neben der Fortsetzung der Archivrecherchen lag das Hauptaugenmerk auf der Durchführung von Interviews. Die Kontaktaufnahme mit Grazerinnen und Grazern, die 1938/39 aus Österreich geflohen waren und sich in Palästina/Israel niedergelassen haben, erfolgte über die Israelitische Kultusgemeinde Graz, sowie durch den *Nationalfonds der Republik Österreich für Opfer des Nationalsozialismus*. Persönliche Begegnungen und Befragungen fanden insgesamt mit 18 Grazer Palästina/Israel-Emigrantinnen und -Emigranten (zum Teil auch mit deren Angehörigen) statt. In beinahe allen Fällen konnte das Interview auf Tonband aufgezeichnet werden.

Die Lebensgeschichten sowie das umfangreiche Aktenmaterial zur Geschichte der Grazer Kultusgemeinde sind in meine im Dezember 2011 fertig gestellte Dissertation „Auswanderung und Flucht steirischer Jüdinnen und Juden nach Palästina im Kontext der gesamtösterreichischen Alijah bis 1945" eingeflossen. Das vorliegende Buch konnte sich vielfach auf diese Arbeit stützen, beschränkte sich im Hinblick auf die Exilländer allerdings nicht auf Palästina, sondern zog auch andere Fluchtdestinationen mit ein.

II.

Basis für die Biographien in dieser Publikation waren lebensgeschichtliche Interviews, die zumeist im Rahmen von Forschungsprojekten geführt wurden, sowie autobiographische Texte von ehemaligen Grazer Jüdinnen und Juden. Einige dieser deutsch- und englischsprachigen Erinnerungen sind bereits publiziert und wissenschaftlich aufbereitet, andere sind bisher nicht bearbeitet worden, stehen aber in Archiven, Forschungseinrichtungen und Online-Datenbanken zur Verfügung oder wurden der Verfasserin von Kolleginnen und Kollegen zur Verfügung gestellt.

Gedankt sei an dieser Stelle daher jenen Personen und Institutionen, die zur Realisierung dieses Buches beigetragen haben: Zuallererst möchte ich mich bei den Grazer Palästina-Emigrantinnen und -Emigranten bedanken, die ich im Rahmen meines Forschungsaufenthaltes 2009/10 in Israel treffen konnte. Wenngleich nicht sämtliche Lebensgeschichten in das vorliegende Buch eingeflossen sind, so waren es durchwegs wertvolle Gespräche und Begegnungen, die die Arbeit wesentlich geprägt haben. Danke auch an Karen Engel[1], Christian Klösch[2] und Albert Lichtblau für die Bereitstellung von Interviews, die sie mit ehemaligen steirischen Jüdinnen und Juden geführt haben.

Besonders wertvoll für das Projekt war der umfassende Bestand des *Visual History Archive* der *USC (University of Southern California) Shoah Foundation*[3], die 1994 vom US-amerikanischen Regisseur Steven Spielberg mit dem Ziel gegründet wurde, Interviews von Überlebenden und anderen Zeuginnen und Zeugen des Holocaust zu sammeln. Die zu den weltweit größten digitalen Videoarchiven zählende Sammlung umfasst rund 52.000 Gespräche mit Verfolgten des NS-Regimes – Jüdinnen und Juden, Sinti und Roma, Zeuginnen und Zeugen Jehovas, Homosexuelle, politische Gefangene und „Euthanasie"-Opfer – sowie Helfern, Rettern und anderen „Involvierten" aus 56 Ländern in 32 Sprachen.

Unter den tausenden Aufzeichnungen befinden sich auch zahlreiche lebensgeschichtliche Befragungen von Überlebenden, die vor 1938 in Österreich gelebt haben, wobei die Treffen überwiegend in den jeweiligen Zufluchtsländern stattgefunden haben. Wie bei den in Österreich durchgeführten Interviewprojekten etwa vom *Österreichischen Nationalfonds* oder von *erinnern.at*[4] mit Opfern des Nationalsozialismus ist der Anteil jener von der *Shoah Foundation* interviewten Personen am größten, die ihren Lebensmittelpunkt vor dem „Anschluss" 1938 in Wien hatten. Bei den als Jüdinnen und Juden Verfolgten ist dieser Umstand auch durch die Größe der Wiener Kultusgemeinde bedingt, die vor dem Krieg mit rund 180.000 Personen die mit Abstand meisten Mitglieder zählte. Das Videoarchiv der *Shoah Foundation* enthält aber auch einige Interviews mit ehemaligen Mitgliedern der in den 1930er Jahren knapp 2.000 Mitglieder zählenden Israelitischen Kultusgemeinde Graz. Zugang zu diesem *Visual History Archive* der *Shoah Foundation* hatte ich in den *Yad Vashem Archives* in Jerusalem, an der Universität Salzburg sowie im Rahmen einer Summer School der Multimedialen Archive der Freien Universität Berlin[5].

Ebenfalls ergiebig war der Bestand der *Austrian Heritage Collection* des New Yorker *Leo Baeck Institute*, das sich die Dokumentation der Geschichte der deutschsprachigen jüdischen Bevölkerung zur Aufgabe gemacht hat und das in der eigens gegründeten *Collection* mündliche und schriftliche Erinnerungen von in die USA emigrierten österreichischen Jüdinnen und Juden sammelt.[6] Neben den seit 1996 in Zusammenarbeit mit dem *Nationalfonds der Republik Österreich für Opfer des Nationalsozialismus* und dem österreichischen Verein *Gedenkdienst* entstandenen Audio- und Videointerviews verfügt das Archiv auch über andere biographische Quellen von fast 4.000 Personen, darunter Memoiren, Fotografien, persönliche Dokumente, Fragebögen etc.

Recherchiert wurde außerdem im *Dokumentationsarchiv des österreichischen Widerstandes*: Im Rahmen des Projekts „Erzählte Geschichte" wurden über 2.000 Personen befragt, die während der Zeit des Nationalsozialismus verfolgt wurden und/oder im Widerstand aktiv waren. Interviewauszüge und biographische Skizzen wurden gemeinsam mit dem historischen Kontext in vier Bänden mit unterschiedlicher Schwerpunktsetzung publiziert;[7] der Großteil der Erzählungen ist transkribiert worden, einige sind darüber hinaus online verfügbar.[8]

III.

Die Relevanz der seit den 1980er Jahren im Zuge einer intensiven wissenschaftlichen Auseinandersetzung mit der Shoah erfolgten Befragungen von Überlebenden wird insbesondere durch die Quellenlage deutlich. Gerade für viele Fragen, die im Rahmen historischer Forschungen zum Nationalsozialismus zu stellen sind, existieren schlichtweg keine anderen aussagekräftigen Quellen außer autobiographische Aufzeichnungen oder Interviews. Die erzählten Erinnerungen der Betroffenen dienen als wichtige Quellen der Geschichtsforschung, aber auch als allgemeines Gedächtnisgut, dessen Verfügbarkeit vor allem angesichts der immer geringer werdenden Zahl an Zeitzeuginnen und Zeitzeugen speziell für die nachfolgenden Generationen von Bedeutung ist.

Neben der Betonung der Wichtigkeit von Lebenserinnerungen sowohl für die Forschung als auch für die Etablierung und Festigung „individueller und ‚kollektiver' Vergangenheitsidentitäten"[9] muss an diesem Punkt auch auf die problematischen Implikationen dieser Quellenform verwiesen werden: In erster Linie resultieren diese aus der Retrospektive der Interviewten, die zwangsläufig zu einer Verbindung zwischen Vergangenem und Gegenwärtigem führt. Der Erinnerungsvorgang ist als Konstruktionsprozess, „das im Interview Dargebotene [...] als ‚Erfahrungssynthese' aufzufassen, die sich zum einen durch eine zeitliche Aufschichtung und zum anderen durch die Gegenwartsperspektive des Erzählenden konstituiert."[10] Zur Differenzierung von Ereignis, Erfahrung und Deutung[11] muss darüber hinaus der Bezug zu den berichteten Geschehnissen untersucht werden, um die subjektive Erzählung der Zeitzeuginnen und Zeitzeugen in einen größeren Rahmen einbinden und Details gegebenenfalls verifizieren, relativieren oder widerlegen zu können.[12] Schwierigkeiten ergeben sich auch durch die Begrenztheit der Erzählperspektive – von den Interviewpartnerinnen und -partnern kann keine lückenlose Schilderung sämtlicher Erfahrungen erwartet werden: Die Erinnerung ist selektiv und durch das zerstörte Kontinuitätsgefühl fällt es den Betroffenen häufig schwer, den Zusammenhang zwischen den einzelnen Lebensphasen (die Zeit vor der Auswanderung, die Flucht an sich und das Leben in der Emigration) herzustellen.[13] Noch weniger ist im Rahmen eines lebensgeschichtlichen Interviews von einer übergreifenden und chronologischen Darlegung historischer Zusammenhänge auszugehen.[14] Wesentlich bei der Beschäftigung mit biographischen Erinnerungsinterviews ist die Anerkennung der Tatsache, dass diese Quellengattung keinen unmittelbaren Zugang zur sozialen Wirklichkeit ermöglicht – vielmehr erfolgt eine „schematische Darstellung eines Gedankengebäudes, das der Erzählende nach vorgegebenen Größen und subjektiven Freiheitsgraden gestaltet"[15] und für die eine Kontextualisierung nach verschiedenen Gesichtspunkten unerlässlich ist.

IV.

Jüdisches Leben in Graz bis 1938

Seit der 1869 erfolgten Gründung der Grazer Israelitischen Kultusgemeinde war die Entwicklung der jüdischen Bevölkerungsgruppe durch eine starke Zuwanderung und eine verhältnismäßig hohe Geburtenrate von einem raschen Wachstum gekennzeichnet. Insgesamt blieb der jüdische Anteil an der Grazer Gesamtbevölkerung aber beständig gering.[16] Laut Volkszählung lebten 1934 in der gesamten Steiermark 2.195 Jüdinnen und Juden, wovon 1.720 (rund 80 Prozent) in der Landeshauptstadt ansässig waren. Die übrigen Mitglieder der Grazer Kultusgemeinde stammten aus den Bezirken Leoben, Graz-Umgebung, Judenburg und Bruck an der Mur. Die rund 1.700 Grazer Jüdinnen und Juden, die im März 1938 in Graz lebten, teilten sich auf ca. 450 Familien auf, von welchen 33, also rund sieben Prozent, in vorliegendem Buch portraitiert wurden.

Die unterschiedlichen Familiengeschichten geben einen Einblick in die Vielfalt jüdischen Lebens in Graz während der ersten Jahrzehnte des 20. Jahrhunderts. Trotz Gemeinsamkeiten und Ähnlichkeiten – etwa im Hinblick auf dominierende Berufssparten (v.a. der Kleinhandel) und Wohnorte (Gries und Lend) – ist nicht von einer einheitlichen jüdischen Sozialgruppe auszugehen. Aus dem Gegensatz zwischen dem stark vertretenen Bürger- und Kleinbürgertum, der Minderheit der zugewanderten Unterschicht sowie der anteilsmäßig geringen Oberschicht ergab sich eine erkennbare soziale Schichtung. Durch den kriegsbedingten Zuzug einer Vielzahl an Jüdinnen und Juden aus den östlichen Gebieten der Monarchie (auch die Mehrheit der hier vorgestellten Familien war aus wirtschaftlichen Gründen um die Jahrhundertwende aus den östlichen Teilen der Monarchie in die Steiermark gekommen) ergaben sich nicht nur Spannungen mit den bereits ansässigen jüdischen Familien, es vergrößerte sich auch die Gruppe der orthodoxen Anhängerinnen und Anhänger und im gleichen Schritt jene der Zionistinnen und Zionisten, wodurch die religiösen und politischen Gegensätze zur Mehrheit des liberal gesinnten Grazer Judentums zunahmen.

Einem „assimilatorischen" Selbstverständnis verhaftet, spielte die Religion für weite Teile der Grazer (bzw. österreichischen) Jüdinnen und Juden in der ersten Hälfte des 20. Jahrhunderts nur eine geringe, im Falle der Familien von Anna Weiss und Helma Goldmark etwa überhaupt keine Rolle. In beiden Häusern wurde für die christlichen Angestellten sogar Weihnachten gefeiert. Der Großteil der jüdischen Bevölkerung hatte sich von den jüdischen Traditionen weitgehend distanziert und suchte die Synagoge am Grieskai nur zu den hohen Feiertagen auf. Dass die Religion im Laufe der Entwicklung an Bedeutung verloren hatte, zeigt sich u.a. an Hand einer sehr konstanten Aus- und Übertrittsbewegung, wodurch sich unter Mitberücksichtigung der Geburten- und Sterbeziffern ein demographischer Rückgang ergab – ein Trend, der bis März 1938 andauern sollte. Die Austritte, die häufig mit der Entscheidung, konfessionslos zu bleiben, einhergingen, waren nicht zuletzt eine Form der Reaktion auf das antisemitische Umfeld.

Die 1892 errichtete Synagoge am Grazer Grieskai

Zionismus und Auswanderung in den 1930er Jahren

Wenn auch gewisse soziale, religiöse und politische Spannungen existierten, war die jüdische Bevölkerung in Graz von einem starken Zusammenhalt geprägt, der insbesondere im Zuge der zunehmenden Judenfeindlichkeit offenkundig wurde. Folge des im Laufe der Zwischenkriegszeit häufiger und radikaler auftretenden Antisemitismus war aber nicht allein das Zusammenrücken der Gemeinde, sondern auch eine verstärkte Hinwendung zum Zionismus. Zur Verbreitung des zionistischen Gedankenguts innerhalb der jüdischen Bevölkerung trugen speziell die nach dem Ersten Weltkrieg zahlreich entstandenen Vereine bei, die auf die Pflege und Förderung des jüdischen Nationalgefühls und Selbstbewusstseins – etwa in Form der Beschäftigung mit jüdischer Geschichte und Kultur und der Erneuerung und Verbreitung der hebräischen Sprache – abzielten.[17] Bedeutend waren in diesem Zusammenhang vor allem die zionistischen Jugendvereine, deren Aktivitäten auf ein künftiges Leben in Palästina vorbereiten sollten. Die Mehrheit der Grazer jüdischen Jugendlichen und auch der befragten Personen gehörten einem der Jugendbünde an oder hatte, wie etwa David Grünschlag, Rudolf Latzer und Hans Röhr, eine leitende Position inne.

Die tatsächliche Abwanderung nach Palästina – und nach anderen Ländern – war in den 1930er Jahren zahlenmäßig noch überschaubar.[18] Aufgrund der Quellenlage lässt sich die Alijah von Grazer Jüdinnen und Juden vor 1938 nur schwer quantifizieren: Die Angaben etwa in den *Mitteilungen der Israelitischen Kultusgemeinde Graz* sind unvollständig, die Auswanderungskartei der Kultusgemeinde wurde im Zuge des Novemberpogroms vernichtet. In Anbetracht des äußerst geringen Umfanges der gesamtösterreichischen Palästina-Wanderung vor 1938 und der Kleinheit der Grazer Kultusgemeinde kann die steirische Alijah der 1930er Jahre mit großer Wahrscheinlichkeit mit etwas mehr als 100 Personen beziffert werden, darunter waren etwa auch Channah Grünschlag, Melitta Lichtenstein und Karl Welisch. Dass Palästina insbesondere aufgrund der unsicheren politischen und wirtschaftlichen Situation in der ersten Hälfte des 20. Jahrhunderts ein äußerst unattraktives Auswanderungsland blieb, das von nicht wenigen europäischen Immigrantinnen und Immigranten wieder verlassen wurde, belegen auch die Geschichten der Familien Engel und Enis, die beide aufgrund ökonomischer Schwierigkeiten vor 1938 wieder nach Österreich zurückgekehrt waren.

Die Wahrnehmung des Antisemitismus vor 1938

Insgesamt war die Auswanderung österreichischer und steirischer Jüdinnen und Juden in der Zwischenkriegszeit ein klares Minderheitenphänomen und hatte nicht den Charakter einer Flucht, den sie ab 1938 aufweisen sollte. Nichtsdestotrotz galt der deutlich zugenommene Antisemitismus als entscheidendes Auswanderungsmotiv für die Emigrantinnen und Emigranten der 1930er Jahre. Schon lange vor dem Nationalsozialismus war die Judenfeindlichkeit – wenn auch mit unterschiedlicher Intensität und Erscheinungsform – „selbstverständlicher" Bestandteil von Politik und Gesellschaft. Die Regierungen unter Dollfuß und Schuschnigg instrumentalisierten den Antisemitismus zwar nicht als Propagandamittel, tolerierten jedoch die von verschiedenen Seiten betriebene antisemitische Agitation weitgehend.[19]

Obgleich sich die Wahrnehmungen und Erfahrungen unterscheiden, geht aus den Berichten der Zeitzeuginnen und Zeitzeugen eindeutig hervor, dass die Judenfeindlichkeit schon in der Zwischenkriegszeit kontinuierlich präsent war und in verschiedenen Formen in Erscheinung trat. Die Mehrheit der Befragten konnte über persönliche Erlebnisse mit dem Antisemitismus berichten (überwiegend handelte es sich dabei um Beschimpfungen und Ausgrenzungen nichtjüdischer Kinder und um wirtschaftlich motivierten Antisemitismus von Konkurrenzbetrieben) und selbst wenn Betroffene keine diesbezüglichen Angaben machten, wird auch in diesen Lebensgeschichten deutlich, dass ein Bewusstsein über die in den 1930er Jahren zunehmende Ab- und Ausgrenzung der jüdischen durch die übrige Bevölkerung vorhanden war.

Auf dem Nährboden des in der Steiermark seit 1918 weit verbreiteten Deutschnationalismus und Antislawismus und dem damit verbundenen Antisemitismus vermochte die aufkeimende nationalsozialistische Bewegung die Judenfeindlichkeit zu radikalisieren und stieß damit beim Großteil der nichtjüdischen Bevölkerung auf Billigung oder Zustimmung. Wenn auch – wie Dieter Binder festhält – zwischen „gleichgültiger Akzeptanz, wohlwollendem Mitläufertum und aktivem, rassenkämpferischen bis rassenvernichtendem Verhalten“[20] differenziert werden muss, konnte die NS-Ideologie in Graz letztlich rasch und problemlos greifen, weil das Klima bereits vor dem „Anschluss“ eindeutig rassistisch und antisemitisch war.

Das Jahr 1938: Der „Anschluss“ und seine Folgen

Mit dem Ziel, schnellstmöglich die Rechtsangleichung ans „Altreich“ zu vollziehen, hatte sich in den ersten Monaten nach dem „Anschluss“ eine Flut an Gesetzen und Verordnungen ergossen, die die nationalsozialistische Exklusions- und Verfolgungspolitik auch auf dem österreichischen Gebiet auf eine gesetzliche Grundlage stellte. Der für die jüdische Bevölkerung Österreichs folgenschwerste Schritt in der rechtlichen Adaption war die Übernahme der „Nürnberger Rassegesetze“ am 20. Mai 1938: Mit dem „Gesetz zum Schutze des deutschen Blutes und der deutschen Ehre“ wurde klar festgelegt, wer „jüdisch“ ist und damit zur Gruppe der Ausgeschlossenen und Verfolgten zählt. Zu den rund 182.000 Personen, die im März 1938 bei den Kultusgemeinden in Österreich registriert waren, kamen nun ca. 24.000 weitere Österreicherinnen und Österreicher hinzu, die sich anderen Religionen zugewandt hatten oder konfessionslos waren. Nach den „Rassegesetzen“ galten sie nun als Jüdinnen oder Juden und wurden von den Nationalsozialisten verschiedenen Kategorien von Juden zugeordnet.[21] Für die Steiermark wird entsprechend dieser Zuteilung von einer Zahl zwischen 2.100 und 2.500 ausgegangen, wobei sich diese aus 1.700 „Glaubensjüdinnen“ und „Glaubensjuden“ und 400 bis 800 „Nichtglaubensjüdinnen“ und „Nichtglaubensjuden“ zusammensetzten.[22]

Dass die vollständige Vertreibung der Jüdinnen und Juden aus dem Deutschen Reich zum primären Ziel der Nationalsozialisten zählte, wurde von Beginn an offen artikuliert, akribisch geplant und rigoros umgesetzt. Maßgeblich verantwortlich war dabei der Sicherheitsdienst der SS (SD)[23] und deren Subabteilung II 112 („Judentum“), die mehrere Jahre von Adolf Eichmann (1906–1962) geleitet wurde. Zahlreiche unterschiedliche Instrumentarien wurden zu einem systematischen Vertreibungsprogramm gebündelt: Die zunächst schrittweise, dann endgültige Unterbindung jeglicher Erwerbstätigkeit, sowie die im Zuge der „Arisierung“ von Wohnungen und Betrieben erfolgte Beraubung sollten der jüdischen Bevölkerung die Existenzgrundlage entziehen. Zum Teil bereits in den Monaten davor und vermehrt ab November 1938 wurden neben der rechtlichen Marginalisierung, wirtschaftlichen Enteignung und gesellschaftlichen Isolierung auch körperliche Übergriffe und Inhaftierungen als „wirksame" Mittel zur Forcierung der jüdischen Abwanderung herangezogen. Ein vereinfachtes und „rationalisiertes" bürokratisches Verfahren, mit dem sich die Zwangsauswanderung innerhalb kürzester Zeit umsetzen ließ, wurde im August 1938 mit der Errichtung der „Zentralstelle für jüdische Auswanderung"[24] in Wien gefunden.

NS-Posten vor dem Schuhgeschäft „Bally" in der Herrengasse Graz, 1938

Noch während den deutschen Truppen am 13. März 1938 ein triumphaler Empfang bereitet wurde, begann die Ausgrenzung, Verfolgung und Inhaftierung von Jüdinnen und Juden (in der Steiermark unter anderem der Landesrabbiner David Herzog, der Nobelpreisträger Otto Loewi und der Vorsitzende des *Bundes jüdischer Frontsoldaten*

Ernst Wechsler) aber auch von politischen Gegnerinnen und Gegnern und anderen „Gemeinschaftsfremden".[25] Die Exklusion der jüdischen Bevölkerung wurde schließlich auf administrativem Wege vollzogen: Unzählige noch im März 1938 erlassene Gesetze und Verwaltungsanordnungen zielten auf die systematische Entrechtung und Verdrängung aus der Wirtschaft und dem öffentlichen Leben ab. Wie die folgende exemplarische Aufzählung zeigt, betrafen die Einschränkungen und Verbote sämtliche Lebensbereiche der Jüdinnen und Juden:[26] Schächtverbot, Entlassung von jüdischen Beamten, Richtern, Anwälten und Ärzten, Ausschluss der jüdischen Kinder aus den öffentlichen Schulen[27] sowie der jüdischen Studenten und Dozenten aus den Universitäten, Ausgeh- und Zutrittsverbote zu öffentlichen Anlagen und Einrichtungen, Auflösung der jüdischen Vereine und Beschlagnahmung des Vereinsvermögens, sowie in weiterer Folge von Betrieben, Wohnungen und anderem Privatbesitz.

Gleich wie im übrigen Reichsgebiet markierte die Pogromnacht im November 1938 in Graz einen deutlichen Wendepunkt in der Verfolgungsgeschichte der jüdischen Bevölkerung. Die reichsweit simultan erfolgten, beispiellosen Gewaltexzesse wurden in Graz hauptsächlich von der SA getragen, die in der Nacht vom 9. auf 10. November 1938 in einer gründlich vorbereiteten Aktion die Synagoge und Zeremonienhalle am jüdischen Friedhof plünderte und brandschatzte. Neben der materiellen Zerstörung nahezu aller religiöser Stätten und Beschädigung zahlreicher Privathäuser und Betriebe kam es zu schweren körperlichen Übergriffen auf mehrere Juden. Der Rabbiner David Herzog war den physischen Attacken besonders stark ausgesetzt.

Brand der Grazer Synagoge

Jüdinnen und Juden wurden zwar bereits in den Monaten nach dem „Anschluss" inhaftiert, das ungeheuerliche Ausmaß, das mit den Massenverhaftungen im Verlauf der Pogromnacht erreicht wurde, hatte bisher aber nichts Vergleichbares gekannt. Während nicht wenige Wiener Juden schon im April, Mai und Juni 1938 ins KZ Dachau verschleppt worden waren, hatte sich die Arretierung der Juden in Graz bis dahin weitgehend auf das Polizeigefängnis in der Paulustorgasse „beschränkt", das sich am 10. November im Zuge der neuerlichen Festnahmen in den meisten Fällen jedoch nur als Zwischenstation erweisen sollte. Von der Verhaftungswelle betroffen waren neben dem Gemeindevorstand fast alle männlichen, erwachsenen Juden – insgesamt 300 aus Graz und 50 aus der Umgebung. Zu den wenigen, die das Glück hatten, ihr zu entgehen, gehörten u.a. Heinrich Engel und Rudolf Latzer. Alfred Klein, Ernst Wechsler und Emanuel Weinberger entgingen der weiteren Deportation durch die Bekanntschaft mit Polizisten oder Ärzten.

Polizeipräsidium Graz

Die Suche nach Fluchtmöglichkeiten

Hatte sich durch die Geschehnisse des Novemberpogroms ohnehin die Erkenntnis gefestigt, dass eine Auswanderung unumgänglich war, bot sich gerade für die jüdische Bevölkerung von Graz keine Alternative: In der „Stadt der Volkserhebung" versuchte die nationalsozialistische Führung die Vertreibung durch die Festsetzung eines Liquidierungstermins abzusichern, der der jüdischen Gemeinde auferlegt wurde. Die erste Frist wurde mit Ende des Jahres 1938 festgesetzt, sie musste jedoch zweimal verlängert werden – zunächst auf den 20. April (Adolf Hitlers Geburtstag), danach auf August 1939.

Die Auswanderungsstelle der Kultusgemeinde maß in den Wochen nach dem Novemberpogrom der Enthaftung der nach Dachau deportierten Männer oberste Priorität zu. Nachdem Elias Grünschlag durch den Nachweis von Ausreisepapieren bereits 50 Juden vor der KZ-Haft bewahren hatte können, vermochte er in den folgenden Wochen vielen in Dachau Internierten zur Freilassung zu verhelfen, indem er persönlich für deren fristgerechte Ausreise bürgte.[28] Die Arbeit der Gemeindeleitung gestaltete sich aufgrund zahlreicher administrativer und finanzieller Hürden aber schwierig. Noch im Jahr 1938 ließ die Bereitschaft zur Aufnahme von Jüdinnen und Juden in den Zielländern drastisch nach. Dan Diner beschreibt die Situation der verfolgten jüdischen Bevölkerung als ausweglose Lage, „die sich zu einem Horrorszenario auswuchs und für die jüdische Katastrophe vor der Katastrophe der Massenvernichtung von zentraler Bedeutung werden sollte: Auswanderung aus dem von den Nazis beherrschten mitteleuropäischen Bereich ohne ihr adäquate Einwanderungsmöglichkeiten.“[29]

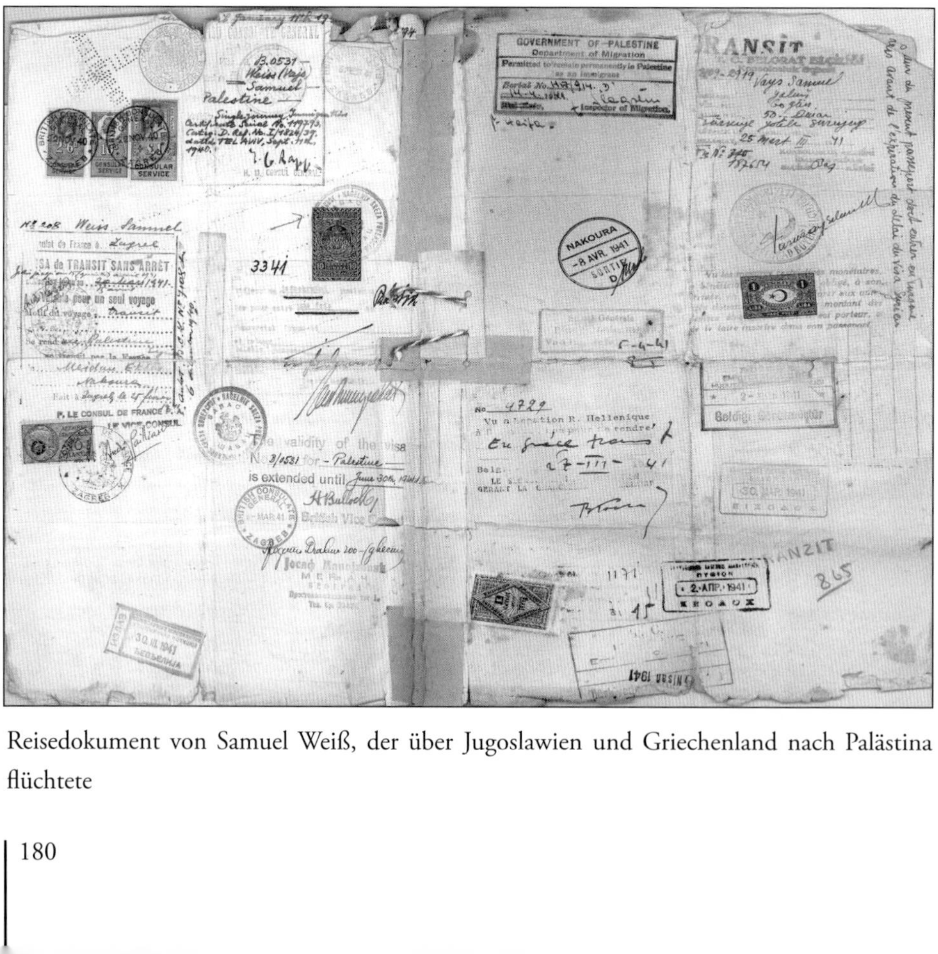

Reisedokument von Samuel Weiß, der über Jugoslawien und Griechenland nach Palästina flüchtete

Hauptziele der unmittelbar nach dem „Anschluss“ begonnenen ersten Auswanderungswelle waren europäische Länder, die aufgrund ähnlicher Lebensbedingungen und der Nähe zur ehemaligen Heimat attraktiv erschienen, sich in den meisten Fällen aber nur als Zwischenstationen erweisen sollten. Zahlreiche Flüchtlinge hatten sich zunächst in der Schweiz, in Frankreich, Holland und Belgien niedergelassen, die verschärften Einreisebestimmungen sowie die kriegsbedingten politischen Veränderungen zwangen den Großteil jedoch zur Weiterreise. Durch den begrenzten Zugang zu Visen, Schiffspassagen und anderen Dokumenten, durch Ausweisungen und Internierungsmaßnamen war diese allerdings zumeist äußerst schwierig zu organisieren. Auch Italien, Jugoslawien, Spanien und Portugal stellten überwiegend Transitstationen dar, letztere als Ausgangspunkt für die Auswanderung in die USA und andere Überseestaaten. Viele der befragten Grazerinnen und Grazer waren so genannte Transitflüchtlinge und erreichten ihr endgültiges Ziel erst nach mehreren Stationen. Über Marburg/Maribor gelangten etwa Ludwig Biró nach Palästina und Helma Goldmark zunächst nach Italien und in weiterer Folge in die USA. Kriegsbedingt flüchtete Anna Weiss von Prag über Belgien, England und Frankreich zunächst nach Martinique und Santo Domingo und schließlich 1941 in die USA. Zur Flucht in Etappen waren auch Berthold Kaufmann und Karl Leopold Wolf gezwungen, die über Zypern und Palästina nach Tanganyika und Kenia gelangten.

Eines der wenigen Länder, das seine Immigrationspolitik unter dem Eindruck des Novemberpogroms liberalisierte, war Großbritannien. Die bis zum Kriegsausbruch[30] gültigen Bestimmungen sollten nichtsdestotrotz sicherstellen, dass sich die Anwesenheit der Flüchtlinge nicht nachteilig auf Staat und Gesellschaft auswirkte. Bevorzugt aufgenommen wurden Transitmigrantinnen und -migranten, Wissenschaftlerinnen und Wissenschaftler, Künstlerinnen und Künstler sowie Industrielle. Abgesehen von Haushaltsgehilfinnen war es österreichischen Einwanderinnen und Einwandern verboten, jeglicher Form von Arbeit nachzugehen. Eine Dienstmädchengenehmigung hatten u.a. Lina Busch, Sally Gertler, Serafine Landskroner, Trude Philippson-Lang und Aranka Schwarz erhalten. Als renommierte Wissenschaftler konnten Otto Loewi und David Herzog nach England emigrieren.

Bedeutend waren die bis zum Kriegsausbruch durchgeführten so genannten „Kindertransporte“ [31], die tausenden jüdischen Kindern und Jugendlichen die Flucht nach England ermöglichten. Edith Basch, Kurt und Lotte Landskroner sowie Eric Newman waren unter den Grazer Kindern, die mit dem Zug nach Großbritannien gelangten und von Gastfamilien aufgenommen wurden.

Seit dem späten 19. Jahrhundert das wichtigste Ziel europäischer Emigrantinnen und Emigranten jeder Nationalität und Konfession waren die Vereinigten Staaten von

E n g l a n d t r a n s p o r t III Graz 8.1.39

Burschen Deutscher Staasangehörigkeit :

1.	Bendiner Helmut	Graz, Strauchergasse 8	31. 5.23	")
2.	Braun Bernhard	" , Stifting, 32	2.11.24	
3.	Düdner Edgar	" , Griesgasse 28	21. 3.21	")
4.	Latzer Gustav	" , Vorbeckgasse 12	9. 2.25	
5.	Löw Jakob	" , Naglergasse 59	26.12.23	")
6.	Löwinger Kurt	" , Dominikanergasse 5	14. 2.25	
7.	Prucker Berthold	" , Ungargasse 16	16. 4.24	
8.	Prucker Paul	" , Ungargasse 16	1. 8.25	
9.	Stein Walter	" , Elisabethstr. 20	12. 9.24	
10.	Teich Hugo	" , Griespl. 14	26.11.24	
11.	Zimmermann Erich	" , Lendkai 67	3. 3.25	

- -

Mädchen, Deutscher Staatsangehörigkeit :

1.	Schwarz Laura	Graz, Mariahilferstr. 11	27. 3.24	

- -

Burschen,staatenlos :

1.	Asatanovicz Karl	Graz, Zweiglgasse 14	12. 3.22	")
2.	Beck Paul	" , Reitschulgasse 12	3. 9.24	")
3.	Salzmann Harald	" , Grieskai 44	25. 5.21	
4.	Silberstein Samuel	" , Neutorgasse 8	28. 5.24	
5.	Silberstein Otmar	" , Neutorgasse 8	16. 4.21	"
6.	Sussmann Hans	" , Färbergasse 2	4. 4.22	

- -

Mädchen, staatenlos :

1.	Gertler Berta	Graz, Neubaugasse 59	24. 4.25	
2.	Gertler Laura	" , Naubaugasse 59	3.11.21	")
3.	Kiesler Frieda	" , Idelhofgasse 107	13.11.21	

") Für die mit diesem Zeichen versehenen Kinder wurden je 2 Dates bereits mit 2 Bildern der Kultusgemeinde z.H. Frl. Wenger überreicht.

Liste der Kinder aus Graz, die für den „Englandtransport" vom 8. Jänner 1939 vorgesehen waren

Amerika, die auch für die vom Nationalsozialismus Verfolgten zu den wichtigsten Fluchtdestinationen wurden. Von den mehr als 30.000 Österreicherinnen und Österreichern, die zwischen 1938 und 1941 in die USA migrierten und sich vorwiegend in New York, Boston und Philadelphia niederließen, waren über 80 Prozent jüdisch. Die Einwanderung setzte nicht nur eine finanzielle Bürgschaft (Affidavit)[32] einer Amerikanerin oder eines Amerikaners voraus, sondern war seit den 1920er Jahren an feste Quoten gebunden, die von der Summe der bereits in den USA lebenden Neubürgerinnen und Neubürger des jeweiligen Herkunftslandes abhingen. Die für Österreich und Deutschland verfügbare Quote war bis Anfang 1938 nur zur Hälfte, kurze Zeit nach dem „Anschluss" jedoch gänzlich ausgeschöpft. Allein so genannte „non-quota-immigrants", zu welchen Geistliche, Künstlerinnen und Künstler, Professorinnen und Professoren und Studierende zählten, waren von dieser restriktiven Regelung ausgeschlossen.

Die USA stellten aber auch nach dem Krieg ein bedeutendes Migrationsziel dar. Die hier vorgestellten Personen, die zum Zeitpunkt der Befragung in Amerika gelebt haben, sind mehrheitlich erst nach 1945 dort angekommen. Während Kurt Kövesi, Anna Weiss und Otto Loewi noch während des Krieges einwanderten, gelangten Edith Basch, Laura Cohn, Samuel Düdner, Helma Goldmark, Bernard Lichtenstein und Margaret Welisch erst danach in die USA.

Neben Palästina stellten süd- und mittelamerikanische Länder – Destinationen, die durch Klima, Sprache, Wirtschaftsstruktur etc., zumeist eine komplette Umstellung der Lebensweise erforderten – für viele Flüchtlinge die letzte Auswanderungsoption dar. Die vor allem im Jahr 1939 deutlich gestiegene Immigration nach Brasilien, Argentinien, Kolumbien, Mexiko etc., war ebenfalls an gewisse Bedingungen geknüpft. Im Wesentlichen ließen die meisten überseeischen Länder nur bestqualifizierte Handwerker und Arbeiter zu und verlangten gewisse Summen an Eigenkapital, so genannte „Vorzeigegelder" oder „Landungsgelder". Australien und Afrika spielten als Fluchtdestinationen für österreichische Jüdinnen und Juden eine untergeordnete Rolle. Über Umwege gelangten die Familien von Berthold Kaufmann und Karl Leopold Wolf nach Tanganyika und Kenia sowie die Familie von Harald Salzmann ins nordafrikanische Tanger.

Der weltweit einzige Ort, der zumindest bis Ende 1941 keine Einwanderungsbeschränkungen hatte und an dem sich Flüchtlinge ohne Papiere aufhalten konnten, war Shanghai, das mit Ausnahme des internationalen Settlements und der französischen Konzession seit 1937 unter japanischer Herrschaft stand.[33] Die Hafenstadt war zunächst über das Mittelmeer, danach über die Sowjetunion erreichbar und nahm tausende europäische Jüdinnen und Juden auf. Auch nach Ausbruch des Pazifik-Krie-

A F F I D A V I T

UNITED STATES OF AMERICA)
STATE OF ILLINOIS) SS
CITY OF CHICAGO)
COUNTY OF COOK)

I, NELSON MORRIS, being first duly sworn, depose and say:

1. I am forty nine years of age.
2. I reside at 18300 Leavitt Street, Homewood, Illinois.
3. I am an American citizen by birth.
4. I am worth considerably in excess of a quarter of million dollars.
5. I am a friend of Bruno Kurzweil, a lawyer, born January 13, 1891, in Josefstadt, Czechoslocakia; Gisela Kurzweil, his wife, born February 25, 1900, in Oderberg, Czechoslocakia; Adela Kurzweil, their daughter, born January 31, 1925, in Graz, Austria, now residing at Montauban (Tarn et Garonne) 112, Avenue Gambetta, France.

This affidavit is made for the purpose of assisting the said Bruno Kurzweil, his wife Gisela, and his daughter Adela, to obtain a visa for admission to the United States of America.

I hereby promise and guarantee that in the event said applicants are permitted to enter into the United States of America, I will receive and take care of them, and that I will not at any time allow them to become public charges to any community or municipality of the United States.

I make this affidavit for the purpose of inducing the proper United States Consulate authorities to grant said Bruno Kurzweil, his wife Gisela Kurzweil and his daughter, Adela Kurzweil, a visa permitting them to enter the United States of America.

Nelson Morris (SEAL)

I, J. McKENERICK, a Notary Public, hereby certify that this Affidavit was sworn to before me by Nelson Morris, this 29th day of April, A.D. 1941.

J. McKenerick

Affidavit für den Grazer Rechtsanwalt Bruno Kurzweil

ges blieb der Großteil der Flüchtlingsgemeinschaft in Shanghai, erlebte die Bombardierungen und migrierte erst nach 1945 in andere Länder weiter, so etwa auch Samuel Düdner und Lisa Gerber.

Fluchtland Palästina[34]

Laut einem Bericht des Sicherheitsdienstes der SS waren von 1.599 Jüdinnen und Juden, die seinen Informationen zufolge am 20. März 1938 in Graz ansässig gewesen waren, bis zum 4. November 1938 417 abgewandert, wobei keine Angaben zu den Fluchtländern gemacht werden.[35] Aufschlussreich ist dagegen eine Auflistung von Personen, die bis Mitte Oktober 1938 aus Graz geflüchtet waren.[36] Die Zusammenstellung gibt einen Einblick in die Zielländer, für die sich die Grazer jüdische Bevölkerung im Zuge der zwischen „Anschluss" und Novemberpogrom erfolgten ersten Auswanderungswelle „entschieden" hat. Von insgesamt 354 Grazer Jüdinnen und Juden emigrierten 63 nach Palästina, 37 in die Tschechoslowakei, 35 nach England, 31 nach Jugoslawien, 28 nach Italien (davon zahlreiche nach Triest), die übrigen in weitere europäische Staaten wie die Schweiz, Frankreich, Holland, Dänemark und Belgien. Auch einige Überseeländer wie die USA, Kolumbien, Paraguay und China scheinen auf, ferner wird bei mehreren Personen als Ziel „Wien" angegeben, von wo vermutlich vielfach die Abreise ins Ausland erfolgte, häufig wird außerdem „unbekannt" vermerkt. Aus dem Verzeichnis geht (freilich) nicht hervor, ob die bei der Abmeldung angegebenen Destinationen tatsächlich erreicht wurden oder diese nur Zwischenstationen darstellten – vor allem bei den Nachbarstaaten Österreichs wird dies der Fall sein.

Neben den 63 in dieser Aufstellung genannten Personen, die als Ziel Palästina angegeben haben, gelangten viele weitere auf sehr unterschiedlichen Wegen nach Palästina. Durch die restriktive Immigrationspolitik der Briten, die im Laufe des Jahres 1939 noch einmal eine Verschärfung erfahren sollte, kam die legale Einwanderung nach Palästina nur in wenigen Fällen in Frage. Die Anzahl der Einwanderungsgenehmigungen variierte und war abhängig von der „ökonomischen Aufnahmefähigkeit" des Landes. Unterschieden wurde zwischen folgenden Kategorien:[37] Kategorie „A" meinte Personen mit eigenen Mitteln, die ein Kapital von mindestens 1.000 Palästinapfund besaßen und darüber frei verfügen konnten. Die so genannten „Kapitalisten", die mit „Kapitalisten"-Visa einreisen konnten, unterlagen als einzige Gruppe keiner Begrenzung. Schüler, Waisen und Personen mit religiösem Beruf wurden in der Kategorie „B" zusammengefasst; Vorrausetzung für die Einreise war, dass der Unterhalt gesichert war. Unter die Kategorie „C" fielen „Personen mit bestimmter Aussicht auf Beschäftigung (Arbeiter-Zertifikate), während „Abhängige" von dauernd Aufenthaltsberechtigten als Angehörige der Kategorie „D“ eingestuft wurden. Da das „Kapitalisten“-Zertifikat für den Großteil der Emigrantinnen und Emigranten unmöglich war, stellte die Arbeiter-Kategorie vielfach die einzige Möglichkeit dar, nach Palästina zu gelangen. Die *Jewish Agency*, die offizielle Vertretung der jüdischen Bevölkerung in Palästina, verteilte die Einwanderungszertifikate an die verschiedenen Palästina-Ämter (1918 entstand ein Büro in Wien, 1924 in Berlin), wo die Auswahl „geeigneter Kandidatinnen und Kandidaten“ erfolgte. Unter den wenigen Grazer Familien, die ein an den Nachweis von 1.000 Palästinapfund gebundenes „Kapitalisten“-Zertifikat erwerben konnte, waren die Familien Neurath und Schkolnik.

PALÄSTINA-AMT WIEN
PALESTINE-OFFICE
משרד ארצישראלי
TELEGRAMM-ADRESSE: PALAMT
TELEFON: U 28-3-78
RUDOLF MOSSE-CODE
Dr.R/H/1051.
WIEN, I. MARC-AURELSTRASSE 5
10.Juni 1935.

Briefkopf Palästina-Amt Wien

Auch seitens der Leitung der IKG Graz wurden in Zusammenarbeit mit der *Jewish Agency* und genehmigt von den Nationalsozialisten ab dem Sommer 1938 Anstrengungen unternommen, weiten Teilen der jüdischen Bevölkerung die Auswanderung nach Palästina zu ermöglichen. Das Projekt, das unter dem Namen „Aktion Judenauswanderung aus der Steiermark“ bekannt wurde, nahm sich das in Deutschland seit 1933 bestehende „Haavara-Abkommen“ zum Vorbild und sollte jüdischen Familien die Mitnahme von Vermögen ermöglichen.[38] Auswanderinnen und Auswanderer, die neben dem Einreisegeld von 1.000 Palästinapfund über weiteres Vermögen verfügten, konnten Beträge auf ein Sonderkonto einzahlen, mit welchen deutsche Warenlieferungen nach Palästina bezahlt wurden. Den daraus erzielten Exporterlös erhielten die Emigrantinnen und Emigranten in palästinensischer Währung, in Form von Waren oder Besitz zurück. Auch wenn in kaum einem Fall der völlige Gegenwert des einbezahlten Guthabens retourniert wurde, war der Erfolg des Abkommens beachtlich: Zwischen 1933 und 1939 emigrierten mehr als 50.000 deutsche Jüdinnen und Juden nach Palästina, die insgesamt rund 140 Millionen Reichsmark transferierten. Bestrebungen der *Jewish Agency*, das Transferprogramm auch auf andere Staaten auszuweiten, scheiterten an den nationalsozialistischen Behörden. Einzig auf dem Gebiet der Steiermark willigte Adolf Eichmann ein, einen Transfer in der Höhe von

600.000 Reichsmark zu bewilligen, wenn dadurch der Großteil der jüdischen Bevölkerung zur Auswanderung gebracht werden könnte. Zur beschleunigten Abwicklung der mit dem Siedlungstransfer zusammenhängenden Formalitäten wurde im Februar 1939 in Graz in der Schmiedgasse 34 das Büro „Aktion Judenauswanderung aus der Steiermark" eingerichtet. Mit der Erfassung, Verwaltung und Verwertung sämtlicher Vermögenswerte wurde das Bankhaus *Krentschker & Co.* am Bismarckplatz 3 (heute: Eisernes Tor) betraut.

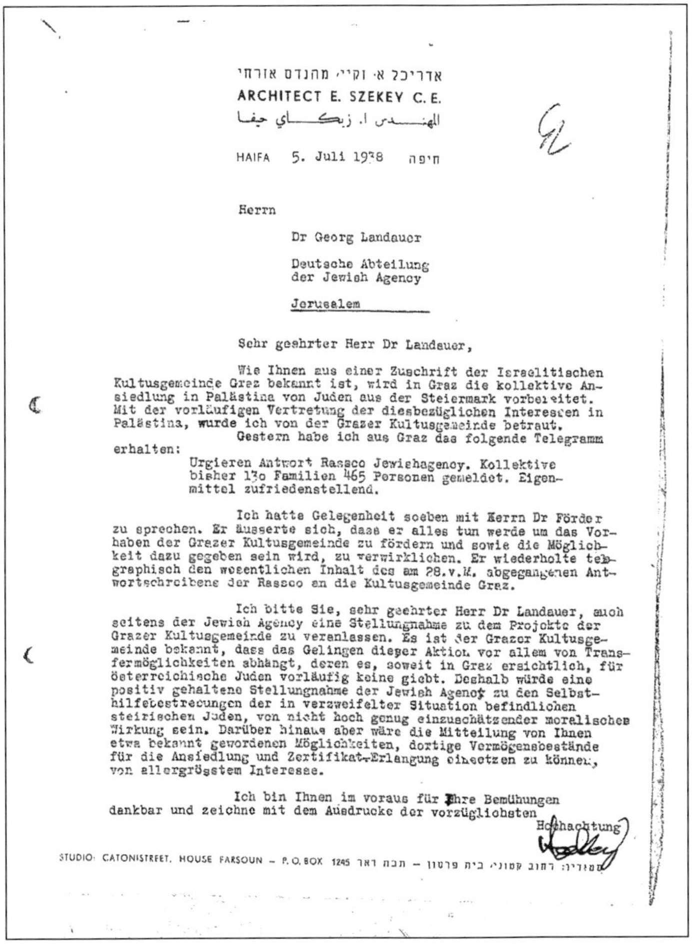

אדריכל א׳ זקיי מהנדס אזרחי
ARCHITECT E. SZEKEY C. E.
المهندس ا. زيكاي حيفا

HAIFA 5. Juli 1938 חיפה

Herrn

Dr Georg Landauer

Deutsche Abteilung
der Jewish Agency

Jerusalem

Sehr geehrter Herr Dr Landauer,

Wie Ihnen aus einer Zuschrift der Israelitischen Kultusgemeinde Graz bekannt ist, wird in Graz die kollektive Ansiedlung in Palästina von Juden aus der Steiermark vorbereitet. Mit der vorläufigen Vertretung der diesbezüglichen Interessen in Palästina, wurde ich von der Grazer Kultusgemeinde betraut.

Gestern habe ich aus Graz das folgende Telegramm erhalten:

Urgieren Antwort Rassco Jewishagency. Kollektive bisher 13o Familien 465 Personen gemeldet. Eigenmittel zufriedenstellend.

Ich hatte Gelegenheit soeben mit Herrn Dr Förder zu sprechen. Er äusserte sich, dass er alles tun werde um das Vorhaben der Grazer Kultusgemeinde zu fördern und sowie die Möglichkeit dazu gegeben sein wird, zu verwirklichen. Er wiederholte telegraphisch den wesentlichen Inhalt des am 28.v.M. abgegangenen Antwortschreibens der Rassco an die Kultusgemeinde Graz.

Ich bitte Sie, sehr geehrter Herr Dr Landauer, auch seitens der Jewish Agency eine Stellungnahme zu dem Projekte der Grazer Kultusgemeinde zu veranlassen. Es ist der Grazer Kultusgemeinde bekannt, dass das Gelingen dieser Aktion vor allem von Transfermöglichkeiten abhängt, deren es, soweit in Graz ersichtlich, für österreichische Juden vorläufig keine giebt. Deshalb würde eine positiv gehaltene Stellungnahme der Jewish Agency zu den Selbsthilfebestrebungen der in verzweifelter Situation befindlichen steirischen Juden, von nicht hoch genug einzuschätzender moralischer Wirkung sein. Darüber hinaus aber wäre die Mitteilung von Ihnen etwa bekannt gewordenen Möglichkeiten, dortige Vermögensbestände für die Ansiedlung und Zertifikat-Erlangung einsetzen zu können, von allergrösstem Interesse.

Ich bin Ihnen im voraus für Ihre Bemühungen dankbar und zeichne mit dem Ausdrucke der vorzüglichsten

Hochachtung

STUDIO: CATONISTREET, HOUSE FARSOUN – P. O. BOX 1245 תבה דאר 1245 – סטודיו: רחוב קטוני, בית פרסון

Bittschreiben des nach Palästina ausgewanderten Grazer Architekten Eugen Szekey an Georg Landauer von der Jewish Agency, das Siedlungsprojekt der Grazer Jüdinnen und Juden zu befürworten, 5. Juli 1938

Wie viele Personen sich letztendlich der Aktion angeschlossen hatten, welche Vermögenssummen der Bank insgesamt „anvertraut“ wurden und wie hoch die Anzahl an steirischen Jüdinnen und Juden war, die im Rahmen des Transferprogramms tatsächlich nach Palästina gelangt sind, bleibt trotz zahlreicher Quellen völlig unklar. Insgesamt muss die Aktion als gescheitert betrachtet werden – der Kriegsausbruch und schließlich die Einstellung des Projekts verhinderten einen Warentransfer von relevantem Umfang. Das eingezahlte Geld wurde erst nach 1948 und äußerst reduziert unter den Begünstigten verteilt.[39]

Alijah Beth und Jugend-Alijah

In Ermangelung von alternativen Aufnahmeländern und aufgrund des begrenzten Kontingents an legalen Palästina-Zertifikaten blieb für viele nur der Weg der illegalen Palästina-Wanderung. Die „Alijah Beth“,[40] wie die illegale Einwanderung nach Palästina auch genannt wurde, erfolgte im Wesentlichen durch von unterschiedlichen Vereinigungen organisierte Schiffstransporte, in die die Auswanderungsstelle Graz infolge der Ereignisse vom November 1938 Gemeindemitglieder einzureihen versuchte. Auf welchen Schiffen sich steirische Jüdinnen und Juden befanden, ist nicht nur aufgrund des Konzeptes der illegalen Alijah, die die genaue Dokumentation von organisatorischen und personenbezogenen Details naturgemäß ausschloss, nicht exakt zu ermitteln. Von den hier vorgestellten Jüdinnen und Juden konnte etwa Hans Röhr gemeinsam mit drei anderen aus Leoben stammenden jüdischen Jugendlichen im Juni 1938 auf dem ersten, von den Wiener rechtszionistischen „Revisionisten“ unter der Leitung des Rechtsanwaltes Willy Perl organisierten illegalen Palästina-Transport Österreich verlassen.[41] Vor allem auf Betreiben von Alfred Klein wurden im Dezember 1938 34 Grazer Gemeindemitglieder, die kurz davor aus Dachau zurückgekehrt waren, in einen weiteren Perl-Transport eingereiht. Helmut Bader, Heinrich Enis, Rudolf Latzer, Otto Pollak, Walter Weinberger, sowie die Familie Klein flüchteten ebenfalls auf verschiedenen zwischen 1938 und Anfang 1940 organisierten Schiffen. Die für die steirisch-jüdische Bevölkerung wichtigste Auswanderungsaktion war der so genannte „Lisl“-Transport, mit welchem über 200 Jüdinnen und Juden aus Graz und einigen kleineren Orten aus der Umgebung im Juni 1939 nach Palästina gelangten, darunter die Familien Engel, Gertler und Schwarz.[42]

Am 29. April 1939 wurden die Teilnehmerinnen und Teilnehmer, darunter zahlreiche ehemalige KZ-Häftlinge, unter Aufsicht der Gestapo mit einem Sonderzug von Graz zum Wiener Südbahnhof und danach zur DDSG-Station bei der Reichsbrücke gebracht. Insgesamt 720 Personen verließen an Bord des Schiffes „Helios“ Wien in Richtung Schwarzes Meer, um am 4. Mai 1939 in einem rumänischen Hafen umgeschifft zu werden. Auf Wunsch der Organisatoren sollte das Schiff einen typisch österreichischen Namen tragen: „Lisl“. Zu den Emigrantinnen und Emigranten aus Graz und Wien kamen noch rund 200 ungarische, rumänische und tschechische Flüchtlinge hinzu.

An den Briten, die über die „Alijah-Beth“-Aktivitäten weitgehend informiert waren, ist der „Lisl“-Transport keineswegs unbemerkt vorübergegangen. Nach knapp vierwöchiger Fahrt wurde er in den Nachtstunden des 31. Mai 1939 in den Gewässern vor Palästina von Polizeischiffen abgefangen und nach Haifa eskortiert. Abgesehen von den Organisatoren wurden sämtliche Passagiere nach wenigen Tagen freigelassen.

Grazer Jüdinnen und Juden am Grazer Hauptbahnhof, April 1939

Während die „Lisl“ ihr Ziel in relativ kurzer Zeit und ohne Zwischenfälle erreichte, fand der so genannte „Kladovo-Transport“ ein tragisches Ende.[43] Der aus rund 1.000 österreichischen, deutschen und polnischen Jüdinnen und Juden bestehende Transport gelangte Ende 1939 über die Donau ins jugoslawische Kladovo. Von den rumänischen Behörden an der Fahrt bis zum Schwarzen Meer gehindert, harrten die Flüchtlinge in Erwartung der Erlaubnis zur Weiterreise mehrere Monate in der Hafenstadt aus, bis sie im September 1940 nach Šabac verlegt wurden. Abgesehen einer Gruppe polnischer Juden, denen sich auch die aus Mürzzuschlag stammende Herta

Eisler[44] angeschlossen hatte, und rund 250 Jugendlichen, die durch von der *Jewish Agency* ausgestellte Zertifikate gerettet werden konnten – darunter Leo Dortort und Frieda und Thea Kiesler –, wurden sämtliche „Kladovo-Passagiere" nach dem Überfall der Deutschen Wehrmacht auf Jugoslawien ermordet. Zu den Opfern gehören auch zahlreiche Steirerinnen und Steirer, so etwa Anna und Franz Dortort und Martha und Emanuel Weinberger.

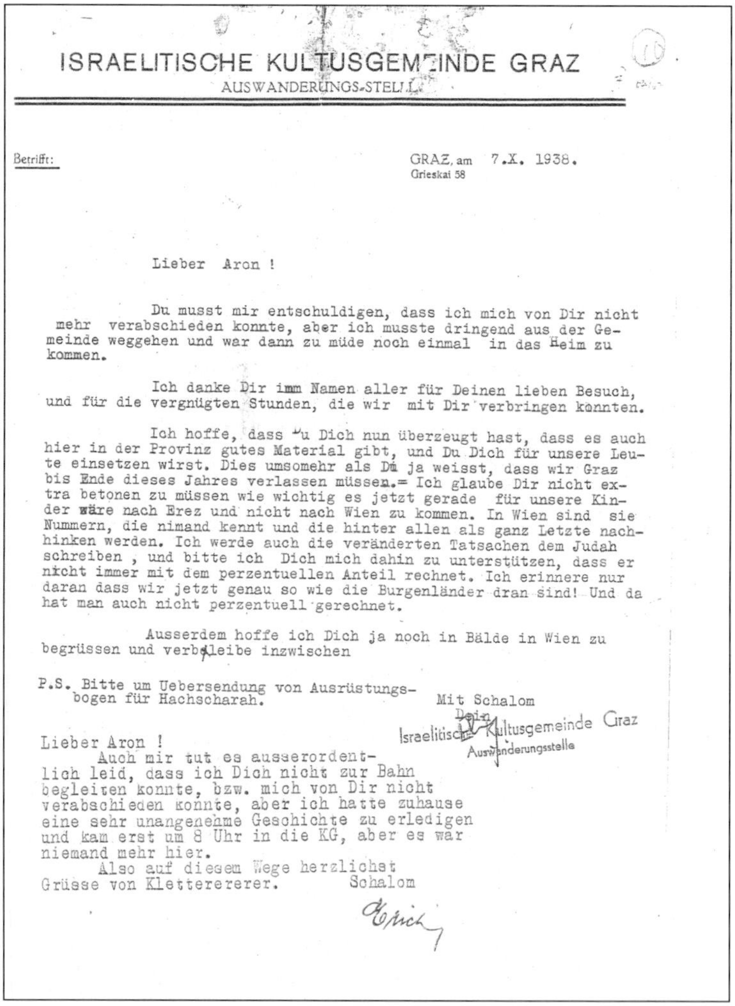

ISRAELITISCHE KULTUSGEMEINDE GRAZ
AUSWANDERUNGS-STELLE

Betrifft:

GRAZ, am 7.X. 1938.
Grieskai 58

Lieber Aron !

Du musst mir entschuldigen, dass ich mich von Dir nicht mehr verabschieden konnte, aber ich musste dringend aus der Gemeinde weggehen und war dann zu müde noch einmal in das Heim zu kommen.

Ich danke Dir imm Namen aller für Deinen lieben Besuch, und für die vergnügten Stunden, die wir mit Dir verbringen konnten.

Ich hoffe, dass Du Dich nun überzeugt hast, dass es auch hier in der Provinz gutes Material gibt, und Du Dich für unsere Leute einsetzen wirst. Dies umsomehr als Du ja weisst, dass wir Graz bis Ende dieses Jahres verlassen müssen.= Ich glaube Dir nicht extra betonen zu müssen wie wichtig es jetzt gerade für unsere Kinder wäre nach Erez und nicht nach Wien zu kommen. In Wien sind sie Nummern, die nimand kennt und die hinter allen als ganz Letzte nachhinken werden. Ich werde auch die veränderten Tatsachen dem Judah schreiben , und bitte ich Dich mich dahin zu unterstützen, dass er nicht immer mit dem perzentuellen Anteil rechnet. Ich erinnere nur daran dass wir jetzt genau so wie die Burgenländer dran sind! Und da hat man auch nicht perzentuell gerechnet.

Ausserdem hoffe ich Dich ja noch in Bälde in Wien zu begrüssen und verbleibe inzwischen

Mit Schalom
Dein
Israelitische Kultusgemeinde Graz
Auswanderungsstelle

P.S. Bitte um Uebersendung von Ausrüstungsbogen für Hachscharah.

Lieber Aron !
Auch mir tut es ausserordentlich leid, dass ich Dich nicht zur Bahn begleiten konnte, bzw. mich von Dir nicht verabschieden konnte, aber ich hatte zuhause eine sehr unangenehme Geschichte zu erledigen und kam erst um 8 Uhr in die KG, aber es war niemand mehr hier.
Also auf diesem Wege herzlichst Grüsse von Klettererer. Schalom
Erich

Schreiben der Auswanderungsstelle der IKG Graz an Aaron Menczer, dem Leiter der Wiener Jugend-Alijah, 7. Oktober 1938

Der jüdischen Jugend standen prinzipiell mehrere Möglichkeiten der Einwanderung nach Palästina offen, wobei die Jugend-Alijah die bedeutendste war.[45] Ursprünglich mit dem Bestreben gegründet, jüdische Kinder im Alter von 15 bis 17 Jahren getrennt von ihren Eltern in Palästina in der Landwirtschaft auszubilden, wandelte sich das in Deutschland seit 1932 und in Österreich seit Mai 1938 bestehende zionistische Projekt der Jugend-Alijah im Zuge der Ereignisse zur Fluchtorganisation, bei der das relativ strikte Auswahlverfahren der Bewerberinnen und Bewerber nichtsdestotrotz beibehalten wurde. Neben der Bedingung, im Herkunftsland eine entsprechende Vorbereitung zu absolvieren, war das entscheidende Auswahlkriterium die einwandfreie körperliche, geistige und seelische Verfassung der Kandidatinnen und Kandidaten. Sichergestellt werden sollte, dass die jungen Immigrantinnen und Immigranten der gänzlich veränderten Lebenssituation in Palästina gewachsen waren. Mithilfe der Jugend-Alijah konnten tausende junge Jüdinnen und Juden getrennt von ihren Eltern aus Europa fliehen. Auch zahlreiche Grazer Jugendliche flüchteten nach Absolvierung eines umfassenden Vorbereitungsprogrammes nach Palästina und kamen im Land in Heimen oder Kibbuzim unter, so etwa Josef Carmiel, Laura Cohn, Leopold Enis und die bereits oben erwähnten Leo Dortort sowie Frieda und Thea Kiesler.

Die Auflösung der Kultusgemeinde

Dass die schrittweise verschärfte „Judenpolitik" das in den ersten beiden Jahren der nationalsozialistischen Herrschaft primäre Ziel, die jüdische Bevölkerung außer Landes zu treiben, nicht verfehlte, belegen die Zahlen zur demographischen Entwicklung. Dem Ergebnis der reichsweiten Volkszählung vom 17. Mai 1939 zufolge, die die Bevölkerung nach den Richtlinien der „Nürnberger Rassegesetze" erfasste, lebten zu diesem Zeitpunkt in Österreich nur mehr knapp 96.000, davon in der Steiermark rund 600 Jüdinnen und Juden, wovon knapp 55 Prozent (325) „Glaubensjüdinnen" und „Glaubensjuden" waren.[46] Der bevölkerungsstatistische Rückgang ist vorwiegend auf die besonders nach dem Novemberpogrom zugenommene Auswanderung zurückzuführen, liegt aber zum Teil auch in der Zwangsübersiedelung von Jüdinnen und Juden nach Wien begründet. Von dem erzwungenen Wohnortwechsel waren u.a. die Familien Enis, Klein und Weinberger betroffen. Nach einer Aufstellung der IKG Wien vom 15. September 1939, die neben den Namen auch über Alter, Beruf und Vermögen informiert, befanden sich unter den 493 zwangsumgesiedelten Grazer Jüdinnen und Juden vor allem ältere Menschen, die sich vielfach nicht in der Lage sahen, den beschwerlichen Weg in die Emigration anzutreten.[47] Die Zahl der zum selben Zeitpunkt noch in Graz lebenden Jüdinnen und Juden wird mit 11 ausgewiesen.[48] Obwohl es auf dem Gebiet der ehemaligen Steiermark ab Herbst 1939 faktisch keine jüdische

Bevölkerung mehr gab,[49] wurde die Israelitische Kultusgemeinde Graz aufgrund vermögensrechtlicher Fragen erst mit Erlass vom 8. September 1941 liquidiert.

Die wenigsten von den Nationalsozialisten Verfolgten konnten gemeinsam mit ihren Familienmitgliedern fliehen. Während sich viele Familien infolge unterschiedlicher Fluchtdestinationen nur vorübergehend trennen mussten, haben zahlreiche Jüdinnen und Juden (und andere Opfergruppen) Angehörige in Österreich oder Europa zurücklassen müssen, die nicht mehr rechtzeitig emigrieren konnten und auf der Flucht oder in Konzentrations- und/oder Vernichtungslagern ermordet wurden. Alle Zeitzeuginnen und Zeitzeugen, die in diesem Buch zu Wort gekommen sind, haben Verwandte und Freunde im Holocaust verloren. Mehrheitlich konnte erst Jahre oder Jahrzehnte später Genaueres über das Schicksal der Umgekommenen in Erfahrung gebracht werden. In nicht wenigen Erinnerungsberichten werden Schuldgefühle deutlich, das eigene Leben in die Emigration gerettet zu haben, während Teile der Familie in den von den Nationalsozialisten besetzten Ländern verblieben sind.

Insgesamt schafften rund zwei Drittel der jüdischen Bevölkerung Österreichs den Weg in die Emigration, mindestens 65.000 österreichische Jüdinnen und Juden wurden Opfer der Shoah – nicht wenige in europäischen Ländern, in die sie sich zuvor gerettet hatten, die im Laufe des Zweiten Weltkrieges aber von den Nationalsozialisten erobert wurden. Allein aus der Steiermark wurden über 600 ermordet. Nur 5.500 überlebten in Österreich.

Nach 1945

(Weiter-)Leben im Exil

Wenn auch die Aufnahme- und Lebensbedingungen in den einzelnen Fluchtländern stark variierten, so waren Emigrantinnen und Emigranten unabhängig von ihrer Destination häufig mit denselben Problemen konfrontiert. Verfolgungs-, Vertreibungs- und Verlusterfahrungen, Heimweh, eine neue Sprache und Schwierigkeiten, sich beruflich und gesellschaftlich zu integrieren, sind in diesem Zusammenhang als Beispiele zu nennen. Neben dem Verlust und/oder der Trennung von Familienangehörigen waren bzw. sind die radikale Entwurzelung und die verlorene Heimat für viele Flüchtlinge besonders schmerzvoll.

Ausmaß und Tempo der Akkulturation, die nicht als einseitige Anpassung, sondern als wechselseitiger Austauschprozess zwischen den Ankommenden und den Aufnahmegesellschaften und -kulturen zu verstehen ist, waren von mehreren Faktoren abhängig. Die persönliche Verarbeitung des Heimatverlustes und der Fluchtumstände, die jeweilige Einstellung zum Aufnahmeland, Alter, Zeitpunkt der Ankunft, Flexibilität und Reife des Individuums, berufliche und familiäre Situation, Sprachbegabung, Bildungsstand, Rückhalt im Freundeskreis, in politischen bzw. religiösen Vereinigungen oder kulturellen Zirkeln, Wohngegend sowie die Einstellung der Aufnahmegesellschaft zu den Immigrantinnen und Immigranten konnten sich fördernd oder hemmend auf die Integration auswirken.[50] Während sich jüngere Flüchtlinge zumeist relativ rasch – in beruflicher, gesellschaftlicher und kultureller Hinsicht – integrieren konnten, war der Neuanfang vor allem für ältere Immigrantinnen und Immigranten mit großen Schwierigkeiten verbunden. Zu den Hauptproblemen zählten das Erlernen der neuen Sprache sowie Arbeit zu finden.

In kaum einem anderen Land hatten österreichische Flüchtlinge größere Einordnungsprobleme als in Palästina.[51] Schon für die Immigrantinnen und Immigranten der 1920er und 1930er Jahre war die Alijah mit massiven Veränderungen sämtlicher Lebensbereiche und -gewohnheiten verbunden. Dazu zählten in erster Linie die fremde Sprache und Kultur, die politischen und klimatischen Gegebenheiten sowie eine Wirtschaftsstruktur, die zumeist eine fundamentale berufliche Umstellung erforderte und in vielen Fällen zur Deklassierung und (verbunden mit dem auswanderungsbedingten Verlust des Besitzes) Verarmung führte. Die Einwanderinnen und Einwanderer trafen auf eine äußerst heterogene Bevölkerung und auch die jüdische Gemeinschaft setzte sich in Palästina aus zahlreichen verschiedenen Gesellschaftsgruppen – unterschiedlich in ihrer Herkunft, Sprache, politischen Orientierung und beruflichen Tätigkeit – zusammen. Durch das Aufeinandertreffen einer Vielzahl an Nationalitäten, Generationen und Weltanschauungen gestaltete sich sowohl das Verhältnis zwischen dem Yishuv, den vor der Staatsgründung bereits in Israel Lebenden, und den nachkommenden Immigrantinnen und Immigranten als auch zwischen den einzelnen Einwanderergruppen konfliktreich.

Die Massen an europäischen Jüdinnen und Juden, die speziell nach 1938 als Flüchtlinge ins Land kamen und deren Fluchtdestination häufig rein zufällig Palästina geworden war, wurden von den früheren, sich selbst zur Pioniergeneration zählenden Olim[52] keineswegs mit offenen Armen empfangen. Vorbehalt und Ablehnung gegenüber den Einwanderinnen und Einwanderern der „Fünften Alijah" (1929 bis 1939) wurden etwa in der weitläufig bekannten und viel zitierten Frage „Kommen Sie aus Überzeugung oder aus Deutschland?" und der Verwendung wenig schmeichelhafter Begriffe wie „Hitler-Zionisten" oder „Jeckes"[53], zu welchen im Übrigen auch die österreichischen Olim gezählt wurden, deutlich.[54] Nicht der zionistischen Ideologie wegen, sondern erst als es die politische Situation in der ehemaligen Heimat erforderlich machte, nicht als Zionistinnen und Zionisten, sondern als Flüchtlinge waren sie ins

Land gekommen, lautete der grundsätzliche Vorwurf. Hinzu kam, dass „der deutsche bzw. mitteleuropäische Einwanderer" der 1930er Jahre dem Ideal eines körperlich arbeitenden, kämpferischen Pioniers in der Regel alles andere als entsprach und vergleichsweise große Schwierigkeiten hatte, sich in die von osteuropäischen Jüdinnen und Juden und orientalischen Einflüssen geprägte Gesellschaft Palästinas zu integrieren.

Wie auch von anderen Emigrations- und Exilländern bekannt, ließen sich Immigrantinnen und Immigranten zunächst in bestimmten Städten und Vierteln nieder – an Orten, an denen bereits Flüchtlinge aus der ehemaligen Heimat lebten und wo sie auf ein schon existierendes Sozial- und Hilfsnetz hoffen konnten. Vor allem in den ersten Jahren der Niederlassung sozialisierte man sich innerhalb von Emigrantinnen- und Emigrantenkreisen und Landsmannschaften. Die Verbindung zu Österreich wurde dabei häufig durch die Verwendung der deutschen Sprache und dem Bewahren österreichischer Traditionen (Lebensstil, Freizeitgestaltung, Kulinarik) aufrechterhalten.

Die Neugründung der Grazer Kultusgemeinde

Mit der Verfolgung, Vertreibung und Ermordung der steirischen Jüdinnen und Juden durch das nationalsozialistische Regime hatte die Grazer Israelitische Kultusgemeinde rund 70 Jahre nach ihrer Gründung ein jähes Ende gefunden. Neben den Arbeitslagern, die sich auf dem Boden der Steiermark befanden, wurde das Gebiet noch einmal kurz vor Kriegsende zum Schauplatz und Tatort des Holocaust. Über 10.000 Jüdinnen und Juden aus Ungarn wurden im März und April 1945 über das Südburgenland, die Ost- und Obersteiermark in Richtung Mauthausen getrieben. Unzählige fielen den wochenlangen „Todesmärschen" zum Opfer – sie verhungerten, erfroren, brachen entkräftet zusammen oder wurden von den sie begleitenden Angehörigen der SS bzw. des Volkssturms erschossen.[55]

Die wenigen jüdischen Grazerinnen und Grazer, die die Vernichtungslager überlebt hatten und die geringe Anzahl an Emigrantinnen und Emigranten, die sich für eine Rückkehr entschieden hatten, gründeten nach Kriegsende erneut eine Grazer Kultusgemeinde.[56] Zu Beginn des Jahres 1946 konstituierte sie sich unter der provisorischen Leitung von Isidor Preminger. Die allmähliche Wiederherstellung der jüdischen Infrastruktur und das damit einhergehende Wiedererwachen des religiösen Lebens wurde besonders durch die amerikanisch-jüdische Hilfsorganisation „Joint" unterstützt, die sich um die ab Herbst 1945 eingetroffenen jüdischen Rückkehrerinnen und Rückkehrer und die Flüchtlinge in den Displaced-Persons-Camps (DP-Camps) kümmerte. Ebenfalls war der „Joint" neben der Fluchtorganisation „Bricha" in die Auswanderung von Überlebenden nach Palästina/Israel involviert. Über die DP-Camps der britischen Zone (etwa jene in Trofaiach, Graz, Wagna, Judenburg, Admont und St. Marein bei Kapfenberg) sollen zwischen 1945 bis 1950 rund 15.000 Personen versucht haben, nach Palästina/Israel zu gelangen.[57]

Die Mitgliederzahlen der neuen Grazer Kultusgemeinde blieben nach 1946 gering: Eine Auflistung über die „Angehörigen des israelitischen Glaubensbekenntnisses nach Gemeinden" führt für die Steiermark im Jahr 1947 108 Jüdinnen und Juden an, die fast zur Gänze (97 Personen) in Graz ansässig waren.[58] Davon wären über 70 Personen aus der Emigration und rund 25 aus den Konzentrationslagern zurückgekehrt. Für das Jahr 1951 wird die jüdische Bevölkerung der Steiermark mit 165 Personen beziffert, wovon 132 in Graz gewohnt haben. Dieter Binder verweist darauf, dass weder die mehreren tausend jüdischen DPs der britischen Zone, noch die in Graz studierenden Jüdinnen und Juden (1950/51 immerhin rund 100, 1961 nur mehr 44), noch die ungarische Flüchtlingswelle 1956 die Mitgliederzahlen der IKG längerfristig ansteigen ließen.[59] Vielmehr noch war im Laufe der Jahre ein Rückgang zu verzeichnen: Zwischen 1962 und 1974 verringerte sich der Mitgliederstand in Graz von 115 auf 91 Personen.[60]

Rückkehr

Dass die Remigration der von den Nationalsozialisten vertriebenen Österreicherinnen und Österreicher ein klares Minderheitenphänomen war, erklärt Peter Eppel mit Gründen, wie sie zum Teil auch in den Angaben von Zeitzeuginnen und Zeitzeugen vorkommen: „Weil man nicht die Kinder entwurzeln, nicht mühsam erworbene berufliche Positionen und Freunde aufgeben wollte; weil man dem Immigrationsland gegenüber Dankbarkeit und Wertschätzung empfand; weil Aus- sowie Einreisebewilligung zu erhalten anfangs mit Schwierigkeiten verbunden war, Österreich in den Nachkriegsjahren arm und besetzt war; weil die Erinnerungen an in der alten Heimat erlittenes Unrecht und Leid mit der vielfach berechtigten Angst verbunden waren, zumindest erneut auf Ablehnung zu stoßen."[61]

Der Antisemitismus trat nach 1945 erneut in unterschiedlichen Erscheinungsformen zutage und konfrontierte die Rückkehrerinnen und Rückkehrer im Alltag, in gesellschaftlicher als auch auf politischer Ebene. Die halbherzigen und schleppenden „Wiedergutmachungs"-Verhandlungen trugen ein Übriges zum Gefühl des Nicht-Willkommen-Seins bei, das auch in den Erinnerungen der Zeitzeuginnen und Zeitzeugen zum Ausdruck kommt.

Während der Großteil der portraitierten Personen im Laufe der Jahre als Touristinnen und Touristen nach Österreich und Graz zurückgekehrt sind, haben sich die wenigsten für eine permanente Rückkehr entschieden. Dass die meisten Remigrantinnen und Remigranten aus Palästina kamen, ist auf die unsichere wirtschaftliche und politische Situation des sich damals noch immer im Aufbau befindlichen Landes zurückzuführen. Nicht zuletzt das Klima und die medizinische Versorgung machten es besonders für ältere Personen schwierig, sich im Land wohl zu fühlen. Der berufliche Einstieg gestaltete sich vor allem für Angehörige freier Berufe, für Künstlerinnen und Künstler sowie Literatinnen und Literaten, die ihres Ausdrucksmittels, der deutschen Sprache, beraubt waren, sowie für Studierende aufgrund des unausgereiften Universitätswesens in Israel problematisch. Dies war u.a. bei den Palästina-Flüchtlingen Helmut Bader, Ludwig Biró, Alfred Klein und seinen Söhnen, sowie Otto Pollak der Fall. Rückgekehrt sind außerdem Serafine und Lotte Landskroner, die Familien von Hilda Busch, Berthold Kaufmann und Harald Salzmann.

Die nach dem Krieg begonnene Phase des offen zur Schau getragenen und eindeutig artikulierten Antisemitismus wurde von einer jahrzehntelangen Periode des Schweigens abgelöst. Wie Elisabeth Welzig es treffend formuliert hat, wurden die Opfer des Nationalsozialismus nach dem Ende des Unrechtsregimes ein zweites Mal verfolgt: „Sie wurden totgeschwiegen, während die Täter ihre selbst verursachten Wunden leckten."[62] Paradoxerweise galt die „Versöhnungspolitik" die längste Zeit den Täterinnen und Tätern und nicht den Opfern. Erst in den 1980er Jahren, als die Waldheim-Affäre eine landesweite Debatte auslöste, an deren Ende das Bekenntnis einer zumindest partiellen Mittäterschaft Österreichs an den Verbrechen des Nationalsozialismus stand, wurde sowohl ein teilweiser Wandel im Umgang mit der Vergangenheit als auch mit den jüdischen Überlebenden bemerkbar.[63] Die veränderte Haltung der offiziellen Steiermark und ihrer Landeshauptstadt ist in besonderem Maße auf das private Engagement des damaligen Grazer Bürgermeisters Alfred Stingl zurückzuführen, der der Israelitischen Kultusgemeinde im Jahr 1987 gemeinsam mit Kulturstadtrat Helmut Strobl den ersten offiziellen Besuch abstattete. Ein Jahr später, im Bedenkjahr 1988, wurden mehrere Gedenkinitiativen in den Bereichen Kunst, Kultur und Wissenschaft gestartet.[64] Die Bemühungen um eine Annäherung an die jüdischen Vertriebenen und um eine Verbesserung der Beziehungen zu Israel schlugen sich 1991 und 1993 in zwei Einladungen der Stadtregierung an ehemalige jüdische Bürgerinnen und Bürger nieder. „Leider spät, aber nicht zu spät", lautete der Kommentar von Bürgermeister Stingl zu seiner Initiative, anlässlich derer zahlreiche Emigrantinnen und Emigranten zum ersten Mal seit ihrer Flucht ihre Geburts- und ehemalige Heimatstadt besuchten.[65]

Nachdem der jüdischen Gemeinde in Graz 1991 die neu aufgebaute Zeremonienhalle am Israelitischen Friedhof übergeben worden war, erfolgte im November 2000 die feierliche Einweihung der neuen Synagoge, zu der erneut Emigrantinnen und Emigranten aus aller Welt nach Graz gebeten wurden. Zahlreiche, in diesem Buch vorgestellte ehemalige Grazer Bürgerinnen und Bürger folgten dieser Einladung.

Ehemalige jüdische Grazerinnen und Grazer anlässlich der Einweihung der neuen Synagoge im November 2000 im Grazer Rathaus

Glossar[66]

Affidavit	Bürgschaftserklärung von US-Bürgerinnen und -Bürgern für künftige Immigrantinnen und Immigranten
Alijah Beth	illegale Einwanderung nach Palästina/Israel; in der zionistischen Terminologie wird zwischen „legaler" („A-Einwanderung") und „illegaler" („B-Einwanderung") Alijah unterschieden. Beth ist der zweite Buchstabe des hebräischen Alphabets.
Alijah/Alijoth	wörtlich: Aufstieg; jüdische Einwanderung nach Palästina/Israel, einzelne Immigrationsperioden
B'nai B'rith	„Söhne des Bundes", weltweit agierende jüdische Wohltätigkeitsorganisation
Betar	Abkürzung für „B'rith Trumpeldor", Jugendbund der „revisionistischen" Zionistinnen und Zionisten (Betarim)
Bricha	wörtlich: Flucht; Bezeichnung für die Flucht und Rettung der Shoah-Überlebenden nach Palästina
Chaluzot/Chaluzim	Pionierinnen/Pioniere, junge Jüdinnen und Juden, die nach Palästina einwandern, um dort Aufbauarbeit zu leisten
Chanukkah	wörtlich: Einweihung; achttätiges Lichterfest, das an die Wiedererrichtung des Tempels nach dem Makkabäeraufstand 164 v.u.Z. erinnert (November oder Dezember)
Chawerot/Chawerim	Kameradinnen/Kameraden, Mitglieder zionistischer Organisationen
Chewra Kadischa	wörtlich: heilige Bruderschaft; Beerdigungsgesellschaft
Diaspora	wörtlich: ausstreuen, sich zerstreuen bzw. getrennt werden. In der Septuaginta, der ältesten durchgehenden Bibelübersetzung, bezeichnet „Diaspora" sowohl den Vorgang der „Zerstreuung" Israels unter die heidnischen Völker als

	auch die „Zerstreuten“ selbst. Positiv konnotiert meint der Begriff auch die besondere Situation, dass unzählige Jüdinnen und Juden bis heute außerhalb des Landes Israels leben, ihre Beziehung zum Mutterland aber beständig pflegen (hebr.: Galuth).
Erez Israel	Land Israel, dem Wortsinn nach „Land (Boden, Stadt, Berg) des Heiligen“
Fünfte Alijah	die von 1929 bis 1939 erfolgte jüdische Einwanderung nach Palästina
Haavara	wörtlich: Transfer; Kapital- und Warentransferabkommen vereinbart 1933 zwischen den Nationalsozialisten und Vertretern zionistischer bzw. jüdischer Organisationen zur Erleichterung der jüdischen Palästinawanderung aus Deutschland
Hachscharah	wörtlich: Vorbereitung; geistige, körperliche und berufliche Vorbereitung junger Jüdinnen und Juden für ein Leben in Palästina
Haganah	wörtlich: Verteidigung, Schutz; die bis 1948 geheime Verteidigungsorganisation des Yishuv
Hakoah	wörtlich: Kraft; jüdischer Sportverein
Haschomer Hazair	wörtlich: junger Wächter; linkszionistischer Jugendverband
Hatikwah	wörtlich: Hoffnung; Hymne der zionistischen Bewegung bzw. Nationalhymne Israels
Hechaluz	wörtlich: Pionier; Dachverband zionistischer Jugendbünde
Hitachduth Olej Austria	Organisation österreichischer Einwanderinnen und Einwanderer in Palästina
Irgun Olej Merkas Europa	Verband mitteleuropäischer Einwanderinnen und Einwanderer in Palästina
Iwrith	Hebräisch; die im 19. Jahrhundert neubelebte, durch moderne und neue Begriffe ergänzte Sprache der Bibel
Jeckes	deutschsprechende Einwanderinnen und Einwanderer in Palästina, meist negativ konnotiert
Jewish Agency	die 1922 gegründete öffentlich anerkannte Vertretung der Jüdinnen und Juden in Palästina
Jom Kippur	Versöhnungsfest (am 10. Tag des 1. jüdischen Monats)
Kaddisch	Totengebet
„Kapitalisten“-Zertifikat	Einwanderungszertifikat für Palästina-Immigrantinnen

und -Immigranten mit einem Kapital von mindestens 1.000 Palästinapfund

Kibbuz — wörtlich: Versammlung; im Prinzip eine Erweiterung der „Kwuzah" (Gruppe), einem Zusammenschluss einer Anzahl (meistens zwischen 50 und 150) landwirtschaftlicher Siedlerinnen und Siedler zu gemeinsamer Arbeit und Wirtschaft

Kiddusch — Essenssegensspruch am Schabbath und anderen Feiertagen

Koscher — im Einklang mit dem Ritualgesetz

Madrich — Jugendleiter/in

Magen David — wörtlich: Schild Davids; der Davidstern gilt als Symbol des Judentums und des Staates Israels

Mai-Verfassung — vom Mai 1934 bis März 1938 gegoltene Verfassung des austrofaschistischen Ständestaates

Makkabi — zionistischer Sportverein

Moschaw — landwirtschaftliche nicht-kollektive Siedlung, dem europäischen Bauerndorf nachempfunden

Nürnberger Rassegesetze — bestehend aus dem „Gesetz zum Schutze des deutschen Blutes und der deutschen Ehre" (sog. „Blutschutzgesetz"), dem „Reichsbürgergesetz" und dem „Reichsflaggengesetz", stellte die Diskriminierung, Ausgrenzung und Verfolgung von Jüdinnen und Juden während der NS-Zeit auf eine juristische Grundlage (ab 1935 in Deutschland, ab 1938 in Österreich gültig)

Ole/Olim — wörtlich: der/die Aufsteigende/n, der/die Neueinwanderer/in/nen

Orthodoxes Judentum — „thoratreues", „gesetzestreues" Judentum, das sich strikt an die „Halacha", die jüdischen Gesetzesvorschriften, hält

Pejot — Schläfenlocken

Pessach — einwöchiges Fest, das an den Auszug aus Ägypten bzw. der Befreiung der Israeliten aus der ägyptischen Knechtschaft erinnert

Poale Zion — wörtlich: Arbeiter Zions; zionistischer Arbeiterverband

Purim — faschingsähnliches Fest, beruhend auf einer Erzählung aus dem Buch Ester (im Februar oder März)

Rabbiner — jüdischer Prediger und Seelsorger, Gesetzes- und Religionslehrer

„Revisionisten" — rechtszionistische Bewegung, die u.a. eine „Revision" der

	politischen Grundsätze des Zionismus und die Errichtung eines jüdischen Staates beiderseits des Jordan forderten
Rosch Haschanah	jüdischer Jahresbeginn (im September oder Oktober)
Schabbath	7. Tag, wöchentlicher Ruhetag (von Freitagabend bis Samstagabend)
Schutzhaft	Kennzeichnend für die nicht erst von den Nationalsozialisten für politische und anderer Gegnerinnen und Gegner angewandte „Schutzhaft" waren drei Merkmale: sie erfolgte ohne richterliche Anordnung auf Befehl von Exekutivorganen, der Vollzug war generell unbefristet und in staatlichen Konzentrationslagern zu vollstrecken und gegen ihre Verhängung gab es kein Rechtsmittel.
Seder	Zeremonie zum Pessachfest
Ständestaat	autoritärer, nach Berufsgruppen (Ständen) organisierter Staat, in Österreich von 1934 bis 1938 unter den Regierungen von Engelbert Dollfuß und Kurt Schuschnigg
Tcheleth Lawan	wörtlich: Blau-Weiß; sozialistisch-zionistischer Jugendverband
Teffilin	Gebetsriemen aus Leder, die um den Kopf (Sitz des Denkvermögens) und den linken Oberarm (Werkzeug des Handelns) in der Nähe des Herzens (Quelle des Wollens) gewickelt werden
Thora	wörtlich: Gebot; die fünf Bücher des ersten Teils der hebräischen Bibel (Tanach)
UNRRA	United Nations Relief and Rehabilitation Administration; Hilfsorganisation der Vereinten Nationen, deren Hauptaufgabe die Repatriierung der so genannten „Displaced Persons" nach dem Krieg war
Vaterländische Front	1933 von Engelbert Dollfuß gegründeter Verband, der alle „regierungsfreundlichen" Organisationen sammeln sollte und nach Ausschaltung von Parlament und Opposition als Einheitspartei fungierte
WIZO	Women's International Zionist Organisation, 1920 in Großbritannien gegründet. Die europaweiten Niederlassungen nahmen sich vorrangig sozialen und pädagogischen Bedürfnissen jüdischer Frauen an und unterstützten diese bei der Vorbereitung und Durchführung der Alijah.
Yad Vashem	Holocaust-Gedenk-/Forschungsstätte und Museum in Jerusalem

Yishuv	wörtlich: Siedlung; Gesamtheit der jüdischen Bevölkerung in Palästina vor 1948 (auch: Jischuw)
Zionismus	Ende des 19. Jahrhunderts entstandene, moderne jüdische Nationalbewegung, die auf die Gründung eines jüdischen Staates in Palästina abzielte. Zion meinte ursprünglich nur einen Hügel Jerusalems, später auch den angrenzenden Tempelberg und schließlich die ganze Stadt Jerusalems.

Anmerkungen

Einleitung

1 Basch, Edith. Interview 13330. Visual History Archive. USC Shoah Foundation Institute. 2012. Web. 26.9., 6.12.2012 (http://www.vha.fu-berlin.de).

2 Das vorliegende Buch wurde im Rahmen des vom *Nationalfonds der Republik Österreich für die Opfer des Nationalsozialismus*, vom *Zukunftsfonds der Republik Österreich* und vom Land Steiermark geförderten Projekts „Emigration, Flucht und Vertreibung österreichischer Jüdinnen und Juden nach Palästina in den 1930er und 1940er Jahren" (Projektleitung: Gerald Lamprecht, Projektbearbeiterin: Victoria Kumar) am *Centrum für Jüdische Studien* Graz realisiert.

Lebenswege und Erinnerungen vertriebener Jüdinnen und Juden

1 Helmut Bader zit. in: Elfriede Schmidt, 1938 … und was dann?, Thaur 1988, S. 1–10; Agnes Altziebler, „Meine Heimat ist es nicht." Porträt Helmut Bader. In: Unizeit 4/2000, S. 9.

2 Die *Haganah* war die bis 1948 geheime Verteidigungsorganisation des Yishuv, der jüdischen Bevölkerung in Palästina.

3 Die *Jüdische Brigade* (*Jewish Brigade*) rekrutierte Freiwillige in Palästina und kämpfte während des Zweiten Weltkriegs innerhalb der britischen Armee.

4 Basch, Edith. Interview 13330. Visual History Archive. USC Shoah Foundation Institute. 2012. Web. 26.9., 6.12.2012 (http://www.vha.fu-berlin.de). Von der Verfasserin aus dem englischen Original übersetzt.

5 Auf der Konferenz von San Remo war das Völkerbundmandat für Palästina 1920 an Großbritannien übertragen worden.

6 Ludwig Biró, Die erste Hälfte meines Lebens. Erinnerungen eines Grazer jüdischen Rechtsanwaltes von 1900–1940. Hg. v. Christian Fleck, Graz 1998.

7 Als Kiddusch wird eigentlich der Segensspruch bezeichnet, der den Schabbath und andere Feiertage einleitet.

8 Biró, Erinnerungen, S. 10–14.

9 Ebda. S. 17 u. 34.

10 Ebda. S. 78f. Da – wie er weiter ausführt – die Verbindung mit der Heimat aber noch stark gewesen war, kehrte Ludwig Biró nach Kriegsende von Palästina nach Österreich zurück.

11 Ebda. S. 164f.

12 Ebda. S. 223f.

13 Ebda. S. 255f.

14 Ebda. S. 301f.

15 Busch, Hilda. Interview 33714. Visual History Archive. USC Shoah Foundation Institute. 2012. Web. 26.9., 6.12.2012 (http://www.vha.fu-berlin.de). Von der Verfasserin aus dem englischen Original übersetzt.

16 Interview mit Josef Carmiel, geführt von Victoria Kumar, 18.11.2009.

17 Siehe auch das nachfolgende Porträt von Gideon Röhr.

18 Der zionistische Revisionismus geht maßgeblich auf Vladimir Jabotinsky zurück, der 1925 die *Revisionistische Zionistische Allianz* gründete und eine „Revision" der politischen Grundsätze des Zionismus forderte. Zu den wichtigsten Zielen der Bewegung zählten eine jüdische Mehrheit in Palästina, die Errichtung eines jüdischen Staates beiderseits des Jordan und eine energische Politik (notfalls mit militärischen Mitteln) gegenüber der britischen Mandatsregierung.

19 1919 auf Betreiben des Oberrabbiners Zwi Perez Chajes (1876–1927) gegründet, definierte sich das private, koedukativ geführte Gymnasium als „jüdischnational" und legte den Schwerpunkt des Lehrplans – gemäß seinem auf die Alijah ausgerichteten Grundkonzept – auf jüdische Geschichte und Literatur, Palästinakunde, Hebräisch, aber auch Englisch und Latein. Bis zur Zwangsauflösung 1939 wurde die Institution von rund 1.500 Schülerinnen und Schülern besucht. Siehe dazu Binyamin Shimron, Das Chajesrealgymnasium in Wien 1919–1938. Anlässlich des 70. Jahrestages der Gründung und des 50. Jahrestags der Auflösung, Tel Aviv 1989.

20 Der steirische Landwirt Josef Schleich war seit Ende 1938 maßgeblich an der Planung und Umsetzung von illegalen Personentransporten nach Jugoslawien beteiligt, die von der Gestapo toleriert und vorangetrieben wurden. Gegen Bezahlung konnten zahlreiche Jüdinnen und Juden auch aus dem Ausland über die steirisch-slowenische Grenze fliehen. Aufgrund seiner Tätigkeiten als „Fluchthelfer" bzw. „Judenschlepper" blieb die Person Josef Schleich stets umstritten. Siehe dazu v.a. Heimo Halbrainer, „Die Beförderung der Juden durch Schleich ist erwünscht, da wir ein Interesse daran haben, die Juden aus Deutschland wegzubekommen." Josef Schleich – Ein „Judenschlepper" an der Grenze zu Jugoslawien 1938–1941. In: *Zwischenwelt. Zeitschrift für Kultur und Literatur des Exils und Widerstands* 27 (2011), Nr. 4, S. 32–40.

21 Gabriele Anderl/Walter Manoschek, Gescheiterte Flucht. Der „Kladovo-Transport" auf dem Weg nach Palästina 1939–1942, Wien 2001, S. 75–77.

22 Interview mit Laura Cohn, geführt von Christian Klösch, 7.5.1997.

23 Andrea Strutz, „Suddenly I was a Judenbua" Erinnerungen eines gebürtigen Grazers an Kindheit, „Anschluss" 1938 und Vertreibung. In: Historisches Jahrbuch der Stadt Graz Bd. 38/39, Graz 2009, S. 59-91.

24 Der zionistische Jugendbund *Blau-Weiß* unterhielt zur Absolvierung der „Hachscharah“, der umfassenden Vorbereitung für ein Leben in Palästina, einen Stadtkibbuz in der Münzgrabenstraße. Außerhalb Wiens konnte sich ein solches Kollektiv nur in Graz entwickeln.

25 Interview mit Leo Dortort, geführt von Andrea Strutz, 10.5.2002.

26 Interview mit Samuel Düdner, geführt von Niko Wahl, 20.7.1999, Austrian Heritage Collection, Leo Baeck Institute New York. ([http://search.cjh.org], Suche „Samuel Düdner“, 27.10.2012). Von der Verfasserin aus dem englischen Original übersetzt.

27 Umgangssprachlich für „mit der größten Selbstverständlichkeit“.

28 Interview mit Avram Engel geführt von Victoria Kumar, 30.11.2009.

29 Auf Basis der Ausländerpolizeiverordnung vom 22. August 1938 erteilte das Grazer Polizeipräsidium der jüdischen Bevölkerung ab dem Herbst Aufenthaltsverbote für das Gebiet des Deutschen Reichs. Begründet wurden die Verfügungen mit einem Verhalten, das dazu geeignet wäre, „wichtige Belange des Reichs und der Volksgemeinschaft zu gefährden“. Ein Zuwiderhandeln wurde mit Geld- und Gefängnisstrafen von bis zu einem Jahr bestraft.

30 „Dostrowsky-Bericht“ (Dostrowsky war vermutlich ein Mitarbeiter der Jewish Agency), CZA, S6/4289.

31 Elias Silber, am 25.5.1862 in Stanislaw, Polen, geboren, musste am 29. November 1938 aus seiner Wohnung ausziehen und wohnte bis zu seiner Übersiedelung nach Wien Ende Februar 1939 bei seiner Tochter Sophie Kornreich in der Schmölzergasse 6. Sophie Kornreich, geb. Silber (7.6.1899 in Stanislaw) floh im Juli 1939 nach Italien, von wo sie im April 1944 nach Auschwitz deportiert und dort ermordet wurde. Elias Silber ist den Quellen zufolge entweder am 20.1. (DÖW) oder am 20.2.1940 (Archiv der KZ-Gedenkstätte Buchenwald) verstorben.

32 Lisa Gerber, Emigranten-Existenz in Shanghai (1939–1949). Erinnerungen einer jungen Grazerin. In: Alois Kernbauer/Karin Schmidlechner-Lienhart (Hg.), Frauenstudium und Frauenkarrieren an der Universität Graz, Graz 1996 (= Publikationen aus dem Archiv der Universität Graz, Bd. 33), S. 300–308.

33 Julius Lang war auch der Großvater von Trude Philippsohn, geb. Lang. Siehe dazu das nachfolgende Portrait.

34 Interview mit Helma Goldmark, geführt von Phillip Rohrbach und Konstatin Wacker, 3.6.2008, Austrian Heritage Collection, Leo Baeck Institute New York. ([http://search.cjh.org], Suche „Helma Goldmark“, 7.11.2012); Helma B. Goldmark Collection, Austrian Heritage Collection, Leo Baeck Institute New York, AR 10638.

35 Siehe dazu Gerald Lamprecht, „Auf diese Art und Weise würde aus einer jüdischen Kultusstätte ein schönes Wohnhaus für einen alten Nazi erschaffen.“ Organisatorisches und Exemplarisches zum Vermögensentzug in der Steiermark. In: Margit Franz et. al. (Hg.), Mapping Contemporary History. Zeitgeschichten im Diskurs, Wien-Köln-Weimar 2008, S. 351–383; Eduard G. Staudinger, „Ich bitte die Vermögensverkehrsstelle um baldige Entscheidung.“ Aspekte der „Arisierung“ in der Steiermark. In: Gerald Lamprecht (Hg.), Jüdisches Leben in der Steiermark. Marginalisierung – Auslöschung – Annäherung (= Schriften des Centrums für Jüdische Studien Bd. 5), Innsbruck et. al. 2004, S. 209–221.

36 Interview mit Karnit Gutweg (Tochter von David Grünschlag) und Dana Cohen (Tochter

von Joseph Grünschlag), geführt von Victoria Kumar, 10.6.2010; Elias Elijahu Grünschlag, Das jüdische Leben in Graz in den Jahren 1938–1940, Tel Aviv 1959, YVA, O-3/120; David Eduard Grünschlag, Die Juden in Graz, Tel Aviv 1979, YVA, O-3/3916.

37 Die „Zionistische Ortsgruppe" Graz vereinte die drei Hauptparteien „Allgemeine Zionisten", „Revisionisten" und „Poale Zion" und kooperierte mit den meisten zionistischen Vereinen, die in der Zwischenkriegszeit zahlreich entstanden waren. Die Aktivitäten waren vorwiegend kultureller und finanzieller Natur, etwa in Form von Spendensammlungen für den „Jüdischen Nationalfonds". Im Zentrum der Kulturarbeit stand die „geistige Hebung" im Sinne einer Vermittlung von zionistischen Idealen und der Förderung des Hebräischen.

38 Mit der im August 1938 errichteten „Zentralstelle für jüdische Auswanderung" wurde ein vereinfachtes und „rationalisiertes" bürokratisches Verfahren etabliert, mit dem sich die Zwangsauswanderung und Beraubung der jüdischen Bevölkerung innerhalb kürzester Zeit umsetzen ließ. Das so genannte „Wiener Modell" war beispielgebend für weitere „Zentralstellen", die in der Folge in anderen Ländern entstanden sind. Für die Auswanderung nach Palästina war allein das Palästina-Amt in Wien zuständig. Siehe dazu vor allem Gabriele Anderl/Dirk Rupnow (Hg.), Die Zentralstelle für jüdische Auswanderung als Beraubungsinstitution (= Veröffentlichungen der Österreichischen Historikerkommission Bd. 20/1), Wien-München 2004.

39 Mitarbeiterinnen des in Berlin gegründeten und 1934 nach Palästina übersiedelten Kinderheims *Ahawah* hatten für einen Transport 80 Jugendliche ausgewählt, der Österreich am 2. November 1938 verlassen konnte. Dabei dürfte es sich beinahe zur Gänze um Wiener Kinder gehandelt haben. Unter den wenigen Grazerinnen und Grazern befand sich Blanka Dortort, die Schwester des von Andrea Strutz interviewten und hier ebenfalls portraitierten Leo Dortort.

40 David Grünschlag an Hans Beyth, Zentralstelle der jüdischen Jugendhilfe, 28.11.1938, CZA, S75/1141.

41 Ebda.

42 *Mossad Meuchad Letipul Be'Olim Nechshalim*, dt.: „Organisation für die Betreuung behinderter Einwanderer".

43 Biró, Erinnerungen, S. 219f.

44 David Herzog, Erinnerungen eines Rabbiners 1932–1940. Auf der Grundlage einer Diplomarbeit von Andreas Schweiger. Hg. v. Walter Höflechner (= Publikationen aus dem Archiv der Universität Graz Bd. 32), Graz 1997.

45 Die von 1908 bis 1914 monatlich publizierte Gemeindezeitschrift informierte die Mitglieder über Veranstaltungen, Trauungen, Todesfälle etc. und befasste sich in ihren Artikeln mit allgemeinen Fragen zum Judentum. Nach mehrjähriger Pause wurde erst 1926 wieder ein Gemeindeblatt herausgegeben – die *Mitteilungen der Israelitischen Kultusgemeinde* erschienen bis Anfang 1938.

46 Herzog, Erinnerungen eines Rabbiners, S. 3.

47 Ebda. S. 3, 6.

48 Ebda. S. 8.

49 Ebda. S. 12.

50 Ebda. S. 15–30.
51 Ebda. S. 48.
52 Ebda. S. 67, 69.
53 Im November 2013 wird Berthold Kaufmanns Tochter Ruth Yu-Szammer, die derzeitige Präsidentin der Israelitischen Kultusgemeinde Graz, ein Buch über ihren Vater („Über. Leben – gegen das Vergessen“) herausgeben. Die biographischen Informationen und die autobiographischen Erzählungen entstammen einem Interview mit Berthold Kaufmann, geführt von Victoria Kumar am 6.11.2012, sowie dem Interview von Karen Engel mit Berthold Kaufmann. In: Hörmal. Überlebensgeschichten 1938–2008. Graz und die Steiermark im Nationalsozialismus (CD 3: Hör- und Unterrichtsmaterial), Graz 2008.
54 „Die Steiermark kehrte gleichsam in einen antisemitischen Bewusstseinszustand ‚vor Auschwitz' zurück.“, so der Historiker Dieter Binder in seinem Aufsatz: Jüdische Steirer – steirische Juden 1945–2000. In: Gerald Lamprecht (Hg.), Jüdisches Leben in der Steiermark. Marginalisierung – Auslöschung – Annäherung (= Schriften des Centrums für Jüdische Studien Bd. 5), Innsbruck et. al. 2004, S. 223–233, hier S. 228.
55 Die Unabhängigkeitsbewegung Mau-Mau warf sich in den 1950er Jahren in Kenia gegen die britische Kolonialmacht und die weißen Siedler auf. Nach jahrelangen Kämpfen wurden die Mau-Mau zwar besiegt, Kenia aber 1963 von Großbritannien in die Unabhängigkeit entlassen.
56 Interview von Karen Engel mit Otto Günther Klein. In: Hörmal. Überlebensgeschichten 1938-2008. Graz und die Steiermark im Nationalsozialismus, Graz 2008; Anderl, Porträts, Alfred und Otto Günter Klein, S. 227–235.
57 Die 1943 gegründete UNRRA (United Nations Relief and Rehabilitation Administration) war eine Hilfsorganisation der Vereinten Nationen, deren Hauptaufgabe die Repatriierung der so genannten „Displaced Persons“ nach dem Krieg war.
58 Interview mit Kurt Kövesi, geführt von Christian Klösch, 18.4.1997.
59 Das zwischen Hitler und Schuschnigg vereinbarte Abkommen sah für Österreich unter anderem die Generalamnestie für alle inhaftierten Nationalsozialisten, eine Regierungsbeteiligung und eine freie Betätigung der NSDAP (im Rahmen der „Vaterländischen Front“) vor.
60 Landskroner, Kurt. Interview 48062. Visual History Archive. USC Shoah Foundation Institute. 2012. Web. 26.9., 6.12.2012 (http://www.vha.fu-berlin.de). Von der Verfasserin aus dem englischen Original übersetzt.
61 Interview mit Rudolf Latzer, geführt von Victoria Kumar, 3.2.2010.
62 Interview mit Bernard Lichtenstein, geführt von Christian Klösch, 24.10.1996, Austrian Heritage Collection, Leo Baeck Institute New York. ([http://search.cjh.org], Suche „Bernard Lichtenstein“, 31.10.2012). Von der Verfasserin aus dem englischen Original übersetzt; Bernard Lichtenstein Collection, Austrian Heritage Collection, Leo Baeck Institute New York, AR 10416.
63 Interview mit Laura Mokotov, geführt von Victoria Kumar, 4.5.2010; Interview mit Batja Tuchendler, geführt von Victoria Kumar, 2.2.2010.
64 Diese Bedingung kam nicht bei allen illegalen Transporten zum Tragen und wurde offen-

bar auch nicht beim „Lisl“-Transport durchgängig angewendet – unter den Passagieren befanden sich auch zahlreiche Kinder.

65 Das „Fürsorgeinstitut für jüdische Mädchen Dr.-Krüger-Heim“, das auf die wirtschaftliche Ausbildung der schulentlassenen weiblichen jüdischen Jugend abzielte, fungierte ab 1938 auch als Waisenhaus und sollte im Falle Bertas als Übergangslösung dienen, bis eine Einreisemöglichkeit nach Palästina gefunden war.

66 Die „Women's International Zionist Organisation“ unterstützte Immigrantinnen durch unterschiedliche Programme und Einrichtungen bei der Niederlassung in Palästina.

67 Angriffe Ägyptens und Syriens auf dem Sinai und den Golanhöhen am jüdischen Feiertag Jom Kippur lösten 1973 den vierten großen arabisch-israelischen Konflikt seit der Staatsgründung Israels aus. Der Jom-Kippur-Krieg ging zugunsten Israels aus. Fünf Jahre später folgte der israelisch-ägyptische Friedensvertrag.

68 Interview mit Blanka Nachnieli, geführt von Victoria Kumar, 15.3.2010.

69 Den Akten des DÖWs zufolge ist Raphael Enis nach der Verhaftung im November gar nicht freigekommen, sondern am 12.11.1938 von Dachau ins KZ Buchenwald überstellt worden, wo er 1940 umkam.

70 Interview mit Lothar Neurath, geführt von Albert Lichtblau, 8.3.1997; Interview mit Ester Neurath, geführt von Victoria Kumar, 3.2.2010; Elisabeth Welzig, Lothar (Josef) Neurath. In: Wolfgang Sotill, Es gibt nur einen Gott und eine Menschheit. Graz und seine jüdischen Bürger. Hg. v. Kurt D. Brühl/Helmut Strobl, Graz-Wien-Köln 2001, S. 170f.

71 Newman, Eric. Interview 26760. Visual History Archive. USC Shoah Foundation Institute. 2012. Web. 26.9., 6.12. 2012 (http://www.vha.fu-berlin.de). Von der Verfasserin aus dem englischen Original übersetzt.

72 Quellen des DÖWs zufolge wurde er in Frankreich festgenommen, kam ins Lager Drancy und wurde von dort am 9. September 1942 mit dem Transport 30 nach Auschwitz deportiert und ermordet.

73 Trude Philippsohn-Lang, Erinnerungen. In: Geschichte und Gegenwart 11 (1992), S. 87–108: nachgedruckt in: Alois Kernbauer/Karin Schmidlechner-Lienhart (Hg.), Frauenstudium und Frauenkarrieren an der Universität Graz (= Publikationen aus dem Archiv der Universität Graz, Bd. 33) Graz 1996, S. 273–290. Brief von Trude Philippsohn-Lang an Andreas Schweiger, 20.10.1988. Die Verfasserin bedankt sich bei Andreas Schweiger für das Überlassen einer Kopie.

74 Otto Pollak, From Graz to Tel Aviv, Graz 2002. Von der Verfasserin aus dem englischen Original übersetzt.

75 Zur „Charitas“ siehe Harald Seewann, J.A.V. Charitas Graz 1897–1938. Die Geschichte einer jüdischen Studentenverbindung in Worten, Bildern und Dokumenten, Graz 2001; Antje Zöller, Jüdisches Studentenwesen – Die Jüdisch-Akademische Verbindung „Charitas“. Die wechselvolle Beziehung zwischen dem Antisemitismus und der jüdischen Überlebensstrategie des Zionismus in Österreich. Ein Beitrag zur Sozialgeschichte des akademischen Milieus im Graz des ausgehenden 19. und beginnenden 20. Jahrhunderts. Dipl.-Arb., Graz 2008.

76 Die biographischen Informationen über die Familie Röhr stammen aus dem Interview,

das die Verfasserin mit Josef Carmiel 2010 in Beer-Sheva geführt hat, sowie aus den von Christian Klösch und Regina Trummer geführten Zeitzeugengesprächen mit Fritz Röhr (6.11.1997) und Gideon Röhr (29.9.1997). Die Aufnahmen wurden der Verfasserin freundlicherweise von Christian Klösch zur Verfügung gestellt. Zudem liegt eine Kopie eines Interviews vor, das Moshe Carmiel (Walter Weinberger) mit seinen Tanten Irene Röhr und Charlotte Strasser aufgenommen hat. Ferner wurde der im Leobener Amtsblatt veröffentlichte Erinnerungsbericht von Gideon Röhr herangezogen, den er anlässlich eines Aufenthaltes in Leoben verfasst hat. Gideon (Hans) Röhr, „Vor 50 Jahren, am neunten Juni 1938“. Erinnerungen eines in Leoben geborenen Juden. In: Alt-Leoben. Geschichtsblätter zur Vergangenheit von Stadt und Bezirk (Beilage zum Amtsblatt „Stadt Leoben“), Folge 25, Juni 1988, S. I–VIII.

77 Siehe auch das Porträt von Josef Carmiel.

78 Als „Jeckes“ wurden die deutschsprechenden Einwanderinnen und Einwanderer in Palästina bezeichnet. Der Begriff war meistens negativ konnotiert.

79 Interview mit Ruth Rosowsky und Sylvia Shamai, geführt von Victoria Kumar, 25.4.2010. Interview mit Ruth Rosowsky geführt von Petra Kern, 21.11.1997. In: Petra Kern, Alte Heimat – Neue Heimat. Israelische Bürger Grazer Herkunft, ihre Auswanderung und Akkulturation. Dipl.-Arb., Graz 1999.

80 Harald Salzmann, Ich bin in Graz als jüdischer Junge aufgewachsen. Als Jude in Graz und anderswo – Erinnerungen aus den Jahren 1921–1947. In: Historisches Jahrbuch der Stadt Graz Bd. 21/22, Graz 1991, S. 147–168.

81 Die internationale Hilfsorganisation HICEM war 1927 durch den Zusammenschluss der „Hebrew Sheltering and Immigrant Aid Society“ (HIAS) in New York, der „Jewish Colonization Association“ (ICA) in Paris und „Emigdirekt“ in Berlin entstanden.

82 Interview mit Frieda Schenkal, geführt von Victoria Kumar, 26.4.2010.

83 Im Gegensatz zu den Angaben von Frieda Schenkal wurde in den Sterbematrikeln der Kultusgemeinde als Todesursache Rosa Kieslers chronische Nephritis vermerkt.

84 Die 1943 gegründete UNRRA (United Nations Relief and Rehabilitation Administration) war eine Hilfsorganisation der Vereinten Nationen, deren Hauptaufgabe die Repatriierung der so genannten „Displaced Persons“ nach dem Krieg war.

85 Interview mit Heinz Jehuda Wechsler, geführt von Petra Kern, 23.11.1997. In: Petra Kern, Alte Heimat – Neue Heimat. Israelische Bürger Grazer Herkunft, ihre Auswanderung und Akkulturation. Dipl.-Arb., Graz 1999; Nora Wechsler, In Graz bis zum April 1939, YVA O1-209. Robert Breitler, B'nai B'rith in Graz. Zur Sozialgeschichte des Grazer jüdischen Bürgertums in der Zwischenkriegszeit. Dipl.-Arb., Graz 2002, S. 125–128.

86 Weiss, Anna. Interview 21635. Visual History Archive. USC Shoah Foundation Institute. 2012. Web. 26.9., 6.12.2012 (http://www.vha.fu-berlin.de); Interview mit Anna Weiss, geführt von Gail Schwartz, 2.11.1990, Austrian Heritage Collection, Leo Baeck Institute New York. ([http://search.cjh.org], Suche „Anna Weiss“, 14.11.2012). Von der Verfasserin aus dem englischen Original übersetzt.

87 Fred Lembeck, Otto Loewi. Ein Lebensbild in Dokumenten. Biographische Dokumentation und Biographie, Berlin 1968, S. 48. Zu Otto Loewi siehe außerdem: Elfriede Schmidt,

Nobelpreisträger Otto Loewi … Leben in zwei Welten, Graz 1993.

88 Lembeck, Loewi, S. 185f.

89 Ebda. S. 190.

90 Welisch, Margaret. Interview 6090. Visual History Archive. USC Shoah Foundation Institute. 2012. Web. 26.9., 6.12.2012 (http://www.vha.fu-berlin.de). Von der Verfasserin aus dem englischen Original übersetzt; Welisch Family Collection, Austrian Heritage Collection, Leo Baeck Institute New York, AR 11717.

91 „Karl's side". Autobiographische Aufzeichnungen von Karl Wolf. Freundlicherweise zur Verfügung gestellt von Karen Engel. Von der Verfasserin aus dem englischen Original übersetzt.

In Graz und andernorts

1 Die von Karen Engel geführten Interviews wurden zum Teil im Rahmen des Projektes „Hörmal. Überlebensgeschichten 1938–2008. Graz und die Steiermark im Nationalsozialismus", Graz 2008, veröffentlicht.

2 Christian Klösch hat ehemalige steirische Jüdinnen und Juden im Zuge seines Gedenkdienstes in den USA befragt.

3 Siehe http://dornsife.usc.edu/vhi/.

4 Zu den kürzlich veröffentlichten Erinnerungen von Zeitzeuginnen und Zeitzeugen zählen die Jubiläumspublikation des Nationalfonds der Republik Österreich für Opfer des Nationalsozialismus, Wien 2010, sowie die Projekte „Das Vermächtnis. Verfolgung, Vertreibung und Widerstand im Nationalsozialismus" und „Neue Heimat Israel" (http://erinnern.at/).

5 „Vergessene Stimmen? Die Erinnerung an die nationalsozialistische Verfolgung von Sinti und Roma in digitalen Oral-History-Archiven und im topographischen Gedächtnis Berlins", Multimediale Archive, Center für Digitale Systeme, Freie Universität Berlin, 29.7. bis 4.8.2012.

6 http://www.lbi.org/collections/austrian-heritage-collection/. Vgl. Niko Wahl, Erinnerungen zwischen Wien und New York. Austrian Heritage Collection Project: In: Eleonore Lappin/Albert Lichtblau (Hg.), Die Wahrheit der Erinnerung. Jüdische Lebensgeschichten, Innsbruck-Wien-Bozen 2008, S. 191–198.

7 Dokumentationsarchiv des österreichischen Widerstandes (Hg.): Jüdische Schicksale. Berichte von Verfolgten (= Erzählte Geschichte. Berichte von Widerstandskämpfern und Verfolgten Bd. 3), Wien 1992.

8 http://www.doew.at/frames.php?/service/archiv/eg/content_eg.html.

9 Lappin/Lichtblau (Hg.), Die Wahrheit der Erinnerung, Einleitung, S. 8.

10 Ulrike Jureit, Erinnerungsmuster. Zur Methodik lebensgeschichtlicher Interviews mit Überlebenden der Konzentrations- und Vernichtungslager (= Forum Zeitgeschichte Bd. 8), Hamburg 1999, S. 27.

11 Jureit unterscheidet dabei zwischen Handlungen, in die der Berichtende selbst involviert war und Ereignissen, die er zwar als Augenzeuge beobachtet hat, aber in die er nicht persönlich eingebunden war, sowie Handlungszusammenhängen, die der Zeitzeuge zu dama-

liger Zeit von anderen erzählt bekommen hat, die er aber nicht aus eigener Anschauung kennt, sondern nachträglich durch Dritte oder durch spätere Lektüre erfahren hat. Ebda. S. 32.

12 Die Einbettung lebensgeschichtlicher Erinnerungen in einen größeren historischen Kontext nennt Werner Fuchs Heinritz „additive Lösung": Untersucht werden sollen sowohl die Lebensgeschichte des Einzelnen, als auch allgemeine Strukturen, Verhältnisse und Prozesse. Siehe Werner Fuchs-Heinritz, Biographische Forschung. Eine Einführung in die Praxis und Methoden, Wiesbaden 2009, S. 304.

13 Ebda. S. 312.

14 O. A., Tagungsbericht „Stimmen aus der Vergangenheit. Interviews mit Überlebenden der Shoah: Das David-Boder-Archiv und das ‚Archiv der Erinnerung'" (Berlin, 7./8.6.2007). In: H-Soz-u-Kult, 5.10.2007 [http://hsozkult.geschichte.hu-berlin.de/tagungsberichte/id=1730].

15 Jureit, Erinnerungsmuster, S. 376.

16 Zur Gründung und Entwicklung der Grazer IKG siehe vor allem Gerald Lamprecht, Fremd in der eigenen Stadt. Die moderne jüdische Gemeinde von Graz vor dem Ersten Weltkrieg (= Schriften des Centrums für jüdische Studien, Bd. 8), Innsbruck-Wien 2007. Siehe auch Gudrun Reitter, Die Grazer israelitische Kultusgemeinde 1908–1938. In: Dieter A. Binder/Gudrun Reitter/Herbert Rütgen (Hg.), Judentum in einer antisemitischen Umwelt. Am Beispiel der Stadt Graz 1918–1938, Graz 1988, S. 9–172.

17 Einen Überblick über das jüdische Vereinswesen in Graz geben Lamprecht, Fremd, S. 189–214 und Reitter, Judentum, S. 85–123.

18 Vgl. Gabriele Anderl, Generationenkonflikte. Die zionistische Auswanderung aus Österreich nach Palästina in der Zwischenkriegszeit. In: Frank Stern/Barbara Eichinger (Hg.), Wien und die jüdische Erfahrung 1900–1938. Akkulturation – Antisemitismus – Zionismus. Wien-Köln-Weimar 2009, S. 71–98.

19 Sylvia Maderegger, Die Juden im österreichischen Ständestaat 1934–1938, Wien-Salzburg 1973, S. 116.

20 Dieter A. Binder, Das Schicksal der Grazer Juden 1938. In: Graz 1938 (Historisches Jahrbuch der Stadt Graz Bd. 18/19), Graz 1987, S. 216.

21 Jonny Moser, Demographie der jüdischen Bevölkerung Österreichs 1938–1945 (= Schriftenreihe des Dokumentationsarchivs des österreichischen Widerstandes zur Geschichte der NS-Gewaltverbrechen Bd. 5), Wien 1999, S. 29.

22 Binder, Schicksal, S. 218; Lamprecht, Graz 1938, S. 4.

23 Michael Wildt (Hg.): Die Judenpolitik des SD 1935 bis 1938. Eine Dokumentation. München 1995, S. 9–64.

24 Siehe dazu vor allem Gabriele Anderl/Dirk Rupnow (Hg.): Die Zentralstelle für jüdische Auswanderung als Beraubungsinstitution (= Veröffentlichungen der Österreichischen Historikerkommission Bd. 20/1), Wien-München 2004.

25 Zur Geschichte des Nationalsozialismus in der Steiermark und in Graz siehe v.a.: Heimo Halbrainer/Gerald Lamprecht/Ursula Mindler, unSICHTBAR. NS-Herrschaft: Widerstand und Verfolgung in der Steiermark, Graz 2008; Stefan Karner, Die Steiermark im

Dritten Reich 1938–1945. Aspekte ihrer politischen, wirtschaftlich-sozialen und kulturellen Entwicklung, Graz 1986; Stefan Karner (Hg.), Graz in der NS-Zeit 1938–1945 (= Veröffentlichungen des Ludwig-Boltzmann-Instituts für Kriegsfolgenforschung Sonderband 1), Graz-Wien-Klagenfurt 1999, Eduard Staudinger, Zur Entwicklung des Nationalsozialismus in Graz von seinen Anfängen bis 1938. In: Graz 1938 (Historisches Jahrbuch der Stadt Graz Bd. 18/19), Graz 1987, S. 31–74.

26 Nach Gerald Lamprecht, Graz 1938 – Von der Zerstörung der jüdischen Gemeinde. In: Hörmal. Überlebensgeschichten 1938–2008. Graz und die Steiermark im Nationalsozialismus (CD 3: Hör- und Unterrichtsmaterial), Graz 2008; Bernd Beutl, Antisemitismus und Judenverfolgung in Graz. Die Zerstörung der Israelitischen Kultusgemeinde 1938–1940. In: Karner, Graz in der NS-Zeit, S. 25–39, hier S. 32f. Siehe außerdem grundlegend Herbert Rosenkranz, Verfolgung und Selbstbehauptung. Die Juden in Österreich 1938–1945, Wien 1978.

27 Auf Erlass des „Ministeriums für innere und kulturelle Angelegenheiten" wurde eine „Notschule" am Färberplatz mit zwei Hauptschulklassen eingerichtet, in der alle 7- bis 14-jährigen Schülerinnen und Schüler zusammengefasst wurden.

28 Elias Elijahu Grünschlag, Das jüdische Leben in Graz in den Jahren 1938-1940, Tel Aviv 1959, YVA, O-3/120.

29 Dan Diner, Die Katastrophe vor der Katastrophe. Auswanderung ohne Einwanderung. In: Dirk Blasius/Dan Diner (Hg.), Zerbrochene Geschichte. Leben und Selbstverständnis der Juden in Deutschland, Frankfurt am Main 1991, S. 142.

30 Der Kriegsausbruch brachte nicht nur den vollständigen Einwanderungsstopp – die britische Regierung erklärte alle aus den Reichsgebieten stammenden Personen (auch jüdische Flüchtlinge) zu „enemy aliens" und deren Visen für ungültig.

31 Der Begriff wird hier allerdings nicht nur im Zusammenhang mit dem Zielland Großbritannien gemeint. Zur Geschichte der „Kindertransporte" nach England siehe vor allem den Sammelband Wolfgang Benz (Hg.), Die „Kindertransporte" 1938/39. Rettung und Integration, Frankfurt am Main 2003; zur Rettungsaktion für Kinder aus Österreich siehe u.a. Rosenkranz, Verfolgung, S. 182–186.

32 Bis ins Detail mussten Affidavitgeberinnen und -geber Auskunft über ihre familiäre und finanzielle Situation geben, was zahlreiche Amerikanerinnen und Amerikaner von einer Bürgschaft abhielt. Zu Emigration und Exil in den USA siehe vor allem Dokumentationsarchiv des österreichischen Widerstandes (Hg.), Österreicher im Exil. USA 1938–1945. Eine Dokumentation, Wien 1995.

33 Nach Gabriele Anderl, Flucht und Vertreibung 1938–1945. In: Traude Horvath/Gerda Neyer (Hg.), Auswanderungen aus Österreich. Von der Mitte des 19. Jahrhunderts bis zur Gegenwart, Wien 1996, S. 236f; Juliane Wetzel, Auswanderung aus Deutschland. In: Wolfgang Benz (Hg.), Die Juden in Deutschland 1933–1945. Leben unter nationalsozialistischer Herrschaft, München 1988, S. 477–497.

34 Grundlegend zur Flucht österreichischer Jüdinnen und Juden nach Palästina: Gabriele Anderl, Emigration und Vertreibung. In: Erika Weinzierl/Otto D. Kulka (Hg.), Vertreibung und Neubeginn. Israelische Bürger österreichischer Herkunft, Wien-Köln-Weimar 1992,

S. 167–337; Brigitte Halbmayr, Emigration – Flucht – Vertreibung. Migrationsbewegungen österreichischer Jüdinnen und Juden nach Palästina 1934–1948. In: Angelika Hagen/Joanna Nittenberg (Hg.), Flucht in die Freiheit. Österreichische Juden in Palästina und Israel, Wien 2006, S. 29–98.

35 Über die jüdische Bevölkerung außerhalb von Graz wird vermerkt, dass die Zahl unerheblich wäre und diese „im Zuge der augenblicklichen Aktion […] vollkommen aus dem flachen Land entfernt werden" würde. Erfahrungsbericht des SD des Reichsführers-SS, SD Unterabschnitt Steiermark, an den SD-Führer des SS-Oberabschnitts Donau betreffend den Novemberpogrom in Graz, 15.11.1938. DÖW 1780. Fälschlicherweise wird die Zahl 417 in der Forschungsliteratur immer in Verbindung mit dem Zielland Palästina genannt, wovon – wie auch die zweite, hier erwähnte Liste verdeutlicht – allerdings nicht ausgegangen werden kann.

36 Die Verfasserin bedankt sich bei Gerald Lamprecht für das Überlassen einer Kopie.

37 Bericht über Palästina erstattet durch die britische königliche Palästina-Kommission unter dem Vorsitz von Earl Peel und auf Befehl seiner Britischen Majestät vom Staatssekretär für die Kolonien dem Britischen Parlament vorgelegt im Juli 1937, Berlin 1937, S. 321–328; Palästina-Amt Wien (Hg.), Neues Palästina-Informationsbuch, Wien 1936, S. 58–63.

38 Siehe dazu Werner Feilchenfeld/Dolf Michaeli/Ludwig Pinner, Haavara-Transfer nach Palästina und Einwanderung deutscher Juden 1933–1939 (= Schriftenreihe wissenschaftlicher Abhandlungen des Leo-Baeck Instituts 26), Tübingen 1972; Francis R. Nicosia, Hitler und der Zionismus. Das 3. Reich und die Palästina-Frage 1933–1939, Leonie am Starnberger See 1989, S. 73–99, hier S. 74.

39 Das Aktenmaterial zur „Aktion Judenauswanderung aus der Steiermark" stammt aus den Central Zionist Archives, dem Archiv der Wiener Kultusgemeinde und dem Landesarchiv Steiermark.

40 Aus der Perspektive der Mandatsmacht gesetzeswidrig, betrachtete die zionistische Bewegung die Alijah als unumstößliches Recht und bezeichnete deshalb auch die Einreise ohne Papiere nicht als „illegale", sondern als „freie" und „unabhängige" Einwanderung. In der zionistischen Terminologie wird dennoch zwischen „legaler" („A-Einwanderung") und „illegaler" („B-Einwanderung") Alijah – der Begriff der „Alijah Beth" bezieht sich demnach auf den zweiten Buchstaben des hebräischen Alphabets – sowie personenbezogen zwischen „Olim" und „Ma'apilim" unterschieden. Nach Anderl, Emigration, S. 256–308, hier S. 256.

41 Der durch den Austritt aus der „Zionistischen Weltorganisation" herbeigeführte Ausschluss von der Zertifikatsverteilung einerseits und die zu einem ihrer Hauptziele definierte rasche Masseneinwanderung nach Palästina andererseits führte beinahe zwangsläufig dazu, dass die zionistischen „Revisionisten" zu den Hauptinitiatoren der illegalen Palästina-Wanderung wurden. Siehe dazu vor allem William R. Perl, Operation Action. Rescue from the Holocaust, New York 1983; Dalia Ofer, Escaping the Holocaust. Illegal Immigration to the Land of Israel, 1939–1944, New York 1990, S. 69–88.

42 Zur Organisation des „Lisl"-Transports siehe u.a. Joshua Torczyner, „Mörder", schrie ich Eichmann an …, Tel Aviv 1975; Gabriele Anderl, Emigration und Vertreibung. In: Eri-

ka Weinzierl/Otto D. Kulka (Hg.), Vertreibung und Neubeginn. Israelische Bürger österreichischer Herkunft, Wien-Köln-Weimar 1992, S. 282–284; Gabriele Anderl, Porträts, Alfred und Otto Günter Klein. In: Angelika Hagen/Joanna Nittenberg (Hg.), Flucht in die Freiheit. Österreichische Juden in Palästina und Israel, Wien 2006, S. 231, sowie umfangreiches Aktenmaterial aus den Central Zionist Archives, Jerusalem und den National Archives, London.

43 Grundlegend dazu Gabriele Anderl/Walter Manoschek, Gescheiterte Flucht. Der „Kladovo-Transport" auf dem Weg nach Palästina 1939–1942, Wien 2001; Anderl, Emigration, S. 297-308; Perl, Operation Action, S. 176–215; Ofer, Holocaust, S. 42–58.

44 Siehe Heimo Halbrainer (Hg.), Zwei Tage Zeit. Herta Eisler-Reich und die Spuren jüdischen Lebens in Mürzzuschlag, Graz 1999.

45 Zur Jugend-Alijah siehe vor allem das entsprechende Unterkapitel in Anderl, Emigration, S. 218–255.

46 Moser, Demographie, S. 31; Rosenkranz, Verfolgung, S. 194.

47 CAHJP, A/W 400.

48 CAHJP, A/W 401. Vgl. Halbrainer/Lamprecht/Mindler, unSICHTBAR, S. 170.

49 Eine gewisse Anzahl vor allem an Jüdinnen, die in so genannten „geschützten Ehen" lebten, sowie an „Mischlingen" im Sinne der NS-Gesetzgebung war zu diesem Zeitpunkt noch in Graz ansässig. Ab 1940 waren auch sie von der Verfolgung betroffen.

50 DÖW (Hg.), USA, S. 255.

51 Zur Immigration österreichischer Jüdinnen und Juden in Palästina siehe u.a. Doron Niederland, Die Immigration. In: Weinzierl/Kulka, Vertreibung, S. 339–444.; Evelyn Adunka, Exil in der Heimat. Über die Österreicher in Israel (= Österreich-Israel-Studien Bd. 2), Innsbruck et. al. 2002.

52 Ole/Olim: hebr.: Einwanderer/Einwanderin, Einwanderinnen

53 Mit dem Begriff „Jecke" wurde die von Ordentlichkeit, Pünktlichkeit und Kultursinn geprägte Lebensweise der deutschen und österreichischen Einwanderinnen und Einwanderer verspottet. Für die Herkunft des Terminus gibt es unterschiedliche Erklärungen, z.B. wird auf die Jacke Bezug genommen, die deutsche Juden auch im heißen Palästina mit Vorliebe getragen hätten.

54 Helga Embacher/Margit Reiter, Gratwanderungen. Die Beziehungen zwischen Österreich und Israel im Schatten der Vergangenheit, Wien 1993, S. 29f.

55 Siehe dazu vor allem: Eleonore Lappin-Eppel, Ungarisch-jüdische Zwangsarbeiter und Zwangsarbeiterinnen in Österreich 1944/45. Arbeitseinsatz – Todesmärsche – Folgen, Wien 2010; Heimo Halbrainer/Christian Ehetreiber (Hg.), Todesmarsch Eisenstraße 1945. Terror, Handlungsspielräume, Erinnerung. Menschliches Handeln unter Zwangsbedingungen, Graz 2005.

56 Zur Geschichte der IKG Graz nach 1945 siehe vor allem Dieter A. Binder, Jüdische Steirer – steirische Juden 1945-2000. In: Gerald Lamprecht (Hg.), Jüdisches Leben in der Steiermark. Marginalisierung – Auslöschung – Annäherung (= Schriften des Centrums für Jüdische Studien Bd. 5), Innsbruck u.a. 2004, S. 223–233; Ders., Jüdische Steiermark – Steirisches Judentum. In: Alfred Ableitinger/Dieter A. Binder (Hg.), Steiermark. Die

Überwindung der Peripherie, Wien-Köln-Weimar 2002, S. 527–549; Elisabeth Welzig, Die Zeit nach 1945/After 1945. In: Wolfgang Sotill, Es gibt nur einen Gott und eine Menschheit. Graz und seine jüdischen Bürger. Hg. v. Kurt D. Brühl/Helmut Strobl, Graz-Wien-Köln 2001, S. 174–196; Reitter, IKG Graz, S. 170–177.

57 Thomas Albrich geht für Österreich von einer Gesamtzahl von mindestens 180.000 jüdischen Flüchtlingen für denselben Zeitraum aus. Thomas Albrich, Exodus durch Österreich. Die jüdischen Flüchtlinge 1945–1948 (Innsbruck 1987), S. 201f. Zu den jüdischen DPs und zur Bricha nach Palästina/Israel nach 1945 siehe auch: Ders., Flucht nach Eretz Israel. Die Bricha und der jüdische Exodus durch Österreich (= Österreich-Israel-Studien Bd. 1), Innsbruck-Wien 1998.

58 YVA, O-30/7.

59 Binder, Jüdische Steirer, S. 224.

60 Reitter, IKG Graz, S. 173.

61 Peter Eppel, Österreicher in der Emigration 1938 bis 1945. In: Friedrich Stadler (Hg.), Vertriebene Vernunft II. Emigration und Exil österreichischer Wissenschaft. Internationales Symposion 19. bis 23. Oktober 1987 in Wien, München 1988, S. 77. Zur Remigration siehe Helga Embacher, Eine Heimkehr gibt es nicht? Remigration nach Österreich. In: Claus-Dieter Krohn (Hg.), Jüdische Emigration. Zwischen Assimilation und Verfolgung, Akkulturation und jüdischer Identität, München 2001, S. 187–209.

62 Welzig, Die Zeit nach 1945, S. 183.

63 Embacher, Remigration, S. 203.

64 Zur Förderung des Austauschs zwischen jüdischen und nichtjüdischen Wissenschaftlerinnen und Wissenschaftlern und Studierenden wurde der „David-Herzogs-Fonds" eingerichtet. Seit 2005 wird er von allen steirischen Universitäten getragen. Seit dem Jahr 2000 betreibt das „Centrum für Jüdische Studien" der Karl-Franzens-Universität Graz Forschung in jüdischer Geschichte und Kultur und bietet forschungsgeleitete Lehre, etwa in Form der „Kurt-David-Brühl-Gastprofessur für jüdische Studien", an.

65 Welzig, Die Zeit nach 1945, S. 193.

66 Nach Julius Schoeps (Hg.), Neues Lexikon des Judentums, Gütersloh 2002.

Quellen- und Literaturverzeichnis

Archive

Archiv der Israelitischen Kultusgemeinde Graz
Dokumentationsarchiv des Österreichischen Widerstandes, Wien (DÖW)
Israelitische Kultusgemeinde Wien/Archiv der Anlaufstelle
Landesarchiv Steiermark, Graz
The Central Archives for the History of the Jewish People, Jerusalem (CAHJP)
The Central Zionist Archives, Jerusalem (CZA)
The National Archives, London (TNA)
The Yad Vashem Archives, Jerusalem (YVA)

Interviews

Bestand Victoria Kumar

Interview mit Avram Engel, geführt von Victoria Kumar, 30.11.2009.
Interview mit Batja Tuchendler, geführt von Victoria Kumar, 2.2.2010.
Interview mit Berthold Kaufmann, geführt von Victoria Kumar, 6.11.2012.
Interview mit Blanka Nachnieli, geführt von Victoria Kumar, 15.3.2010.
Interview mit Ester Neurath, geführt von Victoria Kumar, 3.2.2010.
Interview mit Frieda Schenkal, geführt von Victoria Kumar, 26.4.2010.
Interview mit Josef Carmiel, geführt von Victoria Kumar, 18.11.2009.
Interview mit Karnit Gutweg und Dana Cohen, geführt von Victoria Kumar, 10.6.2010.
Interview mit Laura Mokotov, geführt von Victoria Kumar, 4.5.2010.
Interview mit Rudolf Latzer, geführt von Victoria Kumar, 3.2.2010.

Interview mit Ruth Rosowsky und Sylvia Shamai, geführt von Victoria Kumar, 25.4.2010.

Bestand Austrian Heritage Collection, Leo Baeck Institute New York

Interview mit Anna Weiss, geführt von Gail Schwartz, 2.11.1990, Austrian Heritage Collection, Leo Baeck Institute New York. ([http://search.cjh.org], Suche „Anna Weiss", 14.11.2012).

Interview mit Bernard Lichtenstein, geführt von Christian Klösch, 24.10.1996, Austrian Heritage Collection, Leo Baeck Institute New York. ([http://search.cjh.org], Suche „Bernard Lichtenstein", 31.10.2012).

Interview mit Helma Goldmark, geführt von Phillip Rohrbach und Konstatin Wacker, 3.6.2008, Austrian Heritage Collection, Leo Baeck Institute New York. ([http://search.cjh.org], Suche „Helma Goldmark", 7.11.2012).

Interview mit Samuel Düdner, geführt von Niko Wahl, 20.7.1999, Austrian Heritage Collection, Leo Baeck Institute New York. ([http://search.cjh.org], Suche „Samuel Düdner", 27.10.2012).

Bestand Visual History Archive, USC Shoah Foundation Institute

Basch, Edith. Interview 13330. Visual History Archive. USC Shoah Foundation Institute. 2012. Web. 26.9., 6.12.2012 (http://www.vha.fu-berlin.de).

Busch, Hilda. Interview 33714. Visual History Archive. USC Shoah Foundation Institute. 2012. Web. 26.9., 6.12.2012 (http://www.vha.fu-berlin.de).

Landskroner, Kurt. Interview 48062. Visual History Archive. USC Shoah Foundation Institute. 2012. Web. 26.9., 6.12.2012 (http://www.vha.fu-berlin.de).

Newman, Eric. Interview 26760. Visual History Archive. USC Shoah Foundation Institute. 2012. Web. 26.9., 6.12.2012 (http://www.vha.fu-berlin.de).

Weiss, Anna. Interview 21635. Visual History Archive. USC Shoah Foundation Institute. 2012. Web. 26.9., 6.12.2012 (http://www.vha.fu-berlin.de).

Welisch, Margaret. Interview 6090. Visual History Archive. USC Shoah Foundation Institute. 2012. Web. 26.9., 6.12.2012 (http://www.vha.fu-berlin.de).

Sonstige Interviews

Interview mit Berthold Kaufmann, geführt von Karen Engel. In: Hörmal. Überlebensgeschichten 1938–2008. Graz und die Steiermark im Nationalsozialismus, Graz 2008.

Interview mit Gideon Röhr, geführt von Christian Klösch, 29.9.1997.
Interview mit Kurt Kövesi, geführt von Christian Klösch, 18.4.1997.
Interview mit Laura Cohn, geführt von Christian Klösch, 7.5.1997.
Interview mit Leo Dortort, geführt von Andrea Strutz, 10.5.2002.
Interview mit Lothar Neurath, geführt von Albert Lichtblau, 8.3.1997.
Interview mit Otto Günther Klein, geführt von Karen Engel. In: Hörmal. Überlebensgeschichten 1938–2008. Graz und die Steiermark im Nationalsozialismus, Graz 2008.
Interview mit Ruth Rosowsky geführt von Petra Kern, 21.11.1997. In: Petra Kern, Alte Heimat – Neue Heimat. Israelische Bürger Grazer Herkunft, ihre Auswanderung und Akkulturation. Dipl.-Arb., Graz 1999.

Publizierte/unpublizierte Erinnerungsberichte

Altziebler, Agnes: „Meine Heimat ist es nicht." Porträt Helmut Bader. In: Unizeit (Karl-Franzens-Universität Graz) 4/2000, S. 9.
Bader, Helmut: Zit. in: Elfriede Schmidt, 1938 … und was dann?, Thaur 1988, S. 1–10.
Biró, Ludwig: Die erste Hälfte meines Lebens. Erinnerungen eines Grazer jüdischen Rechtsanwaltes von 1900–1940. Hg. v. Christian Fleck, Graz 1998.
Gerber, Lisa: Emigranten-Existenz in Shanghai (1939–1949). Erinnerungen einer jungen Grazerin. In: Kernbauer, Alois/Schmidlechner-Lienhart, Karin (Hg.), Frauenstudium und Frauenkarrieren an der Universität Graz, Graz 1996 (= Publikationen aus dem Archiv der Universität Graz, Bd. 33), S. 300–308.
Herzog, David: Erinnerungen eines Rabbiners 1932–1940. Auf der Grundlage einer Diplomarbeit von Andreas Schweiger. Hg. v. Walter Höflechner (= Publikationen aus dem Archiv der Universität Graz Bd. 32), Graz 1997.
Philippsohn-Lang, Trude: Erinnerungen. In: Geschichte und Gegenwart 11 (1992), S. 87–108: nachgedruckt in: Kernbauer, Alois/Schmidlechner-Lienhart, Karin (Hg.), Frauenstudium und Frauenkarrieren an der Universität Graz (= Publikationen aus dem Archiv der Universität Graz, Bd. 33), Graz 1996, S. 273–290.
Pollak, Otto: From Graz to Tel Aviv, Graz 2002.
Röhr, Gideon (Hans): „Vor 50 Jahren, am neunten Juni 1938". Erinnerungen eines in Leoben geborenen Juden. In: Alt-Leoben. Geschichtsblätter zur Vergangenheit von Stadt und Bezirk (Beilage zum Amtsblatt „Stadt Leoben"), Folge 25 (Juni 1988).
Salzmann, Harald: Ich bin in Graz als jüdischer Junge aufgewachsen. Als Jude in Graz

und anderswo – Erinnerungen aus den Jahren 1921–1947. In: Historisches Jahrbuch der Stadt Graz Bd. 21/22, Graz 1991, S. 147–168.
Strutz, Andrea: „Suddenly I was a Judenbua“ Erinnerungen eines gebürtigen Grazers an Kindheit, „Anschluss“ 1938 und Vertreibung. In: Historisches Jahrbuch der Stadt Graz Bd. 38/39, Graz 2009, S. 59–91.
Wolf, Karl: „Karl‘s side“. Autobiographische Aufzeichnungen von Karl Wolf.

Literatur

Adunka, Evelyn: Exil in der Heimat. Über die Österreicher in Israel (= Österreich-Israel-Studien Bd. 2), Innsbruck et. al. 2002.
Albrich, Thomas: Die zionistische Option. Israel und die Überlebenden des Holocaust in Österreich. In: Ders. (Hg.): Flucht nach Eretz Israel. Die Bricha und der jüdische Exodus durch Österreich (= Österreich-Israel-Studien Bd. 1), Innsbruck-Wien 1998, S. 253–288.
Albrich, Thomas: Exodus durch Österreich. Die jüdischen Flüchtlinge 1945–1948, Innsbruck 1987.
Anderl, Gabriele/Manoschek, Walter: Gescheiterte Flucht. Der „Kladovo-Transport“ auf dem Weg nach Palästina 1939–1942, Wien 2001.
Anderl, Gabriele/Rupnow, Dirk (Hg.): Die Zentralstelle für jüdische Auswanderung als Beraubungsinstitution (= Veröffentlichungen der Österreichischen Historikerkommission Bd. 20/1), Wien-München 2004.
Anderl, Gabriele: Emigration und Vertreibung. In: Weinzierl, Erika/Kulka, Otto D. (Hg.): Vertreibung und Neubeginn. Israelische Bürger österreichischer Herkunft, Wien-Köln-Weimar 1992, S. 167–337.
Anderl, Gabriele: Flucht und Vertreibung 1938–1945. In: Horvath, Traude/Neyer, Gerda (Hg.): Auswanderungen aus Österreich. Von der Mitte des 19. Jahrhunderts bis zur Gegenwart, Wien 1996, S. 236–275.
Anderl, Gabriele: Generationenkonflikte. Die zionistische Auswanderung aus Österreich nach Palästina in der Zwischenkriegszeit. In: Stern, Frank/Eichinger, Barbara (Hg.): Wien und die jüdische Erfahrung 1900–1938. Akkulturation – Antisemitismus – Zionismus, Wien-Köln-Weimar 2009, S. 71–98.
Anderl, Gabriele: Porträts, Alfred und Otto Günter Klein. In: Hagen, Angelika/Nittenberg, Joanna (Hg.): Flucht in die Freiheit. Österreichische Juden in Palästina und Israel, Wien 2006, S. 227–235.
Benz, Wolfgang: Emigration als Rettung und Trauma. Zum historischen Kontext der Kindertransporte nach England. In: Benz, Wolfgang (Hg.): Die Kindertransporte

1938/39. Rettung und Integration, Frankfurt am Main 2003, S. 9–16.
Bericht über Palästina erstattet durch die britische königliche Palästina-Kommission unter dem Vorsitz von Earl Peel und auf Befehl seiner Britischen Majestät vom Staatssekretär für die Kolonien dem Britischen Parlament vorgelegt im Juli 1937, Berlin 1937.
Beutl, Bernd: Antisemitismus und Judenverfolgung in Graz. Die Zerstörung der Israelitischen Kultusgemeinde 1938–1940. In: Karner, Stefan (Hg.): Graz in der NS-Zeit 1938–1945 (= Veröffentlichungen des Ludwig-Boltzmann-Instituts für Kriegsfolgenforschung, Sonderband 1), Graz-Wien-Klagenfurt 1999, S. 25–39.
Binder, Dieter A.: Das Schicksal der Grazer Juden 1938. In: Graz 1938 (Historisches Jahrbuch der Stadt Graz Bd. 18/19), Graz 1987, S. 203–228.
Binder, Dieter A.: Jüdische Steiermark – Steirisches Judentum. In: Ableitinger, Alfred/Binder, Dieter A. (Hg.): Steiermark. Die Überwindung der Peripherie, Wien-Köln-Weimar 2002, S. 527–549.
Binder, Dieter A.: Jüdische Steirer – steirische Juden 1945–2000. In: Lamprecht, Gerald (Hg.): Jüdisches Leben in der Steiermark. Marginalisierung – Auslöschung – Annäherung (= Schriften des Centrums für Jüdische Studien Bd. 5), Innsbruck et. al. 2004, S. 223–233.
Diner, Dan: Die Katastrophe vor der Katastrophe. Auswanderung ohne Einwanderung. In: Blasius, Dirk/Diner, Dan (Hg.): Zerbrochene Geschichte. Leben und Selbstverständnis der Juden in Deutschland, Frankfurt am Main 1991, S. 138–160.
Dokumentationsarchiv des österreichischen Widerstandes (Hg.): Jüdische Schicksale. Berichte von Verfolgten (= Erzählte Geschichte. Berichte von Widerstandskämpfern und Verfolgten Bd. 3), Wien 1992.
Dokumentationsarchiv des österreichischen Widerstandes (Hg.): Österreicher im Exil. USA 1938–1945. Eine Dokumentation, Wien 1995.
Embacher, Helga/Reiter, Margit: Gratwanderungen. Die Beziehungen zwischen Österreich und Israel im Schatten der Vergangenheit, Wien 1993.
Embacher, Helga: Eine Heimkehr gibt es nicht? Remigration nach Österreich. In: Krohn, Claus-Dieter (Hg.): Jüdische Emigration. Zwischen Assimilation und Verfolgung, Akkulturation und jüdischer Identität, München 2001, S. 187–209.
Eppel, Peter: Österreicher in der Emigration 1938 bis 1945. In: Stadler, Friedrich (Hg.): Vertriebene Vernunft II. Emigration und Exil österreichischer Wissenschaft. Internationales Symposion 19. bis 23. Oktober 1987 in Wien, München 1988, S. 69–81.
Feilchenfeld, Werner/Michaelis, Dolf/Pinner, Ludwig: Haavara-Transfer nach Palästina und Einwanderung deutscher Juden 1933–1939 (= Schriftenreihe wissen-

schaftlicher Abhandlungen des Leo-Baeck Instituts 26), Tübingen 1972.
Fuchs-Heinritz, Werner: Biographische Forschung. Eine Einführung in die Praxis und Methoden, Wiesbaden 2009.
Halbmayr, Brigitte: Emigration – Flucht – Vertreibung. Migrationsbewegungen österreichischer Jüdinnen und Juden nach Palästina 1934–1948. In: Hagen, Angelika/Nittenberg, Joanna (Hg.): Flucht in die Freiheit. Österreichische Juden in Palästina und Israel, Wien 2006, S. 29–98.
Halbrainer, Heimo/Ehetreiber, Christian (Hg.): Todesmarsch Eisenstraße 1945. Terror, Handlungsspielräume, Erinnerung. Menschliches Handeln unter Zwangsbedingungen, Graz 2005.
Halbrainer, Heimo/Lamprecht, Gerald/Mindler, Ursula: unSICHTBAR. NS-Herrschaft: Widerstand und Verfolgung in der Steiermark, Graz 2008.
Halbrainer, Heimo: „Die Beförderung der Juden durch Schleich ist erwünscht, da wir ein Interesse daran haben, die Juden aus Deutschland wegzubekommen." Josef Schleich – Ein „Judenschlepper" an der Grenze zu Jugoslawien 1938–1941. In: Bolbecher, Siglinde/Kaiser, Konstantin (Hg.): Zwischenwelt. Zeitschrift für Kultur und Literatur des Exils und Widerstands. 27. Jg. (2011), Nr. 4, S. 32–40.
Halbrainer, Heimo (Hg.): Zwei Tage Zeit. Herta Eisler-Reich und die Spuren jüdischen Lebens in Mürzzuschlag, Graz 1999.
Jureit, Ulrike: Erinnerungsmuster. Zur Methodik lebensgeschichtlicher Interviews mit Überlebenden der Konzentrations- und Vernichtungslager (= Forum Zeitgeschichte Bd. 8), Hamburg 1999.
Karner, Stefan: Die Steiermark im Dritten Reich 1938–1945. Aspekte ihrer politischen, wirtschaftlich-sozialen und kulturellen Entwicklung, Graz 1986.
Krohn, Claus-Dieter (Hg.): Handbuch der deutschsprachigen Emigration 1933–1945, Darmstadt 1998.
Lamprecht, Gerald (Hg.): Jüdisches Leben in der Steiermark. Marginalisierung – Auslöschung – Annäherung (= Schriften des Centrums für Jüdische Studien Bd. 5), Innsbruck et. al. 2004.
Lamprecht, Gerald: „Auf diese Art und Weise würde aus einer jüdischen Kultusstätte ein schönes Wohnhaus für einen alten Nazi erschaffen." Organisatorisches und Exemplarisches zum Vermögensentzug in der Steiermark. In: Franz, Margit et. al. (Hg.): Mapping Contemporary History. Zeitgeschichten im Diskurs, Wien-Köln-Weimar 2008, S. 351–383.
Lamprecht, Gerald: Fremd in der eigenen Stadt. Die moderne jüdische Gemeinde von Graz vor dem Ersten Weltkrieg (= Schriften des Centrums für jüdische Studien, Bd. 8), Innsbruck-Wien 2007.
Lamprecht, Gerald: Graz 1938 – Von der Zerstörung der jüdischen Gemeinde. In:

Hörmal. Überlebensgeschichten 1938–2008. Graz und die Steiermark im Nationalsozialismus (CD 3: Hör- und Unterrichtsmaterial), Graz 2008.
Lappin-Eppel, Eleonore: Ungarisch-jüdische Zwangsarbeiter und Zwangsarbeiterinnen in Österreich 1944/45. Arbeitseinsatz – Todesmärsche – Folgen, Wien 2010.
Lembeck, Fred: Otto Loewi. Ein Lebensbild in Dokumenten. Biographische Dokumentation und Biographie, Berlin 1968.
Maderegger, Sylvia: Die Juden im österreichischen Ständestaat 1934–1938, Wien-Salzburg 1973.
Moser, Jonny: Demographie der jüdischen Bevölkerung Österreichs 1938–1945 (= Schriftenreihe des Dokumentationsarchivs des österreichischen Widerstandes zur Geschichte der NS-Gewaltverbrechen Bd. 5), Wien 1999.
Nicosia, Francis R.: Hitler und der Zionismus. Das 3. Reich und die Palästina-Frage 1933–1939, Leonie am Starnberger See 1989.
Niederland, Doron: Die Immigration. In: Weinzierl, Erika/Kulka, Otto D. (Hg.): Vertreibung und Neubeginn. Israelische Bürger österreichischer Herkunft, Wien-Köln-Weimar 1992, S. 339–444.
O. A., Tagungsbericht „Stimmen aus der Vergangenheit. Interviews mit Überlebenden der Shoah: Das David-Boder-Archiv und das ‚Archiv der Erinnerung'" (Berlin, 7./8.6.2007). In: H-Soz-u-Kult, 05.10.2007 [http://hsozkult.geschichte.hu-berlin.de/tagungsberichte/id=1730].
Ofer, Dalia: Escaping the Holocaust. Illegal Immigration to the Land of Israel 1939–1944, New York 1990.
Palästina-Amt Wien (Hg.): Neues Palästina-Informationsbuch, Wien 1936.
Perl, William R.: Operation Action. Rescue from the Holocaust, New York 1983.
Rabinovici, Doron: Instanzen der Ohnmacht. Wien 1938–1945. Der Weg zum Judenrat, Frankfurt am Main 2000.
Reitter, Gudrun: Die Grazer Israelitische Kultusgemeinde 1908–1938. In: Binder, Dieter A./Reitter, Gudrun/Rütgen, Herbert (Hg.): Judentum in einer antisemitischen Umwelt. Am Beispiel der Stadt Graz 1918–1938, Graz 1988, S. 9–172.
Rosenkranz, Herbert: Verfolgung und Selbstbehauptung. Die Juden in Österreich 1938–1945, Wien 1978.
Schmidt, Elfriede: Nobelpreisträger Otto Loewi … Leben in zwei Welten, Graz 1993.
Schoeps, Julius (Hg.): Neues Lexikon des Judentums, Gütersloh 2002.
Seewann, Harald: J.A.V. Charitas Graz 1897–1938. Die Geschichte einer jüdischen Studentenverbindung in Worten, Bildern und Dokumenten, Graz 2001.
Shimron, Binyamin: Das Chajesrealgymnasium in Wien 1919–1938. Anlässlich des 70. Jahrestages der Gründung und des 50. Jahrestags der Auflösung, Tel Aviv 1989.
Sotill, Wolfgang: Es gibt nur einen Gott und eine Menschheit. Graz und seine jü-

dischen Bürger. Hg. v. Brühl, Kurt D./Strobl, Helmut, Graz-Wien-Köln 2001.
Staudinger, Eduard G.: „Ich bitte die Vermögensverkehrsstelle um baldige Entscheidung." Aspekte der „Arisierung" in der Steiermark. In: Lamprecht, Gerald (Hg.): Jüdisches Leben in der Steiermark. Marginalisierung – Auslöschung – Annäherung (= Schriften des Centrums für Jüdische Studien Bd. 5), Innsbruck et. al. 2004, S. 209–221.
Staudinger, Eduard: Zur Entwicklung des Nationalsozialismus in Graz von seinen Anfängen bis 1938. In: Graz 1938 (Historisches Jahrbuch der Stadt Graz Bd. 18/19), Graz 1987, S. 31–74.
Torczyner, Joshua: „Mörder", schrie ich Eichmann an …, Tel Aviv 1975.
Venus, Theodor/Wenck, Alexandra-Eileen: Die Entziehung jüdischen Vermögens im Rahmen der Aktion Gildemeester. Eine empirische Studie über Organisation, Form und Wandel von „Arisierung" und jüdischer Auswanderung in Österreich 1938–1941 (= Veröffentlichungen der Österreichischen Historikerkommission Bd. 20/2), Wien-München 2004.
Wahl, Niko: Erinnerungen zwischen Wien und New York. Austrian Heritage Collection Project: In: Lappin, Eleonore/Lichtblau, Albert (Hg.): Die Wahrheit der Erinnerung. Jüdische Lebensgeschichten, Innsbruck-Wien-Bozen 2008, S. 191–198.
Welzig, Elisabeth: Die Zeit nach 1945/After 1945. In: Sotill, Wolfgang: Es gibt nur einen Gott und eine Menschheit. Graz und seine jüdischen Bürger. Hg. v. Brühl, Kurt D./Strobl, Helmut, Graz-Wien-Köln 2001, S. 174–196.
Welzig, Elisabeth: Lothar (Josef) Neurath. In: Wolfgang Sotill, Es gibt nur einen Gott und eine Menschheit. Graz und seine jüdischen Bürger. Hg. v. Brühl, Kurt D./Strobl, Helmut, Graz-Wien-Köln 2001, S. 170f.
Wetzel, Juliane: Auswanderung aus Deutschland. In: Benz, Wolfgang (Hg.): Die Juden in Deutschland 1933–1945. Leben unter nationalsozialistischer Herrschaft, München 1988, S. 412–498.
Wildt, Michael (Hg.): Die Judenpolitik des SD 1935 bis 1938. Eine Dokumentation, München 1995.
Wildt, Michael: Die Ungleichheit des Volkes. „Volksgemeinschaft" in der politischen Kommunikation der Weimarer Republik. In: Bajohr, Frank/Wildt, Michael (Hg.): Volksgemeinschaft. Neuere Forschungen zur Gesellschaft des Nationalsozialismus, Frankfurt am Main 2009, S. 24–40.
Zöller, Antje: Jüdisches Studentenwesen – Die Jüdisch-Akademische Verbindung „Charitas". Die wechselvolle Beziehung zwischen dem Antisemitismus und der jüdischen Überlebensstrategie des Zionismus in Österreich. Ein Beitrag zur Sozialgeschichte des akademischen Milieus im Graz des ausgehenden 19. und beginnenden 20. Jahrhunderts. Dipl.- Arb., Graz 2008.

Bild- und Quellennachweis

Leihgeberinnen und Leihgeber

Folgenden Personen und Institutionen sei für die Überlassung von Fotos und Dokumenten recht herzlich gedankt:

Institutionen

Austrian Heritage Collection, Leo Baeck Institute, New York: 100, 161
Universalmuseum Joanneum, Multimediale Sammlungen: Cover, 86, 177, 178, 179, 189
Central Archives for the History of the Jewish People, Jerusalem: 18, 109, 151, 182
Central Zionist Archives, Jerusalem: 43, 105, 186, 187
Centrum für Jüdische Studien, Graz: 174
Jabotinsky Institute, Tel Aviv: 32, 38
Magistrat Graz: 197
Steiermärkisches Landesarchiv, Graz: 62, 87, 99, 141, 149, 161
United States Holocaust Memorial Museum, Washington: 46, 55, 92
Yad Vashem Archives, Jerusalem: 190
Visual History Archive, USC Shoah Foundation Institute: 16, 26, 90, 119, 153, 158

Privatpersonen

Agnes Altziebler, Graz: 12, 14
Josef Carmiel, Omer, Israel: 29, 30, 31, 34, 130, 133
Leo Dortort, Quebec, Kanada: 41
Avram Engel, Jerusalem, Israel: 47, 48, 50
Karen Engel, Graz: 166

Karnit Gutwerg, Tel Aviv, Israel: 60, 62, 64, 65, 66
Heimo Halbrainer, Graz: 129
Berthold Kaufmann, Wien: 73, 74, 75, 76, 77
Otto Günter Klein, Graz: 79, 81
Blanka Nachnieli, Kiryat Bialik, Israel: 110, 112
Ester Neurath, Haifa, Israel: 114, 117
Andreas Schweiger, Graz: 67, 68
Batja Tuchendler, Haifa, Israel: 102, 106
Patrizia Weiss, Graz: 180

Zeitungen und Zeitschriften

Jüdisches Nachrichtenblatt, Wien: 82
Mitteilungen der Israelitischen Kultusgemeinde Graz: 139
Tagespost, Graz: 101

Bücher

Biró, Ludwig: Die erste Hälfte meines Lebens. Erinnerungen eines Grazer jüdischen Rechtsanwaltes von 1900–1940. Hg. v. Fleck, Christian, Graz 1998: 20

Ehetreiber, Christian/Halbrainer, Heimo/Ramp, Bettina: Der Koffer der Adele Kurzweil. Auf den Spuren einer Grazer jüdischen Familie in der Emigration, Graz 2001: 184

Grazer Adressbuch 1933: 42, 74, 85, 95

Halbrainer, Heimo (Hg.): Zwei Tage Zeit. Herta Eisler-Reich und die Spuren jüdischen Lebens in Mürzzuschlag, Graz 1999: 147

Lembeck, Fred: Otto Loewi. Ein Lebensbild in Dokumenten. Biographische Dokumentation und Biographie, Berlin 1968: 157

Pollak, Otto: From Graz to Tel Aviv, Graz 2002: 125, 126

Salzmann, Harald: Ich bin in Graz als jüdischer Junge aufgewachsen. Als Jude in Graz und anderswo – Erinnerungen aus den Jahren 1921–1947: In: Historisches Jahrbuch der Stadt Graz Bd. 21/22, Graz 1991, S. 147–168: 138

Schmidt, Elfriede: Nobelpreisträger Otto Loewi … Leben in zwei Welten, Graz 1993: 154

Wir haben uns bemüht, alle Inhaberinnen und Inhaber von Rechten zu benennen. Berechtigte, die nicht genannt wurden, wenden sich bitte an CLIO.